"十二五"职业教育国家规划教材
经全国职业教育教材审定委员会审定

国家文化产业资金支持媒体融合重大项目

国家级精品课程教材

21世纪新概念教材：多元整合型一体化系列
高职高专教育会计专业精品课程教材新系

# 基础会计

## ——原理、实务、案例、实训

### （第七版）

朱虹　周雪艳　主　编
罗忠　汪行光　副主编

东北财经大学出版社
Dongbei University of Finance & Economics Press
大连

图书在版编目（CIP）数据

基础会计：原理、实务、案例、实训 / 朱虹，周雪艳主编. —7
版. —大连：东北财经大学出版社，2024.1
（高职高专教育会计专业精品课程教材新系）
ISBN 978-7-5654-5119-5

Ⅰ. 基… Ⅱ. ①朱… ②周… Ⅲ. 会计学–高等职业教育–教
材 Ⅳ. F230

中国国家版本馆 CIP 数据核字（2024）第 009709 号

东北财经大学出版社出版
（大连市黑石礁尖山街217号 邮政编码 116025）
网 址：http://www.dufep.cn
读者信箱：dufep@dufe.edu.cn
大连天骄彩色印刷有限公司印刷 东北财经大学出版社发行
幅面尺寸：185mm×260mm 字数：353千字 印张：17
2024年1月第7版 2024年1月第1次印刷
责任编辑：许景行 孟 鑫 责任校对：宋雪凌
封面设计：张智波 版式设计：原 皓
定价：42.00元

教学支持 售后服务 联系电话：（0411）84710309
版权所有 侵权必究 举报电话：（0411）84710523
如有印装质量问题，请联系营销部：（0411）84710711

# 总序："'整体论'课程观"指导下的新时代中国特色高等职业教育专业课程与教材建设

　　"'整体论'课程观"，是反映当代世界高等教育课程观发展的综合化趋势，通过"博采众多课程观之长"而"避其所短"所产生的一种新型课程理念和范式。这种理念和范式有着深刻的历史与逻辑反思背景，以及"多学科交叉融合"和"与技术交叉融合"的坚实基础与佐证。

## 一、西方发达国家课改回眸

　　以史为鉴，可知兴替。借鉴世界特别是西方发达国家课程改革及其指导理论的历史经验并吸取教训，有助于我们避免重蹈覆辙，相信"他山之石，可以攻玉"。

### 1. 实践层面：西方发达国家课改历程

#### 1）"知识本位"课改运动

**（1）"学科结构"课改**

　　第二次世界大战（以下简称二战）后初期，"'冷战'对抗"促成了美国中小学"第一次改革浪潮"，即"学科结构"课程改革。

　　苏联第一颗人造卫星上天，引发了美国朝野震动。1959年9月，美国国家科学院在伍兹霍尔组织召开由35位科学家和教育家参加的会议，讨论如何改革中小学数理学科教材。会议的成果，由时任会议主席的教育心理学家、认知心理学家、哈佛大学的布鲁纳教授总结在《教育过程》（1960）一书中。该书被誉为"划时代著作""有史以来在教育方面最重要、最有影响的一本书"。

　　布鲁纳"'学科结构'课程改革"的主要诉求，是聚焦于"学科的基本结构"，并将"'科学家发现'的'思维过程'或'思考顺序'"，作为中小学学科教育"教学设计的过程模式"。该诉求以《教育过程》中的一个著名假设为据："任何学科都能够采用智育上正确的方式，有效地教给任何发展阶段的任何儿童。"[①]

　　继美国之后，欧洲部分国家也一度进行了以"'学科结构'课程改革"经验为参照的中小学课程改革。

**（2）"普通教育"课改**

①基础教育和专科层次课改

　　随着美苏"'冷战'对抗"的加剧，科技竞争成为人们关注的焦点，西方主要发达国家都普遍重视"普通教育"，把强化"普通教育"视为战胜苏联的手段。以美国和德国为例：

---

①　布鲁纳. 教育过程［M］. 邵瑞珍，译. 北京：文化教育出版社，1982.

自20世纪70年代中期起，美国经历了自19世纪以来第三次也是规模最大、堪称主流的"普通教育课程改革运动"。这次运动遍及美国教育各个层面：在基础教育层面，以注重学术课程和人文学科为特征；在社区学院，加大开设以"学术课程"为内容的"转学教育"比例；在普通高校，致力于把博雅和人文传统注入大学的教育体制[①]，课程设置向"科学中心"的方向倾斜，旨在造就足够多的科学家和工程师。

此次改革运动的主要特点，是在教学内容上重新划分了科学知识领域，增设综合学科；在教学组织形式上建立了科学的现代课程组织体系，即各学科按照课程内容将其概念和原理分设不同水平，呈梯度纵向展开。

1968年，德国11个州建立了主要培养工程师的高等专科学校（Fachhochschulen），其学制四年，1~3学期学习专业基础课，4~8学期学习专业课程。第8学期同时为实习学期。1992年，全联邦有高等专科学校125所，管理类专科学校28所，两者合占德国高校总数的48%。

②本科及以上层次课改

A.美国普通高校课改

美国本科及以上层次大学课改经历了从最初二战后初期的"多种课程思想竞争"，到20世纪80—90年代"'整体知识观'指导下的课改"和"从'研究型'向'创业型'转型"，再到21世纪第二个十年的"21世纪技能"和"PISA 2018全球胜任力评估框架"诸阶段。

a.多种课程思想竞争

二战后初期，受哈佛大学《自由社会中的通识教育》报告（1945）和美国总统高等教育委员会《美国民主社会中的高等教育》报告（1947—1948）的影响，经历了自19世纪以来第三次也是规模最大的普通教育思想运动。这次运动致力于把博雅和人文传统注入大学的教育体制，为造就共同的美国公民而传递共同的文化传统与"民主"价值观，借以挽救普通教育，纠正大学本科过度专业化的偏向。

20世纪50年代末至60年代初，美国大学课程改革受国家功利主义和科学主义课程思想左右，将重点移至加强科学基础教育，课程设置向"科学中心"的方向发展，旨在造就足够多的科学家和工程师。

20世纪60年代末至70年代中期，美国大学教育规模迅速扩张。社会动荡和反"越战""柬战"所引发的学生运动相互交织，出现了冲击"普通教育"的反主流文化运动，大学课改一度转向"以学生为中心"，更多地关注与社会问题相关的知识需求，并向市场化、多元化、专业化方向发展。

20世纪70年代后期，强调大学"普通教育"课程思想的浪潮在美国高校重现。哈佛大学提出了强化"普通教育"课程思想的"核心课程计划"（1975—1978），推动了包括"分布必修型""核心课程型""名著课程型""自由选修型"

---

[①]　早在1945年，哈佛大学就发布了《哈佛通识教育红皮书》，明确指出高等教育的目标是培养"完整的人、有教养的人"。

等美国大学"通识"课程体系的研发。

b."整体知识观"指导下的课改

20世纪80年代至90年代，美国大学课改从"规模速度型"向"质量效率型"转变，致力于通过整合"普通教育"与"专业教育"，解决大学规模过度扩张和多种教育思想无序竞争导致的教育质量下降问题。其总体特征是：在"整体知识观"的指导下，建立融"'普通教育课程'（通识课程）和'专业教育课程'（专识课程）的平衡"、"自然科学课程、社会科学课程和人文科学课程的平衡"（"三种文化的平衡"）、"国际化课程的设置"、"理论与实践的统一"、"道德与伦理知识的渗透"，以及"批判思维与创新能力的培养"于一体的大学本科课程体系。

20世纪90年代以后，美国高校通过倡导自主学习、合作学习、实践学习（体验学习）和以研究为基础的学习（探究式学习），进行了与上述改革相配套的教学方法改革。

c.从"研究型"向"创业型"转型

自20世纪末以来，美国一些研究型大学凭借"知识创新"优势，投入"知识生产"浪潮，从"学术型共同体"走向"创业型共同体"，进而向"以创新性知识生产、应用和成果转让为中心"的"创业型大学"转型。这些"创业型大学"集"知识传承"、"科学研究"和"创新创业"三大任务于一体，依托大学内部的跨学科组织（研究中心、孵化器、科技园等），通过"大学、企业和政府的'三螺旋'"结构，在培养"高等'创新-创业型'人才"的同时，为国家经济发展服务。

美国研究型大学的"产学研结合"举措，是科研、教育、生产不同社会分工在功能与资源优势上的协同与集成化，是"技术创新"上、中、下游的对接与耦合，为世界高等教育可持续发展开了一个好头。

B.欧盟各国普通高校课改

1967年正式组建的"欧洲共同体"，到1993年发展成"政治经济一体化"的"欧洲联盟"（"欧盟"）。此时欧盟各国进入经济低速增长甚至负增长阶段。先前"福利国家"模式所推高的财政开支，与日益衰减的财政收入形成巨大反差：一方面，随着"一体化"边际效益递减，欧盟的认同感和凝聚力下降，欧洲已经走到"推进一体化"与"地缘政治碎片化"的十字路口；另一方面，经济低迷、失业率居高不下，迫使欧洲高等教育界反思其人才培养与劳动力市场需求如何匹配的问题。"欧洲高等教育一体化"进程就是在这一背景下展开的。

a.欧洲高等教育区资格框架（QF-EHEA）

1999年，欧洲29个国家在意大利博洛尼亚举行会议，签署了博洛尼亚宣言，确定到2010年建立包括"容易理解和可以比较的学位体系"、"一个以本硕连读为基础的高等教育体系"和"欧洲学分转换体系"在内的"欧洲高等教育一体化"发展目标。

"博洛尼亚进程"的主要产物，是为欧洲高等学历教育制定"欧洲高等教育区学术资格框架"，该框架以共同的参照标准将欧洲各国的高等教育区"学历资格"系统联系在一起。

该框架包括"学历类型"、"学习结果"和"预期胜任力"三个维度："学历类型"维度描述学历类型和层次如何融入欧盟国家参考水平；"学习结果"维度描述欧洲大学的"学位等级"和"学习目标"要求；"预期胜任力"维度描述特定学科和职业所需的"学术和实践能力"。

b. "外部质量管理"

"预期胜任力"（Competence）是"学习结果"的体现。其"外部质量管理"对标"就业能力"："培养毕业生的就业能力被列为未来十年优先发展事项"（《鲁汶公报》，2009）；"需要确保在每个学习阶段的最后，学生都能够掌握进入劳动力市场所需要的能力"（《耶烈万公报》，2015）。至于什么是"劳动力市场所需要的能力"，则要通过"收集当下劳动力市场的能力需求"、"与雇主对话"及"参考欧洲质量保证标准"等方式确定。

c. "内部质量管理"

QF-EHEA"预期胜任力"的"内部质量管理"规范，是"内部质量管理框架"（IQM）。IQM着眼于"学生'预期胜任力'模型"，以"学生理论认知能力和职业关键能力"为核心，以"能力提升效果"为绩效评价标准，以"不断优化迭代的教育过程"为设计理念，将学生的能力培养视为一个循序渐进的过程，根据由易到难的递进规律，通过设置不同水平和维度的教学方案实施教学活动。这些活动由"内部质量管理小组"把控，分"准备"、"实施"和"反馈"三阶段进行。"三个阶段"循环往复，驱动IQM从改进至完善。

d. "学习结果"描述

在QF-EHEA框架中，"学习结果"是指个体在结束一段正规、非正规或非正式学习后所获取的能够展示并可用"预期胜任力"囊括的"知识、理解和能力"。其中，可取得学士、硕士和博士三层次学历文凭的"学习结果"要求如下：

学士级

证明以普通中等教育为基础，具有学习领域的知识与理解能力，其程度包括学习领域中最重要的知识，此阶段通常有进阶教科书；能应用他们的知识与理解能力于专业职场，能对学习领域提出论点及解决问题；能收集与诠释相关资料（通常在他们的学习领域），反省相关社会、科学或伦理的议题；能与专家或非专家的听众沟通信息、想法、问题与解决之道；能养成继续高自主进修所必备的学习能力。

硕士级

证明具有以第一阶段为基础，将其延续或提高的知识或理解能力，通常可以在研究上用来发展或应用新观念；面对与个人学习相关的跨科系领域中新的或不熟悉的环境，能应用他们的知识、理解能力解决问题；能整合知识，处理复杂事务，并能对不完整的或有限的资讯做出判断，包括能反省与他们的知识及判断相关的社会与伦理责任；能向专家与非专家的听众清晰明确地传达他们的结论、见解与论证过程。

博士级

证明对某一领域有系统深入的研究，并精通与该领域相关的研究能力与方法；证明能完全构想、设计、实践和调整一个实际研究过程；对知识未开拓的领域做出原创性的贡献，拓展有价值的研究领域，取得可供他人参考的成果；能批判分析、评鉴新观念及复杂观念；能向同行、学术团体、社会介绍他们的专业领域；能够以学术与专业背景促进科技、社会或文化方面的发展。

e."灵活的学习路径"

与"学习结果导向"相伴的"过程模式"，是"灵活的学习路径"。在QF-EHEA中，这些路径包括"多样的高等教育项目""对非正式、非正规学习的认可""对前阶段学习的认可""兼职学习的提供""流动性学习""远程学习""终身学习"等。

f."以学生为中心"

2009年10月，欧洲学生联合会（ESU）发起"'以学生为中心'的学习时代"倡议。2013年10月，欧洲高等教育合作伙伴联盟（ESU，UNICA，KIC）颁布"'以学生为中心'的学生同伴评估计划"（PASCL），2015年，该计划推出"'以学生为中心'的学习同伴评估指南"。

至此，欧洲高等教育确立了由"以教师为中心"向"以学生为中心"和由"以教学为主"向"以学习为主"转变的教育理念。

g.精英大学计划

"博洛尼亚进程"启动5年后，欧盟各国相继意识到其"一体化"与同期美国大学课改的质量差距，提出补救性的"精英大学计划"。

德国最先计划通过财力资助，把从全国遴选出来的5所大学打造成世界一流大学，随后又将"精英大学"的数量增加到10所。德国"精英大学计划"重点支持尖端科研项目，吸纳特殊人才，培养科学后备力量。

欧盟政府首脑和欧盟委员在2017年哥德堡峰会上发起"欧洲大学计划"，目标是到2024年建立由20多所欧洲精英大学共同组成的大学联盟。

h.与美国大学课改差距

与同期美国高等教育改革相比，"博洛尼亚进程"的主要差距，是未经历"'整体知识观'指导下'普通教育'与'专业教育'整合的课程改革"。不经历这样的改革，就不会出现像美国20世纪90年代以后从"研究型大学"的"学术共同体"向"以创新性知识生产、应用和成果转让为中心""产学研结合"的"创业型大学"转型。

**2）"能力本位"课改**

随着经济迅速发展，制造业技能型人才供不应求，美欧各国职教各层面的课改朝着职业化、大众化和规模化方向发展，并经历了从"聚焦'专能'"向"'专能'与'通能'并重"和"'学术性'与'职业性'整合"的发展过程。

（1）聚焦"专能"的"职业性"课改

①北美 DACUM 课程

美国《职业教育法》（1963）出台后，初级学院规模迅速扩大，一些学院以此法为据，将目光转向"以'职业教育'为主"，"工作导向"的"非学术课程改革运动"成为一股新潮流。培训"与企业岗位对接"的技能型人才成为新潮流关注的重点，催生了 20 世纪 60 年代末美加共同开发的"基于工作任务分析"的DACUM 课程。

②国际劳工组织 MES 课程

20 世纪 70 年代末至 80 年代初，国际劳工组织开发出 MES 职业培训课程。MES 同样从"职业分析"出发，以"为每个具体职业建立岗位工作描述表"的方式，确定该岗位应具备的全部职能，再把这些职能划分成不同的工作任务，以每项工作任务为一个模块（简称 MU）。该职业岗位应完成的全部工作由这些模块组合而成，再根据每个模块的实际需要，确定出完成该模块工作所需要的全部知识和技能。每个单项的知识和技能称为一个"学习单元"（LE），由此得出该职业岗位的全部培训内容。

③英国 BTEC 课程

1986 年英国成立国家职业资格委员会（NCVQ），由该委员会创设"国家职业资格证书"（NVQ）。同期，英国商业教育委员会（BEC）与工艺技术教育委员会（TEC）合并，成立商业与技术教育委员会（BTEC）。

"BTEC 课程"是英国商业与技术教育委员会为取得 NVQ 证书而开发的课程。该课程开发同样"以职业岗位为根据"，由"学习单元"组成不同"工作领域"的"模块"，再通过不同模块组合形成不同的专业方向。

（2）"'专能'与'通能'并重"课改

20 世纪 70 年代末至 90 年代初，新技术革命席卷欧美国家，传统工业时代的产业结构、市场需求结构和职业结构发生改变，行业内乃至跨行业的职业流动渐成常态。美国"职业群集课程"，通过导入"核心能力"或"通用能力"，将"能力本位"由"专能"提升为"'专能'与'通能'并重"。

1996 年 5 月，德国各州文教部长联席会议颁布《职业学校职业专业教育框架教学计划编制指南》，提出"专业能力"与"关键能力"并重的"学习领域"课程模式。该模式要求学员依照"从生手到专家"的"工作情境"进行技能建构，将"职业成手"或专家的"行动顺序"，作为职业教育"教学内容序化"的依据。

（3）"'学术性'与'职业性'整合"课改

①美国：从 AIO 到"生技教育"课改运动

A.AIO 指导下的课改

从 20 世纪 90 年代起，美国"非学术课程改革运动"所导致的过度"职业化"和教育质量下降受到关注，一种倡导"职业教育与学术教育有机结合"（AIO）的职业教育观应运而生。在 AIO 和相关立法推动下，美国各州社区学院进行了整合"学术课程"与"职业课程"的多种尝试。

B.STW 改革运动

美国同期开展的"从学校到工作"（School-to-Work，STW）改革运动，倡导校企合作，将课程领域的"整合"扩展到三方面，即"'学校本位学习与工作本位学习'的整合""'学术课程与职业课程'的整合""'中等教育与中等后教育'的整合"。

C."生技教育"阶段的课改

进入 21 世纪后，随着工业化时代向信息时代过渡，"柔性生产方式"取代传统"批量生产方式"，就业机会快速变动，就业技能需求不断升级。美国在延续"整合性"课改策略的同时，着眼可持续发展，"从学校到工作"（School-to-Work）的课改主题被"从学校到生涯"（School-to-Career，STC）课改主题取代，"职业技术教育"（Vocational and Technical Education）更名为"生涯与技术教育"（Career and Technical Education）（简称"生技教育"）。

a.社区学院的课程改革

在实施"'职业性'与'学术性'融合"策略的"生技教育"阶段，美国社区学院在"整合或融合"课程理念指导下，通过"学术性与职业性课程融合改革"，形成了诸多新课程模式，诸如"应用学术课程""连接课程和多学科课程""基于'学习共同体'的融合课程""基于'学习技术'的融合课程"等。

b.部分高等院校的课程改革

从 21 世纪第二个十年起，美国部分两年制社区学院、四年制公立和私立大学开始或计划增设"职业学位教育"。此类教育主要为在线学习的成人提供可授予学士学位的"'学习结果'导向"课程。

②欧盟各国：EQF课改运动

A.欧洲职业资格框架

2008 年，欧洲议会和欧盟理事会颁布"欧洲职业资格框架"（EQF），在"职业教育与培训"领域建立了一个"以就业为目标"、可"实现学分转换"的欧盟各国职业资格互认的参照标准。该"框架"中的"职业教育与培训"，是指"一种与工作世界对接"的教育和培训。

2021 年，欧洲议会通过《关于建立终身学习资格框架的提议》，强调"增加资格透明度"和"促进终身学习"，将"欧洲职业资格框架"拓展至继续教育和终身教育。

B."学习结果"描述

"学习结果"是指学生在结束一段正规、非正规或非正式学习后所获取并能够展示的最终结果，包括"知识、技能和'责任与自主性'"等具体指标，统称为"胜任力"。"知识"是指"理论的或事实的知识"；"技能"是指"认知技能（含运用逻辑的、直觉的和创造性思维）和实用技能（含动手灵敏性和方法、材料、工具和器具的运用）"；"责任与自主性"是指在工作、学习和研究中展示的"管理、监督、决策以及学术和专业的完整性"。

在 EQF 5~8 级描述中：

"知识要求"依次由"掌握某一工作或学习领域内综合的、专门的事实与理论性知识以及跨学科知识"，经过"掌握某一工作或学习领域内的高级知识""掌握高级专业知识、前沿知识和跨学科知识"，升至"掌握跨学科领域内最高级、最前沿知识"。

"技能要求"依次由"掌握创造性地解决抽象问题所需要的一系列综合性认识和实践技能"，经过"掌握专门工作或学习领域中解决复杂和不可测问题的高级技能和创新能力""掌握研究和创新方面解决问题的专门化技能，以及创造新的知识和程序、整合不同领域知识的技能"，升至"掌握研究工作中运用最高级、最专业的技术技能来综合评价和创造性解决关键问题的技能"。

"'责任与自主性'要求"依次由"能在不可预测的工作或学习环境中进行管理和监督、反思和发展自身及他人的行为"，经过"能管理复杂的专业技术活动或项目、负责不可预测的工作或学习环境中的决策工作""能对复杂、不可预测的需要采取新战略决策的工作或学习环境进行管理和改造"，升至"能在工作或研究的前沿展示实质性的权威、创新、自主、学术和专业的完整性，并能始终致力于发展新的理念或过程"。

C. "学习途径"的多样性

EQF 支持学分转移和积累，倡导正规学习和非正规学习相结合，人们可在任何时间、任何地点、通过任何途径学习，只要获得所要求的"学习结果"，都会被 EQF 认可。

D. "整合性"特征

欧盟各国 EQF 课程改革，相当于美国"生技教育"阶段的课改，即一种扩展到职业教育各层面的"融合性"课改。其中，EQF 5~8 级教育课程的"整合性"特征主要体现在如下方面：

其一，这些课程都"兼顾典型'职业性因素'与'学术性因素'"；

其二，这些课程都在其"学术性因素"中整合了"专业知识"、"跨学科知识"与"跨学科领域交叉知识"，在其"典型职业性因素"中整合了"专业能力"与"关键能力"（Key Competences）[①]；

其三，这些课程以之为导向的"学习结果"，整合了"知识""技能""综合素质""责任感""自主性""完整性"等内涵，体现为"胜任力"。

E. 等值关系

经过欧盟委员会等多方努力，在"欧洲职业资格框架"和"高等教育区学术资格框架"之间建立了紧密联系。囊括欧盟成员及候选国共 46 个国家的 EQF，其 5~8 级实现了与 QF-EHEA 对应层次的等值关系，即其"职业资格"分别与 QF-EHEA 的"短期高等教育"（二年制专科）、学士、硕士和博士的"学历资格"等值。这种"'资格'等值关系"可视为欧盟版的"职普融通"。

---

① 被纳入 EQF 的"关键能力"（Key Competences）有 8 种，即"母语交流""外语交流""数学、科学和技术""数字化""学会学习""社会和公民""首创精神和企业精神""文化意识与表达"。

③为 "全球胜任力" 而教

A.观念演进

"全球胜任力" 观念是随着美国国际教育交流协会发表《为全球胜任力而教》（Educating for Global Competence）（1988）报告，在美国高等教育领域逐步传播和发展的。

21世纪初，哈佛大学率先提出了 "全球性大学" 的教育理念，把 "适应多元文化的素养" 和 "全球化素养" 提升为大学最重要的教育目标之一。

2004年，美国里海大学的威廉姆·亨特（William D. Hunter）博士建构了包括 "知识、技能/经历和态度" 三个维度共十七个指标的 "全球胜任力" 模型。

2006年，布什政府宣布实施《美国竞争力计划》，提出通过培养具备STEM（Science，Technology，Engineering，Mathematics）素养的人才强化全球竞争力方案。

2010年，美国智库胡佛研究所《美国教育2030》报告提出了以 "批判性思考"（critical thinking）、"沟通"（communication）、"合作"（collaboration）和 "创意"（creativity）（简称 "4Cs"）为核心的 "21世纪技能"。

2016年，经济合作与发展组织（以下简称 "经合组织"）发布了《全球素养：为了一个更加包容的社会》报告，将 "全球胜任力" 解构成知识、认知技能、社会技能、态度与价值四个维度，认为 "全球胜任力" 是指 "在尊重人性尊严的前提下，个人拥有从多元观点批判性地分析全球与跨文化议题的能力；能充分理解差异是如何影响自我及他人的观点、判断与诠释；能够开放、适宜、有效率地与不同文化背景的人沟通的能力"。

2017年12月12日，经合组织在美国哈佛大学正式发布维罗妮卡·博克森·曼斯勒（Veronica Boix Mansilla）教授团队提出的 "PISA 2018全球胜任力评估框架"，该框架包括 "体察本地、跨文化和全球议题" "理解、欣赏他人的看法和世界观" "与不同文化背景的人进行开放、得体和有效的互动" "为集体福祉和可持续发展采取负责任的行动" 在内的 "四个维度或步骤"。

B.发展趋势

无论是《美国教育2030》（美国智库胡佛研究所，2010）关注的 "21世纪核心技能"（4Cs），还是 "PISA 2018全球胜任力评估框架" 确立的 "四维度内涵"，都把 "兼顾 ' 专能 ' 与 ' 通能 ' " 的 "能力培养" 和 "整合 ' 专识 ' 与 ' 通识 ' " 的 "学术教育" 纳入高等教育视野。这就表明：20世纪末至21世纪初，美国大学教育与课程建设在实践层面已展现向 "整合 ' 整体知识观 ' 与 ' 整体能力观 ' " 的 " ' 整体论 ' 课程观" 发展雏形。

**2.理论层面：从 "两极对立" 到 "辩证超越"**

**1）对立中的两极**

（1）知识本位

①代表性理论

"知识本位" 的代表性课程理论有杜威 "实用主义课程理论"（《民主主义与

教育》，1916)、维果斯基"最近发展区理论"(《思维和语言》，1934)、泰勒
"学习经验理论"(《课程与教学的基本原理》，1949)、布鲁纳"结构主义课程理
论"(《教育过程》，1960)、皮亚杰"双向建构理论"(《儿童心理学》，1966)、
施瓦布"实践课程理论"(《实践：课程的语言》，1969)、维特罗克"生成过程
理论"(《作为生成过程的学习》，1974)、斯皮罗"认知弹性理论"(《认知弹
性、建构主义和超文本》，1990)、冯·格拉塞斯菲尔德"激进建构理论"(《激
进建构主义》，1996)，以及融合"专识"与"通识"的"整体知识观"理论(欧
内斯特·博耶、克拉克·克尔、德里克·博克和小贝诺·施密德特等，20世纪
90年代以来)。

②长项与短板

A.可取之处

a.近代以来人类教育的主流方式

"知识本位"是文艺复兴以来，随着近代自然科学兴起，在培根"知识就是
力量"口号的感召下，以斯宾塞"科学知识最有价值"论断、夸美纽斯"泛智"
教育思想及其"将知识分学科进行传授"诉求为依据，产生的一种人类教育选择
方式，体现了近代崇尚科学的时代精神，代表300多年来人类文化传递方式的
主流。

b.在现代教育中举足轻重

在现代，随着科学知识、科研成果、技术开发转化为现实生产力，"知识密
集型"产业大量涌现，"知识密集型"员工在人力资源需求中占据的比例越来越
高。以"知识'传承-创新'"为主要任务的"知识本位"教育，在培养和造就
"知识密集型"人力资源中举足轻重。①

c.通过"科学与技术融通"实现创新式发展

作为"知识本位"高端的"科学研究"，可通过创办高科技公司，由"知识
创新成果"向"原创性科技成果"转化，催生产业创新，实现"产学研融合"的
创新式发展。

d.理论层面的合理内核

理论层面的"知识本位"合理内核主要有三点：

其一，将"学会认知"作为课程教学的宗旨，依照"学会认知"依赖"知识
迁移"，"知识迁移"依赖"知识学习"，"知识学习"依赖"课程设计"的基本思
路进行课程建设。这样的宗旨和思路在今天也有生命力。

其二，泰勒"科学化课程开发理论"提出的"'连续性''顺序性''整合
性'三原则"，为现代课程理论奠定了经验主义基础；施瓦布的"实践性课程理
论"将"课程开发"解读为"基于'审议'的'多要素间的持续相互作用'"，
将"开发主体"由布鲁纳的"学科专家或科学家"，扩充为"由校长、社区代表、

---

① 按照美国社会学家贝尔（Daniel Bell）的分析，在后工业社会，知识将居于中心地位，这意味着
在科学和技术之间出现一种新型关系，社会的力量主要集中于知识领域，知识成为新的组织和中介原则。
参见贝尔.后工业社会的来临——对社会预测的一项探索［M］.高铦，王宏周，魏章玲，译.北京：新华
出版社，1997：序言5-18.

教师、学生、教材专家、课程专家、心理学家和社会学家”组成的“多元课程集体”，并强调“‘教师和学生是核心’，‘教师起主导作用’”等，是对美国“结构课程”改革运动失败的理论反思与补救；维特罗克“生成学习理论”关于“学习过程”是“‘学习主体’通过‘原有认知结构’与‘新信息输入’的‘相互作用’，‘主动建构信息与意义’过程”的主张，是对皮亚杰“‘同化—顺应’理论”和加涅“信息加工理论”的继承与综合，拓展了现代课程设计“纵向为主”的组织原则，代表“知识本位”理论发展的后期成就。

其三，作为“知识本位”最高存在形式的“整体知识观”，反映了当代科学发展“分化与综合并行”的总趋势，实现了由“专识”到“通识”再到“‘专识’与‘通识’融合”的提升，堪称二战以来美国普通高校课改中最有成效的课程理念。

B.主要局限性

传统“知识本位”的局限性主要涉及三个层面：

其一，“知识本位”教育曾是人类历史上“体力劳动”与“脑力劳动”分工加剧时代的产物，反映了工业时代和后工业时代职业结构的特定需求，服务于该时段西方“博雅教育”和少数高端学术人才培养，轻视“能力本位”教育。这是其理论的历史局限性。

其二，传统“知识本位”侧重于“学会认知”，相对忽视“学会做事”和“学会做人”。如果用之于造就今日高等人才，不仅“行为自律”欠缺，其多数还将面临结构性失业。这是其理论的现实局限性。

其三，在“知识本位”的传统“过程模式”中，杜威强调“从做中学”“从活动中学”“从经验中学”；泰勒要求依照“连续性”、“顺序性”和“整合性”原则组织“学习经验”；布鲁纳的“学科结构”模式要求通过“发现学习”或“直觉”经验进行“知识建构”；维特罗克的“生成学习理论”、皮亚杰的“‘同化—顺应’理论”、加涅的“信息加工理论”、冯·格拉塞斯菲尔德的“根据经验建构知识”等，皆专注学生学习的“经验习得”。这种关于“过程模式”的“经验主义共性”是其理论的哲学基础局限性。

（2）能力本位

①代表性理论

北美早期 CBE 课程理论以“学会在企业特定职业岗位做事”为宗旨，其“教学计划开发”着眼于“特殊技能培训”，“培训过程”对标“特定岗位‘工作任务’”；美英德中期“能力本位”课程理论以“学会在行业职业群综合岗位做事”为宗旨，其“课程开发”着眼于“综合技能培训”，“培训过程”对标“综合岗位‘工作任务’”；德国“学习领域”课程理论以“学会在行业职业群系统岗位做事”为宗旨，其课程设计着眼于“系统技能培训”，“培训过程”对标“系统岗位‘工作任务’”；EQF 5~8 级课程理论以“学会在高端‘工作世界’做事”为宗旨，其课程设计的“目标模式”着眼于“胜任力”，“过程模式”对标“以学生为中心、以‘学习结果’为导向”的“灵活学习路径”；美国“全球胜任力”

理论以"为全球做事"为宗旨,其教育目标着眼于"多元文化"、"跨文化"和"全球化素养"培养。

②长项与短板

A.可取之处

"能力本位"课程理论主要可取之处有四点:

其一,将"学会做事"作为课程教学宗旨,依照"学会做事"依赖"技能迁移","技能迁移"依赖"技能训练","技能训练"依赖"课程设计"的基本思路进行课程建设。这样的宗旨和思路有可取之处。

其二,着眼于企业对"'技术-技能'型"人才需求,发掘被单纯"知识本位"的"学科导向"课程忽视的"职业工作要素",有助于克服传统"学科导向"课程观的片面性,历史上功不可没,现实中有借鉴价值。

其三,通过导入"横向组织",将"职业要素"或"工作要素"融入课程设计是其亮点。在面向未来的高等职业教育课程改革中,"横向组织"是课程设计中不可或缺的维度。

其四,将体现"学习结果"的"胜任力"作为课程的"目标模式",将"学习途径'灵活性'"作为课程的"过程模式",标志着欧盟各国课程理论发展进入"后'工作导向'"时代,其动向值得各国高等职业教育界关注。

B.主要局限性

传统"能力本位"课程模式的局限性涉及以下层面:

其一,该理论早期产生于"脑力劳动"与"体力劳动"社会分工加剧的时代,在一定程度上满足了特定时期企业对技能工人的规模化需求。随着世界由"后工业时代"进入"知识经济时代",反映旧产业结构和职业需求的传统"能力本位"课程观渐失根基。这是其历史局限性。

其二,该理论早期侧重"学会做事",忽视"学会认知"和"学会做人",与当代职业需求,特别是"知识密集型""技术密集型"产业需求不符。这是其现实局限性。

其三,该理论早期主张学校复制企业,教学模仿工作,学生模仿工匠或工程师,反过来又向企业输送"克隆工匠或工程师",其所陷入的"克隆"怪圈,有导致产业结构落后和人才结构僵化的风险。这是其导向局限性。

其四,该理论早期囿于以近代自然科学为参照系的还原论和机械论,认为复杂的系统、事物可通过其各部分的组合来理解和描述,用"单一的"与"复合的"范畴规范课程开发。但"模块"之"组合"还不是有机系统。这是其方法论局限性。

其五,该理论早期是构造主义和行为主义的;在后期发展中,尽管立足于格式塔心理学反对构造主义和行为主义心理学,但始终未与经验主义彻底划清界限①。这是其哲学与心理学基础局限性。

① 格式塔理论自诩秉承了康德先验论,然而它至多接受了康德的整体论,却始终未将整体论提升到超越经验论的先验论高度。

其六，该理论传统模式倡导的"横向为主"建构原则，要求学生模仿"从生手到专家"的"工作情境"进行技能或能力建构，是将"发生中的职业个体"混同于"职业成体"。这是其建构模式的经验主义局限性①。

其七，在该理论中，学员只扮演"工具理性"角色，重"功利"而轻"科学精神""人文精神"，特别是"健全职业人格"。这是其人才目标局限性。

（3）两极互渗

①从"学术性"向"职业性"延伸

A.理论层面

在理论层面，当代"知识本位"课程观发展呈现这样一种趋势：其"学习迁移"理论内涵经历了由E.L.桑代克的"文化共同要素"和"经验类化"、D.P.奥苏贝尔的"认知结构"迁移，向J.安德森"产生式迁移"和弗拉威尔"认知策略迁移"的发展；其"学习理论"指向的"知识"，经历了由概念原理知识、策略性知识和图式知识（鲁梅尔哈特，1977；威多森，1983；汤姆斯·迪瓦恩，1987）等"结构良好领域知识"，向"结构不良领域"的"情境知识""从生手到专家"的"实务知识"（斯皮罗和乔纳森，1990）发展；其研究重点经历了由一般性的"学术认知"向具体性的"职业认知"发展。

B.实践层面

在实践层面，欧洲高等教育区学术资格框架（QF-EHEA）以"'学生理论认知能力'和'职业关键能力'并重"为核心；美国普通高校以《美国教育2030》为前瞻，将"批判性思考"（critical thinking）、"沟通"（communication）、"合作"（collaboration）和"创意"（creativity）（简称"4Cs"）作为核心的"21世纪技能"。

C.趋势解读

欧美普通高等教育的发展趋势表明：以"学术性"自居的传统"知识本位"教育在发展过程中，出于"突破自身发展瓶颈"的内在需要，都通过导入"职业性"要素（"通能"）而渗入另一极，即"能力本位"的世袭领域。

②在"职业性"中导入"学术性"

A.理论层面

在理论层面，当代"能力本位"课程观发展呈现的是相反趋势：其课程"目标描述"关注的重点，依次由北美CBE的"特殊技能迁移"向美国"职业群课程"和英国BTEC的"关键能力迁移"、德国"学习领域"的"系统技能迁移"，直至欧盟EQF5~8级的"'职业性与学术性'并重"的"胜任力迁移"。

B.实践层面

在实践层面，"生技教育阶段"的美国实施了"'职业性'与'学术性'融合"课改策略；欧盟EQF5~8级课程兼顾了包括"专业知识"、"跨学科知识"与"跨学科领域交叉知识"的"'学术性'要素"。

---

① 究其根源，"发现学习"和"从做中学"，是美国实用主义教育家杜威首先倡导的。杜威强调：教学过程中"明智的学习方法"，就是"经验方法"。

**C.趋势解读**

欧美职业高等教育的发展趋势表明：无论由"特殊技能"走向"综合技能"、"系统技能"和"胜任力"的课程理论，还是在职业教育中注入"学术性要素"的课改实践，都是沿着"职普融通"的渐进路线发展的。

**2）辩证超越**

（1）课程社会学中的"辩证课程理论"

①代表性理论

课程社会学中"辩证课程理论"的代表是麦克·扬（Michael Young），他在1998年出版的专著《未来的课程》①中，对这一理论进行了系统阐述。

该理论揭示了教育和课程模式转换与时代、社会及其经济结构变化的密切联系，剖析了二战以来欧美特别是英国职业院校课程发展中"学术课程"与"职业课程"的分离过程及其课程理论的局限性，并着眼于后工业时代的经济变革及由此引起的职业结构变化，指明未来课程发展的总趋势是"'学术课程'与'职业课程'的整合"。

②启示与展望

麦克·扬关于"课程模式转换与社会经济结构变化相关"的研究，对于"学术学习与职业学习""作为事实课程（理论）与作为实践课程（工作导向）"等片面观点的批判，对于"以结果定义课程方式"（"学习结果导向"）和"模块化课程方式"利弊的分析，对于从"分化的专业化""总和的专业化"向"联系的专业化"发展趋势的描述，以及将"联系的策略"作为未来课程内容组织的新方式，特别是将"辩证形式"作为未来课程原则的主张，既是对美欧职业院校"整合性"课改的理论总结，也是对其未来发展的指导。

（2）21世纪教育"基本要求"

1996年，由雅克·德格尔任主席的国际21世纪教育委员会在其向联合国教科文组织提交的《教育：财富蕴藏其中》报告中，对"21世纪教育"提出了四个"基本要求"：使学生"学会认知、学会做事、学会共同生活、学会生存"。它们合起来构成了未来人才的四大支柱。其中，"学会共同生活"强调"与人合作"、"与人交流"和"团队精神"等社会协调能力，可并入"学会做事"；"学会生存"的核心是"学会做人"。

四个"基本要求"是在总结"整合"阶段世界特别是欧美发达国家教育和课改经验的基础上提出的前瞻性要求，是对"知识本位"与"能力本位"教育观的超越。

（3）21世纪学习框架

①框架要点

成立于2002年的"美国21世纪技能联盟"经过10年研究，提出了"21世纪学习框架"（以下简称"框架"）。根据该"框架"，"21世纪学习"正在由"师

---

① 扬. 未来的课程［M］. 谢维和，译. 上海：华东师范大学出版社，2003.

本教学、直接讲解、聚集知识、覆盖内容、基本技能、事实与原理、掌握理论、设置课程、相互竞争、局限课堂、基于文本、总结性考试、为就业而学"等，加速转向由前者与"生本教学、互动交流、重视能力、落实过程、应用技能、设问与问题、重视实践、项目学习、彼此合作、放眼全球、基于网络、形成性评估、为生涯而学"携手并进的新平衡。

②倡导"新平衡"

"框架"倡导的不是在诸多对立环节中进行"非此即彼"的选择，而是要求这些对立环节"携手并进"，建立一系列"新的平衡"，诸如"'师本教学与生本教学'的'新平衡'""'直接讲解与互动交流'的'新平衡'""'聚集知识与重视能力'的'新平衡'""'覆盖内容与落实过程'的'新平衡'""'基本技能与应用技能'的'新平衡'""'事实与原理'同'设问与问题'的'新平衡'""'掌握理论与重视实践'的'新平衡'""'设置课程与项目学习'的'新平衡'""'相互竞争与彼此合作'的'新平衡'""'局限课堂与放眼全球'的'新平衡'""'基于文本与基于网络'的'新平衡'""'总结性考试与形成性评估'的'新平衡'""'为就业而学'与'为生涯而学'的'新平衡'"等。

③尝试"新超越"

"框架"体现了美国高校课程和教学设计理论发展研究的21世纪新成果。"新平衡"就是"新整合"。如果说在20世纪末，美国综合性大学的课程改革侧重"通识"与"专识"的"整合"（"融合"），欧盟的大学课改侧重"通能"与"专能"的"整合"，那么"框架"则开始关注"整体知识"与"整体能力"的进一步整合，开启了超越"整体知识观"与"整体能力观"的教育理论发展新征程。

## 二、逻辑反思

### 1.传统教育模式

此处"传统教育模式"，是指关于"教育过程"的"知识本位"与"能力本位"传统模式："知识本位"的传统模式，是指布鲁纳"学科结构"课改倡导的模式；"能力本位"的传统模式，是指"工作导向"模式。

### 1）模式交集

（1）"结构-建构"主义

在方法论上，"两种本位"的"传统模式"都是"'结构-建构'主义"的。

一方面，它们都是"结构主义"的，都将"结构"视为"教学中心"："知识本位"传统模式将"知识结构"（学科结构）视为普通教育的"教学中心"；"能力本位"传统模式将"工作结构"（行动结构）视为职业教育的"教学中心"。

另一方面，它们都是"建构主义"的，都将"掌握'结构'"视为学生学习的"主要任务"："知识本位"传统模式将"掌握学科的基本结构"视为学生学习的主要任务①；"能力本位"传统模式将"掌握工作（职业行动）的基本结构"视为学生学习的主要任务。

（2）工作导向

就"教育途径"或"学习途径"而言，"两种本位"传统模式的"指导性理念"都是"工作导向"，都主张"学生学习"模仿"成体工作"：布鲁纳"学科结构"模式要求将科学家发现的"思维过程"或"思考顺序"作为教学设计的"过程模式"；"能力本位"传统模式要求将"职业成手"的"行动过程"或"工作顺序"作为教学设计的"过程模式"。

（3）"假设"与"信念"

布鲁纳的假设以所谓"中心信念"为前提，即"无论在哪里，在作为'知识高端'的科学家研究室也好，在小学生教室也好，其智力活动全都一样"②。

同样的"假设"和"信念"也为"能力本位"传统模式的倡导者所秉持。这些倡导者同样相信：无论在哪里，在作为"技术高端"的工程师实验室（或企业）也好，在职校学生的教室（或实训基地）也好，其技能活动全都一样③。

**2）"交集"中的误区**

（1）层次跳跃

在中小学生"智力活动"和职校生"技能活动"与科学家"学术活动"和工程师"技术活动"之间，存在"原格局"的层次差异。无论由中小学生"智力活动"升级为科学家"学术活动"，还是由职校生"技能活动"升级为工程师（或"职业成手"）的高端"技术活动"，其建构都面临"原格局"基础上的层次跳跃："跳跃"跨度越大，难度就越大。随之而来的，是该模式"适用性"的递进式"弱化"。

（2）经验论误导

"传统教育模式"关于"通过'基于学习经验'的'建构'来化解'层次跳跃'"的主张，是一种经验主义的误导④。

对于中小学生或职校生来说，无论是科学家的"学科结构"，还是工程师（职业成手）的"技术结构"，都远非"通过'发现学习'或'工作学习'的'学习经验'就能建构"那么简单。

（3）机制错位

要求学历教育在校生的"学力发育过程"模仿科学家和工程师"工作过程"的理论失误，更在于"机制错位"。

学历教育在校生的"学力发育"受制于其"发育机制"；科学家和工程师的"职业工作"受制于其"行动机制"。

---

① "学习任何学科，主要是使学生掌握其'学科结构'"。参见布鲁纳.教育过程［M］.邵瑞珍，译.北京：文化教育出版社，1982：31.
② 布鲁纳.教育过程［M］.邵瑞珍，译.北京：文化教育出版社，1982：33-34.
③ 劳耐尔就主张，职业教育应"以工作为导向"，以"企业场景"为依托，"学员学习"应对标"成手行动"，"教育过程"中"专业课的内容序化"应对标"工作过程的任务序化"。
④ 布鲁纳说过：在美国，"经验主义论点长期成为支配意见，而'学习理论'又长期充当它的扩音器"。遗憾的是，他的"发现学习"诉诸的"直觉主义表达"也强不了多少。

在校生的"学力发育机制"是指在内外教育环境影响和作用下，个体从"学力'结构-建构'初始"到"学力'结构-功能'分化"，再到"学力'形态发生'""学力'结构组织'相互影响"，直至"成熟为'胜任力'"的结构演化方式和过程；职业成体的"行动机制"是指基于"胜任力系统"既定组织结构与功能的工作方式和过程。

如果一位生物学者脑洞大开，倡导"发育改革"，要求"生物个体的发育过程"遵循"基于'成体内部组织结构与功能'的'生理活动序化进程'"，人们会有何感想呢？

"传统教育模式"的"'工作导向'诉求"正与此相仿[1]。

### 3）反驳与抵制

（1）对"经验主义"诉求的反驳

关于"中小学生或职校学生通过'发现学习'或'工作学习'的学习经验，就能够重构科学家'学科结构'或工程师（职业成手）'工作结构'"的主张，可"以生物学史和哲学史为鉴"予以反驳。

与"中小学生'智力活动'和职校生'技能活动'"不同，科学家和工程师的"工作活动"以"知识密集"和"技术密集"的"高层次结构"为基础。对于中小学生和职校生来说，这个"高层次结构"不能"经验发生"，正如"生命活动"所依据的"有机结构"不能"自然发生"一样。

在生物学领域，"自然发生论"认为生命及其有机结构可以随时由非生命的无机物质自然产生，如"腐肉生蛆""水生蝌蚪"。斯帕兰札尼（Lazzaro Spallanzani）和巴斯德（Louis Pasteur）用实验反驳了"自然发生论"，提出"现存生物只能源于生物"的"生源论"（1768，1859）。

在哲学领域，"经验发生论"也经历了由兴到衰的历史演变过程：

洛克（John Locke）的"白板说"主张"人类的一切知识都源于经验"（《人类理智论》，1690）。休谟（David Hume）质疑"经验发生的知识之普遍性和必然性"（《人类理智研究》，1748），提出"经验怀疑论"。康德（Immanuel Kant）用"先验论"取代了"经验论"，以其被海涅称为"精神解剖学"的"三批判"（《纯粹理性批判》《实践理性批判》《判断力批判》，1781—1790）证明：在近代，一切"普遍性和必然性的原理"——无论是"认知原理"、"实践原理"，还是"审美原理"——都"源于人类纯粹理性总源泉"，即一种"先验的'人文-心理'结构"，这个"结构"不能从当下的经验发生。

这是基于生物学史和哲学史的反驳。

（2）对"直觉"诉求的反驳

关于"发现学习"诉诸的"中小学生'直觉'"[2]，可"以物理学史为鉴"，

---

① 在劳耐尔倡导的"行动领域"课程模式中，这种诉求最为典型。在他那里，"教育过程"中"在校生的'学力发育机制'"从一开始就被混同于"职业成体的'行动机制'"："学力发育"的"复杂演变过程"被曲解为"职业成体"工作的不同水平经历，即"从生手到专家"的"五阶段发展过程"。

② 布鲁纳自称他的专著《教育过程》是"一本按照结构主义表达知识观、按照直觉主义表达认识过程的书"。

辨其真伪。

直觉告诉人们，使一个物体运动得越快，必须用越大的力去推它。亚里士多德（前384—前322）在他所写的《物理学》中，把这一直觉观念表述为："推动一个物体的力不再去推它时，原来运动的物体便归于静止。"

过了1 900多年，伽利略用科学观念纠正了直觉观念的错误。他在《两种新科学的对话》（1638）中将其表述为："一个物体，假如既没有人去推它、拉它，又没有人用别的方法去作用它，此物体将均速运动。"

又过了一代以后，牛顿在《自然哲学的数学原理》（1687）中把这个正确的结论写成惯性定律，即"任何物体，只要没有外力改变它的状态，便会永远保持静止或匀速直线运动状态"[①]。

人类对如此简单的物理现象认识，由"直觉观念"上升到"科学观念"，即便是科学家都要花费2 000多年时间，更不用说"凭学生的直觉经验"了。

这是基于物理学史的爱因斯坦反驳。

（3）"实践层面"的抵制

实践是检验真理的标准。以布鲁纳《教育过程》为理论指导的"'学科结构'课程改革运动"导致美国中小学教学质量下降，历时不久就以失败告终。主要抵制来自内外两方面：

"外部抵制"的主体是美国广大教师、学生和家长，其反对的理由大多基于直接感受，如"教材难度过大""教师素质太差""学生无法接受"等[②]。

"内部抵制"以"学科结构"课改运动的美国骨干成员、号称"第二号旗手"的施瓦布为代表。他在1969年出版的专著《实践：课程的语言》中指出："学科结构"运动使课程领域步入穷途末路，需要新的原则和方法才能继续推进课程的发展。

上述抵制虽未涉及本"总序"揭示的"机制错位"，却终结了美国"学科结构"课改运动，可视之为"基于'实践标准'"的反驳。

（4）"基于推理"的反驳

"交集中的'误区'"和"多重反驳"证明了一个事实，即布鲁纳在其《教育过程》中提出的"著名假设"是伪命题，其以之为据的"信念"更不足取。

由于"'两种本位'传统模式"的误区存在于上述"交集"中，所以其中一方"假设"和"信念"被证伪，另一方同类"命题"和"信念"也同时被证伪。

这是"基于充要条件假言推理"的反驳[③]。

**2. 范式转换**

随着"博洛尼亚进程"和"EQF课改运动"发起"范式转换"，一度成为主流模式的"工作导向"于21世纪初正式退出欧盟各国教育舞台，取而代之的是"学习结果"及其相关"范式转换"。

---

① 参见爱因斯坦，英费尔德.物理学的进化［M］. 张卜天，译. 北京：商务印书馆，2019：第1章"运动之谜"。
② 这些"基于直感"的"反对"，无非关于前述"层次跳跃"的主观表达。
③ "p当且仅当q，非q，所以非p"。

**1）转向"学习结果"**

进入 21 世纪，信息时代的经济结构变化导致欧洲"结构性失业"加剧。一方面，青年和失业群体的职业变动愈演愈烈，有波及其职业生涯之趋势，探求适合"终身学习"的"最佳学习范式"成为必要；另一方面，"欧洲高等教育一体化"（《博洛尼亚宣言》，1999）本身也迫切需要某种可以在不同国家和教育领域间提升能力与资格的透明度、可比较性、转换性和认可度的"通用学习范式"。

在此背景下，欧盟选择了"学习结果"（learning outcomes）①，将其作为一种重塑价值观和方法论的范式来引领 QF-EHEA 学术资格教育和 EQF 职业资格教育发展。

与侧重"输入端"课程与教学资源建设的传统教育不同，"转换"后的欧盟教育将研究重点转向对"学习结果"的示范、评估与验收，强化了教育输出端管理。这在世界教育史上是一种创新，具有积极意义，值得正视和借鉴。

**2）转向"多样途径"**

德国著名职教专家劳耐尔对"学习结果"转向极为敏感。他批评说："学习结果"将使"教育途径"问题变得无足轻重，并波及"工作导向"和"双元制"职教模式。劳耐尔教授说得不完全对。

首先，"学习结果"并没有特定化"学习领域"，而是全方位涵盖"正式的、正规的及非正式的、非正规的"各类学习，其中包括工作场所的经验习得和实践学习。②

其次，"学习结果"诉诸"'学习途径'的灵活性"，允许学习者自主选择适合自己的"学习途径"：这途径那途径，取得"学习结果"就是好途径。这对于青年、失业者和所有需要继续教育的人来说都是福音。

最后，"学习途径"的"多样性转型"是一把"双刃剑"：一方面，相对于固执"工作导向"单一途径的 DACUM、MES 和德国"学习领域"来说，允许"多样性选择"是一种思想解放，为各种"学习途径"享有同样的"正当性""合法性""平等性"打开了方便之门；另一方面，"转型"对于各种"学习途径"不分主次、一视同仁，无异于剥夺了"学历教育"和"校本学习"在各类教育中的主导地位，具有负面影响。

**3）转向"学力发育"**

"学习结果"包含的另一个"异中之同"诉求，是"结果取得"需要"一个过程"。

"Outcome"区别于 result，由"out"（向外）和"come"（出来）组成，引申词义是"经过一系列发展变化所导致的最终结局"。诉诸"学习进程"的"过程性"和"阶段性"，客观上将研究重心引向"学力发育"的"形态学描述"。

---

① "成果导向教育"（Outcome Based Education，OBE）由美国学者斯派狄（Spady）最早提出（参见其 1981 出版的专著《基于成果导向教育模式：争议与答案》），其方法论基础源于贝塔朗菲（Ludwig Von Bertalanffy，1901—1972）的"异因同果型"原理。
② 在欧盟"学习结果"范式转换背景下，如果劳耐尔教授对"高等职业教育"的"工作过程导向"仍情有独钟，当他获知本"总序"中"2）'交集'中的误区"和"3）反驳与抵制"各小节内容后不知会有何感想。

在 QF-EHEA 的 IQM 描述中，可以看到"预期胜任力"在"不断优化迭代的教育过程"中，"依照一定的逻辑线索和时空次序逐级提升"，直至"发育"成以最高"预期胜任力"为"标的"的"学术表型"；在 EQF 描述中，同样具体展现了"胜任力"（"职业资格"）从 1 级到 8 级，直至"职业表型"的"渐进性发育"经历。

"转向'学力发育'"，是"学习成果"逻辑发展的必然结果，是对前述"机制错位"的"潜在"纠正。

**4）转向"胜任力建构"**

传统职业教育"目标描述"中的"知识、技能、态度"只有一个向量，即展现于"任务模块"中的"横断描述"；与之不同，转换后的"目标描述"增加了一个向量，即"'胜任力建构'的纵向描述"。

在 QF-EHEA 中："预期胜任力建构"的"横向描述"兼顾"认知"与"实践"；"纵向描述"与"'预期胜任力'升级过程"相伴，且其内涵渐次丰富和深化，从最初"知识理解与应用"到"知识创新"，乃至"用'原创性'知识促进文化、科技和社会发展"。

在 EQF 中："胜任力建构"的"横向描述"兼顾"知识、技能、关键能力、综合素质、责任与自主性"；"纵向描述"随着"胜任力"的晋级，内涵逐步扩充与提升。

欧盟各国高等教育一并转向"双维度描述"的"胜任力建构"，表明基于单纯"横断描述"的传统"目标模式"已成明日黄花。

**3. 其他反思**

**1）当"对接"遭遇"变化"**

西方发达国家职业教育课程改革的共同诉求，是"与工作世界对接"。然而20 世纪 90 年代以来，信息技术和生物技术双重革命改变着经济和社会，人工智能、区块链、基因工程、大数据算法和生物工程等新技术革命正在推动"工作世界"变化加速。在今日世界，"改变"成为"唯一不变的事"①。

面对变化日益加速的"工作世界"，除了依靠"事后补救"（"继续教育"和"终身教育"）外，对高职教育在校生还应要求些什么，这是包括专业教育在内的中国高等职业教育不能不考虑的。

**2）"辩证超越"**

新旧世纪之交，国际 21 世纪教育委员会向联合国教科文组织提交《教育：财富蕴藏其中》（1996）；英国伦敦教育学院著名教授麦克·扬在其课程社会学著作《未来的课程》（1998）中提出"辩证课程理论"；"美国 21 世纪技能联盟"提出"21 世纪学习框架"（2012）。这些文献顺应前述"从'两极对立'到'辩证超越'"的课程理论发展趋势，从不同侧面将"辩证超越"新任务提上日程，即通过"整合'整体知识观'与'整体能力观'"，建构"整体论"课程观。

---

① 赫拉利. 今日简史［M］. 林俊宏，译. 北京：中信出版集团股份有限公司，2018：251.

探索包括"新任务"在内的"辩证超越"，是新时代中国特色高等职业教育课程与教材建设的不二选择。

### 三、中国高等教育课改

习近平总书记在党的二十大报告中指出，"教育、科技、人才是全面建设社会主义现代化国家的基础性、战略性支撑""教育是国之大计、党之大计。培养什么人、怎样培养人、为谁培养人是教育的根本问题"。这是以习近平同志为核心的党中央对新时代教育事业的总体战略部署，也是面向未来的中国特色高等职业教育课程与教材建设的指导思想。

#### 1.课改历程

改革开放以来，中国普通高校课改与美国高校课改基本保持同步，中国职业高校课改则相对滞后。

#### 1）普通高校课改

20世纪90年代，中国普通高校借鉴美国大学同期"以'整体知识观'为指导"的课改经验，探讨"素质教育"框架下的"通识课程"加"专业课程"的课程体系建设。

21世纪前十年，教高〔2001〕4号、教高〔2005〕1号、教高〔2007〕1号和教高〔2007〕2号文件要求将"注重学生创新精神和实践能力的培养""培养大学生的团队协作意识、创新精神和创新能力"等"通能"导入"普通高等教育"。

21世纪第二个十年，中国研究型大学启动"以人才、学科、科研三位一体的创新能力提升为核心任务，以高校、科研机构、企业协同创新中心为载体，以创新发展方式转变为主线"的"211计划"，开始向"创业型大学"转型，其课程建设进入与美国20世纪90年代以来"从'研究型'向'创业型'转型"发展相对应的阶段。

由教育部、财政部、国家发展改革委联合印发的《统筹推进世界一流大学和一流学科建设实施办法（暂行）》和《关于深入推进世界一流大学和一流学科建设的若干意见》，将"培养拔尖创新人才"，即"坚持立德树人，突出人才培养的核心地位，着力培养具有历史使命感和社会责任心，富有创新精神和实践能力的各类创新型、应用型、复合型优秀人才""全面提升学生的综合素质、国际视野、科学精神和创业意识、创造能力"作为"双一流"大学建设任务，标志着中国"双一流"大学的学科建设已进入与美国大学"向整合'整体知识观'与'整体能力观'发展"的相对应阶段。

#### 2）职业高校课改

##### （1）"知识本位"课程重建

"文化大革命"后的中国职业高校课程改革与重建，是在普通高等教育的基础上开始的[①]。此时的中国高职高专教育部分受苏联影响，部分受普通本科教育影响，"知识本位"占主导地位。高职院校的主要类型，是"文化大革命"前就

---

① 直至2008年，教育部从"普通高等教育'十一五'国家级规划教材"中评选出来的高职高专精品教材，还被冠以"普通高等教育精品教材"名称。

已存在的"高等专科学校",其中有不少是借鉴20世纪50年代的苏联模式建立起来的。"专科"被理解为"专门学科",教学理论未摆脱凯洛夫的"三中心""五环节"框架①,开设的课程类型大都是"学科导向"。在这里,"专科"与"普通本科"的区别,被理解为"'专科'是'本科'的简化和压缩"。

（2）转向"能力本位"

在继起阶段,中国职教界的改革开放,以导入西方"能力本位"职教理念和课程模式为基本特征。随着德国"双元制"（江苏,1983；北京,1983；山东,1991；河北,1996）、国际劳工组织MES（北京,1989；上海,1989；山东,1996；湖北,1997）、北美DACUM（浙江,1990；四川,1991；山西,1998；重庆,2012）、英国BTEC（北京,1999；辽宁,2002；河北,2007）等课程模式被相继引进,职教界课程改革呈现"能力本位"的"多样化"格局。

从这时起,中国职业高校课程改革运动的总趋势,是借鉴西方发达国家20世纪70至80年代经验,转向"'专能与通能'并重"的"职业性"课改。

《职业教育提质培优行动计划（2020—2023年）》等文件的出台,以及中国教育发展战略学会国际胜任力培养专业委员会第一次全国会员代表大会暨国际胜任人才培养论坛（2021）的顺利举行,标志着"整体能力观"指导下的中国职业高校课改向纵深发展。

（3）"学术性"与"职业性"整合

从本世纪第二个十年起,与新兴产业相关的中国行业性高校开始从"学术型"向"应用技术型"转型,"探索'应用技术型''技术技能型'人才培养模式"（《关于全面提高高等教育质量的若干意见》（2012）,《关于加快发展现代职业教育的决定》（2014））,标志着中国普通高校的应用型本科课程建设开始进入"'学术性'与'职业性'整合"的发展阶段。

**2. 差距与机遇**

**1）职业高校课改差距**

中国职业高校课程改革主要借鉴了西方发达国家20世纪70—90年代的经验,对其本世纪以来的课改动向和发展趋势关注不足,主要表现为:

（1）对反映当代特别是21世纪以来世界高等教育课程观发展综合化趋势的"'整体论'课程观"关注不够,其课程模式仍不同程度地受"传统方法论"的支配。

（2）对欧洲职业资格框架（EQF）中实现的"模式转型"缺少深入研究与全面评估。

（3）漠视"从'两极互渗'到'辩证超越'"的当代世界高等教育理论发展总趋势,对本应辩证处理的许多"矛盾"仍不同程度地持"非此即彼"的形而上学选择。

---

① 凯洛夫的"三中心"是指"以教师为中心,以课堂为中心,以知识为中心";"五环节"是指"组织教学,复习旧课,讲授新课,巩固新课,布置作业"。

#### 2）"盲点"中的机遇

在正视差距的同时，也要看到：在西方发达国家的"知识本位"和"能力本位"传统课程模式中，迄今存在"教育理论"的"盲点"，即前述"交集"中的"误区"（特别是"机制错位"）。深入研究这些"盲点"或"误区"，是中国高等职业教育实现"弯道超车"的理论前提。

如果说"差距"意味着不足与挑战，那么率先克服"盲点"就是"机遇"。

### 3.研究对策

#### 1）"职普融通"与"类型定位"

习近平总书记在党的二十大报告中强调：统筹职业教育、高等教育、继续教育协同创新，推进职普融通、产教融合、科教融汇，优化职业教育类型定位。

"融通化"与"类型化"是当代中国高等教育发展中既相互区别，又互相联系的两个方面，是"教育链"通过"人才链"与"科学链""技术链""产业链"有机衔接的重要保证[①]。

"职普融通"是"当代科学、技术与产业融合发展"在"教育链"上的联系性体现；"类型定位"是"当代科学、技术与产业分化发展"在"教育链"上的区别性体现。

探索中国高等职业教育专业课程与教材建设"职普融通"与"类型定位"方式，是"对策"研究中的首要选项。

（1）教育类型

区别"职普融通"中的高等教育类型，就是"普通本科教育"对标"基础学科链"，侧重"'基础学科知识'传承"，兼顾"融合"中的"科研创新"，旨在培养"高层次、高素质'学科知识型'"人才；"应用本科教育"对标"应用学科链"，侧重"'应用学科知识'传承"，兼顾"融合"中的"应用研究"，旨在培养"高层次、高素质'复合应用型'"人才；"高职高专教育"对标"技术链"，侧重"技术传承"，兼顾"融合"中的"技术研发"[②]，旨在培养"高层次、高素质'技术技能'型"人才；"中等职业教育"对标"产业链"，侧重"'技能传承'"，兼顾"融合"中的"技能创新"，旨在培养"中层次、高素质劳动者和技能型"人才。

（2）教学内容

在高等职业教育专业教学内容上兼顾"职普融通"与"教育类型"，就是顺应当代世界职业教育由传统"'职业性'与'学术性'分离"向"'学术性-职业性'整合发展"的大势，将"当代'科学-技术-产业'融合发展"的教学内

---

① "产业链"包含从原料到成品的所有环节，由生产同质产品或服务的企业群构成；"技术链"是指由多种不同技术组成的整体系统，包括基本技术与核心技术。进入21世纪后，随着我国"产业链"从"劳动密集型"和"资本密集型"向"技术密集型"和"知识密集型"转型，"知识链"和"技术链"对推动"产业链"发展起着至关重要的作用。

② 在当代，"技术"是连接"科学"与"产业"的枢纽：一方面，"高新技术"以"基础科学研究"中的"新突破"为源头和指导；另一方面，整个"高新产业链"都建构在"高新技术链"上，"高新技术链"升级带动"高新产业链"升级。"职业技术学院"中的"技术"，应以这个"枢纽"为基本定位，以"技术的'传承-创新'与应用"为重心；其"高等教育类型""专业课程类型""课程教学内容"定位均应以此为据。

容，体现在相互联系、密不可分的"认知基础""技术延伸""情境表征""技术应用"诸环节，并且"重心"逐步后移，做到"理论教学"必需、够用，"实务教学"周详充分，"案例教学"典型多样，"实训教学"具体到位。

（3）价值取向

在高等职业教育专业课程与教材建设中坚持"职普融通"的"价值取向"，就是对标当代中国经济由"传统经济"向"集'自然价值''创新价值''市场价值''经济价值''社会主义核心价值'于一体"的"循环经济"转型，将"课程思政"（即关于"应当怎样"的知识）融入教学内容各环节，对学生进行"职业精神""科技精神""敬业精神""社会主义核心价值观"培养，激发学生"爱职业、懂科技、精专业、能思政"的"价值精神"。

（4）质量管理

无论是美国"学科结构"课改运动"第二号旗手""证伪者""终结者""实践性课程理论"倡导者施瓦布，还是欧盟 QF-EHEA"内部质量管理"、EQF5~8级"课程开发"，都强调专业课程与教材建设需要行业代表和相关领域专家共同参与，这是专业课程与教材建设质量控制的重要保证。《教育部办公厅关于加快推进现代职业教育体系建设改革重点任务的通知》（教职成厅函〔2023〕20号）中的"开展职业教育优质教材建设"也强调了这一点。

中国高等职业教育专业课程与教材建设坚持"质量把关"，就是除了要求在课程与教材内容设计上必须有相关"产业链"的"企业行家"参与（借以把好"技能操作关"）之外，还要求相关领域的专家介入（借以把好"'技术链'向'产业链'转化"，及其"向'高职教育链'转化"的"全面质量关"）。

**2）绕开"交集"**

如前所述，要求"教育过程"中的"课程内容序化"模仿高等职业成体的"活动过程"，是"工作导向"与"学科结构"课改诉求的"交集"。学历教育"在校生"的"学力结构"与"职业成体"的"胜任力结构"之间的层次差异（特别是与"学术-技术"成体的差异）越大，此等诉求就越是行不通[①]。

布鲁纳"学科结构"改革运动的失败，证明这个"交集"是误区和陷阱。无论是"知识本位"还是"能力本位"教育，都应该绕开这个"交集"。

探索绕开"交集"的途径，是"对策"研究中的紧要选项；区别两种"不同机制"，即"'职业成体'活动机制"与"'学术-技术'个体发育机制"，是包括高等职业教育在内的各类教育与课程改革向纵深发展的理论前提。

**3）补齐短板**

缺少通识教育，特别是科学精神与人文精神教育，是欧盟各国"能力本位"职业教育的"短板"，与当代科学技术发展的主流趋势不符：一方面，当代科学精神与人文精神具有"融通共建"关系，科学精神是"求真"，是关于事实的

---

①　该诉求的适用领域，应限于技术含量不高的古代家庭手工业、中世纪"师傅带徒弟"的手工作坊，以及今日以"简单操作"为特征的驾车、厨艺、按摩、美容、汽修等服务业低端职业群体的技能培训。

"是什么、为什么"知识；人文精神是"向善"，是关于价值的"应当怎样"知识。另一方面，当代科学技术发展呈现传统学科、新兴学科、前沿学科、交叉学科、冷门学科等诸多学科交叉融合、自然科学与社会科学互相渗透、各种技术汇聚集成的总态势。

高等职业教育课程与教材建设要体现"融通共建"，就要将当代人文精神、价值观和思政要素浓缩于专业课程与教材的内容设计中；要反映"总态势"，就要将其浓缩于"通专相辅"的课程与教材体系架构中。

"科学精神"和"人文精神"是"科学素养"和"人文素养"的核心；"马克思主义"和"中华优秀传统文化"是"四个自信"的基石[①]。培育"科学精神"、"人文精神"和"四个自信"，应当与培育"政治素质"和"专业素质"一起，作为新时代中国高职高专"素质教育"的基本组成部分。

在我国，"关注科学精神与人文精神"的相关规定早在基础教育阶段就被列入《大纲》。在该阶段，培育"两种精神"是通过"教学内容综合化"和"多学科渗透"方式实施的。

中国高职高专教育应当更进一步，将"现代科学技术概论""人文社会科学概论""毛泽东思想和中国特色社会主义理论体系概论""中华优秀传统文化概论""马克思主义哲学原理"（以下简称"四论一理"）一并增补到公共基础课程体系中，作为各专业培育"科学精神"、"人文精神"和"四个自信"的必修通识课。

就可行性而言，美国社区学院、欧盟 QF-EHEA 短期专科和 EQF5 职业教育与培训的学制均为 2 年，中国高职高专学制为 3 年，学时介于美国高职与本科、欧盟 EQF5 与 EQF6 之间。增加一学年时间的中国高职高专教育，有条件将"四论一理"纳入其中[②]。

总之，体现"融通共建"并反映"总趋势"，理应作为"对策"研究中的重要选项。

### 4）发挥所长

忽视严格意义上的"技术教育"，既是北美 DACUM、国际劳工组织 MES、德国"双元制"等传统职业教育与培训的软肋，也是欧盟 QF-EHEA、EQF，乃至美国社区学院职业教育的软肋。DACUM 和 MES 课程开发仅基于"企业工作分析"；德国"学习领域"只关注"双元制"中的"产业链"；QF-EHEA 着眼"学术资格"，其"学习结果描述"从硕士资格到博士，专注"学科知识"的把握、研究与创新；EQF5~7 着眼于"职业资格"，其"学习结果描述"对标欧盟劳动力市场需要的"知识、技能、责任与自主性"（仅在 EQF8 级描述中出现"技术技能"述项）；在美国社区学院，"转学教育"是最重要、最基本的任务，"职业

---

① 习近平总书记强调：在五千多年中华文明深厚基础上开辟和发展中国特色社会主义，把马克思主义基本原理同中国具体实际、同中华优秀传统文化相结合是必由之路（《在文化传承发展座谈会上的讲话》，2023年6月2日）。
② 像 EQF5 "二年制职业教育与培训"和 QF-EHEA "短期高等教育"那样，只要求学生"掌握某一工作或学习领域内综合的、专门的事实与理论性知识，以及跨学科知识"，将导致其底蕴不深，发展后劲不足，连欧盟各界都斥之为"学制过短"、"急功近利"和"浓重的商业化倾向"。

技术教育"的目标是培养学生的实际操作能力和职业技能,即便"生技教育"阶段开设的"连接课程""多学科课程""基于学习共同体的'融合课程'"等,其重心也未向"严格意义"上的"技术"倾斜。

西方学者通过现代统计方法指出,"技术创新"是经济发展新高潮的基础,历史上每一轮全球经济的再次复苏,都离不开"技术创新"。在当代,"技术创新"更是连接"科学发现"与"产业升级"的枢纽:一方面,"科学新发现"与"技术新发明"相互渗透,组成"科技创新系统";另一方面,"技术创新"推动产业结构升级,使各个生产部门之间不断调整、创新、替代和重组。

中国职业教育的"所长",在于高职高专院校均以"职业技术学院"命名,定位重在"技术",抓住了当代西方职业教育与培训的软肋,难能可贵。

一般来讲,"技术"是关于人类改造世界,从事生产的原理、方法、工艺或服务的系统知识。严格意义上的"技术",应指"基础理论"在"改造世界的'应用研究'"中"所有发明、创造和开发"的成果总称。①

"技术"(Technology)区别于"科学"和"技能":"科学"(Science)是关于人类对客观事物认识的可检验、可预测的系统知识;"技能"(Skill)是人类通过练习而形成的活动方式或动作方式。

中国高职高专教育中的"职业技术"指的是什么,各专业的"专业技术"内涵如何,每门专业课的"技术"内涵又如何,诸如此类的问题目前还很少有人能解释清楚。在多数场合,"技术"都被混同于"技能"。要真正"发挥所长",就要把单纯"定位名称"中的"技术"变为"实际强项",即赋予其与"技术创新"中"技术"相同的含义。这是"对策"选择中需要深入探究并在课改实践中具体落实的重要课题。

**5)强化韧性**

传统教育满足于"从学校到工作"(School-to-Work,STW)的"双向对接"。然而当今世界"一切都在改变,而且改变的步伐在不断加速"。

为应对流变,美国用"从学校到生涯"(School-to-Career,STC)的"生涯与技术教育"取代了"从学校到工作"的"职业技术教育";欧盟强调:通向Career的路径不止School一条,能取得"学习结果"的"条条道路通生涯"(All Roads Lead to Career)。

对中国高等职业"生技教育"来说,至少有两点应当补充:

第一,"条条途径通生涯"不能以"不分'途径'主次"为代价,"应对探究"应当以"校本学习+"的主流途径为基础。"校本学习"除了对学生传递"与工作世界对接"的既定"知识、技能与态度",还要教给学生如何选择、处理、理解、利用和创造性地转化信息以及"4Cs"。②

---

① 高职与中职在人才培养目标上的层次区别不在于"策略技能型"与"经验技能型",而在于"技术技能型"与"技能型"。这也是国发〔2014〕19号文件中关于高职高专"培养产业转型升级和企业技术创新需要的技术技能型人才"中"技术"的应有之义。

② 此处"4Cs",是指美国智库胡佛研究所《美国教育2030》报告提出的以"批判性思考"(critical thinking)、"沟通"(communication)、"合作"(collaboration)和"创意(creativity)为核心的"21世纪技能",而非指市场营销组合的四个基本要素。

第二，"生技教育"除了以"学历教育的'校本学习'"为基础，通过"继续教育"不断重复地与变化的"工作世界对接"，更要培育和强化学生的"韧性"（resilience），即能够随机应变，学习新事物，在不熟悉的新环境里仍然保持心态平衡，不断重塑自己的能力①。在这一点上，无论是欧盟 QF-EHEA 和 EQF 的"学习结果"，还是美国教育心理学家克朗伯兹（Krumboltz）关于生涯发展的"五种态度说"、美国职业管理学家萨柏（Donald E.Super）的"职业生涯发展理论"，乃至"美国 21 世纪技能联盟"的"21 世纪学习框架"，均未涉及。

将"4Cs""自主处理与转化信息能力""韧性能力"等内涵增补到"校本学习"的"框架"中，并贯穿于"学生学力建构"的全过程，理应作为"对策研究"中的"补救性"选项。

### 6) 摆正关系

"摆正关系"是"对策研究"中的"思维方式"选项。所谓"摆正关系"，是指以马克思主义唯物辩证法为指导，借鉴"总序"的"逻辑反思"中"辩证超越"提及的各种课程理论之合理内核，将高等职业教育课程与教材建设涉及的诸多"对立"或"并行"模式，从"非此即彼"或"片面性"中解脱出来。诸如：

（1）对标"辩证课程理论"，将关于"课程类型"的"'学术性'与'职业性'""'人本主义'与'工具主义'""'道德主义'与'功利主义'"等传统"两极对立"，转型为"'整体论'课程观"指导下的"多元整合型"课程模式。

（2）对标"职普融通"，将关于"课程设置"的"'基于学科'的模式"与"'基于能力'的模式"传统"两极对立"，转型为"基于'学科-能力'融合的模式"。

（3）对标"新老三论"和"分子生物学"的系统论框架，将"'学术-技术'个体'学力发育'"中"预成论"与"渐成论"的"两极对立"，转型为"'目标模式'与'过程模式'辩证统一"模式。

（4）借鉴"21 世纪教育'基本要求'"和"21 世纪学习框架"，将关于"课程目标"的"重认知轻做事"与"重做事轻认知"的传统"两极对立"，转型为"以健全职业人格为导向""既会认知，也能做事，更懂做人"的"'整体论'学力框架"模式。

（5）对标"教育学中心法则"，将关于"课程方法"的"教师中心"、"学生中心"、"多中心"或"无中心"等传统模式，转型为"以'觅母表达过程'为中心的'教学闭环'"模式（详见下文）。

（6）借鉴"21 世纪学习框架"，将关于"课程取向"的"目标模式"（泰勒）与"'实践-历程'模式"（劳伦斯·斯滕豪斯）的传统"两极对立"，转型为兼顾两者与"情境模式"（劳顿、普林、英戈以及斯基尔贝克）的"'三者统一'"模式。

（7）对标"'学术-技术'个体的'发生-发育'机制"（详见下文），将关

---

① 赫拉利. 今日简史［M］. 林俊宏，译. 北京：中信出版集团股份有限公司，2018：254.

于"课程要素组织"的"纵向结构"与"横向结构"、"逻辑顺序"与"心理顺序"、"直线式"与"螺旋式"等传统模式，分别转型为"纵向为主、横向为辅、纵横交错""觅母表达顺序""'专识-专能'建构"之"直线式顺序"、"顺从级、认同级、内化级"的"道德建构顺序"及"初级、中级、高级"的"通能建构"之"螺旋式顺序"等"要素组织"模式。

（8）着眼不断加速的"知识更新"、"技术更新"和"产业更新"挑战，将关于"课程结构组织"的"层次结构单一"传统模式，转型为"合理配置'深层''中层''浅层'的'立体结构组织'"模式，并导入"基于'学习理论'、'学习方法'、'学习策略'和'4Cs'的'韧性学习'"方式。

（9）对标当代"'科学、技术、产业'发展"的辩证关系，将关于"教学途径"的"各环节'相互脱节'或'互不衔接'"的传统模式，转型为"原理、实务、案例、实训"的"协同性共建"模式。

（10）对标习近平总书记关于"积极探索新时代教育教学方法，不断提升教书育人本领"的殷切寄语（2020），将"教学方法"的"重鱼""轻渔"、教师"一言堂""满堂灌"、学生"轻交流""少体验"等传统模式，转型为"学导式教学法"、"互动式教学法"、"案例式教学法"、"讨论式教学法"、"体验式教学法"、"专题式教学法"、"分众式教学法"、"项目式教学法"和"自主学习"、"合作学习"、"实践学习"等"多种方式共存"，使其相辅相成、相得益彰。

（11）对标中共中央、国务院关于《深化新时代教育评价改革总体方案》（2020），将关于"考核评价"的各种"片面性"传统模式，转型为"融多种考核评价方式于一体"模式，即"改进结果评价，强化过程评价，探索增值评价，健全综合评价，完善素质评价，充分利用信息技术，提高评价的科学性、专业性和客观性"。

**4. 弯道超车**

"'学科结构'课改"和"'工作导向'模式"因"交集中的误区"，在"实践上遇挫折""理论上被证伪""课改中遭'范式转换'"的"多重打击"之后，世界各国教育界都在探寻新路径，中国教育界也责无旁贷。

此处"弯道超车"，是指随着人类进入"信息化时代"，在"文化信息层面"体现新时代中国特色高等职业教育课程与教材建设的"路径探索"，即以"'整体论'课程观"为"指导理念"、以"觅母表达"和"中心法则"为"'校本学习'的'过程模式'"、以"体现'内在目的性'的'预期胜任力'"为"目标模式"的相关探索。

**1）"'整体论'课程观"**

（1）"多元整合"内涵

世界高等教育课改历程表明：20世纪末，美国综合大学课程改革侧重"通识"与"专识"的"整合"（"融合"）；欧洲新体制下的大学课程改革侧重"通能"与"专能"的"整合"；"21世纪学习框架"关注"整体知识"与"整体能力"的全面整合，是超越"整体知识观"与"整体能力观"的尝试；"改革开放"以来中国普通高校课改大致经历了上述各阶段；中国职业高校课改正在阔步前行，有望迎头赶上。

　　"'整体论'课程观"中"整体论"的"多元整合"内涵，是指其中包括的三种"整合"，即"'专业知识'与'通用知识'整合为'整体知识'""'专业能力'与'通用能力'整合为'整体能力'""'整体知识'与'整体能力'整合为'整体知能'"。

　　这三种"整合"分别体现了当代世界高等教育课改不同阶段的发展成果，是当代"科学链""技术链""产业链"之"相互融合"在"'职普融通'教育链"中的综合反映，在当代高等教育不同类型的课改中各有侧重。

　　（2）概念重建

　　①从"一般系统论"到"有机整体论"

　　笛卡尔认为：对付复杂性的办法，是把它细分为组成部分，再把部分组合为整体。在作为"横断科学"的一般系统论中，也可以看到这一观点的痕迹。贝塔朗菲认为，系统是由"相互作用"的部分组成的"集合"（"相互作用的诸要素的复合体"），"集合"可以分解为"部分"，"部分"可组成为"集合"[1]。DACUM基于"工作任务分析"、MES基于"职业分析"、BTEC基于"工作领域分析"和德国基于"行动领域分析"的"模块课程"开发，其方法论依据皆在于此。

　　但是，"部分"与"集合"这对范畴在有机界中已无地位[2]，即便加上贝塔朗菲强调的"相互作用"或"强相互作用"，也帮不了多少忙：在无机界中也存在"相互作用"和"强相互作用"[3]；在有机界中，无论何种"相互作用"都居于"从属地位"。

　　欧盟QF-EHEA和EQF诉诸的"'学习结果'+'获取途径多样性'"，是将贝塔朗菲三种"系统目的性原理"之一的"异因同果性"（the same-result-different-cause）作为其方法论基础。

　　将"异因同果性"作为有机界研究方法论基础的主导性原理也多有不便，在超有机界的人类教育研究领域就更加如此。其主要理由有三：第一，"异因同果性"不是"有机界"的特有属性，无机界中也存在可用"异因同果模型"描述的现象[4]；"异因同果"还可解读为"'因果关系'（机械力学范畴）与'统计关系'（量子力学范畴）的结合"。第二，"异因同果"尚不足以解释有机生命的"内在目的性"[5]。第三，"异因同果性"之"同果"也只是相对而言：一方面，

---

　　① 我国有学者用"生成整体论"反驳贝塔朗菲"系统整体论"，认为"整体"与"部分"不是"组成关系"，而是"生成关系"，即"部分"是"整体"生成的，没有"整体"就没有"部分"（参阅 JIN，W L. From Systematic Holism to Generative Holism [N]. Science Tiems，2006-11-30（B3)）。两种理解殊途同归，都诉诸"整体"与"部分"这对"机械论"范畴。不仅如此，"种子的萌发——胚胎和生出来的动物，不能视为是从'整体'中分出来的'部分'，如果这样看，都是错误解释"。（恩格斯语）
　　② "单一的"（"单元"或"部分"）和"复合的"（"组合"或"集合"）这对范畴在有机自然界中早已失去意义、不适用了。（恩格斯语）
　　③ 地球各圈层就是内外力"相互作用"的场所，原子核中存在"强相互作用"。
　　④ 在"水文模型"描述的现象中，"采用不同结构的模型或同一模型的不同参数组，均可获得可接受的同一模拟结果"，这就是"异参同效"（equifinality）。
　　⑤ 参见约纳斯的著作《生命的现象》（Jonas H，Jonas E. The phenomenon of life: toward a philosophical biology [M]. Chicago：Northwestern University Press，2001.）

凡物莫不相异（莱布尼茨的"相异律"）；另一方面，有机界在"自身同一性中包含差异性"（黑格尔和恩格斯）。

"路径探索"中的"'整体论'课程观"正视传统课程模式以之为方法论基础的"'整体'与'部分'""相互作用""异因同果"等范畴或原理的上述局限性，致力于对标严格意义"有机论"的"概念重建"，即基于"'有组织的'并且是'自组织的'"，以"一切机械论范畴在其中皆居从属地位的'内在目的性'"为主导原理的"概念重建"。

②从"基因"到"觅母"

分子生物学证明：一切现存生物个体都来自"生物复制因子"——"基因"（沃森和克里克，1953）。

在人文科学领域，休谟质疑"经验发生的知识之普遍性和必然性"；康德指明：作为"文化主体"的现存人类成体（无论是"科学成体"、"实践成体"还是"审美成体"）都有一个"人文结构"，这个"人文结构"不能"经验发生"，而只能"源于人类纯粹理性总源泉"；英国皇家科学院院士、牛津大学教授道金斯补充说：这个"人类纯粹理性总源泉"，存在于"人类文化复制因子"——"觅母"（meme）中[①]。

"路径探索"中的"'整体论'课程观"同样正视传统教育模式以之为方法论基础的"经验论"局限性，致力于对标"人类文化信息"层面"课程觅母"的"概念重建"。

③"课程觅母"

"路径探索"中的"'有机整体论'课程观"将作为"文化复制因子"的"觅母"理解为"人类文化信息"（波普尔的"世界3"，宇宙最高层次的"普遍性"）的存在方式，将"课程"理解为"特殊化"的"人类文化信息"（"自身特殊化的普遍性"），即包含"育人理念、类型、模式、内容、途径、程序及愿景"的特定"人类文化信息系统"，将"课程觅母"理解为在"人类教育系统"中合成的"文化'生殖细胞'"，将"预期胜任力"理解为设定在"文化'生殖细胞'"中的"内在目的性"[②]，将"教育过程"理解为"课程觅母"的"个体化"（"自身个体化的普遍性"），将"实现'内在目的'的'职业表型'"理解为"文化主体"的存在方式，将"产学研结合"中的"个体化"和"文化主体活动"理解为"'觅母'借以'更新自身'"（"重建自身的普遍性"）的方式。

2）觅母表达

在布鲁纳"学科结构导向"和传统"工作导向"的"能力本位"模式中，其课程设计及其教材建设的"过程模式"都着眼"'职业成体'的'活动机制'"，对标"科学家的研究过程"。

---

① "正如基因通过精子或卵子从一个个体转移到另一个个体，从而在基因库中进行繁殖一样，觅母通过广义上可称为模仿的过程从一个大脑转移到另一个大脑，从而在觅母库中进行繁殖。"（参阅道金斯.自私的基因［M］.卢允中，等译. 北京：中信出版集团股份有限公司，2018：222.）

② 此处用"内在目的性"指代组织系统在与环境的非线性相互作用中表现出来的某种趋向预先确定状态的特性，即一种高于自然必然性的内在自由规定性。

新“路径探索”要求在皮亚杰“'同化-顺应'理论”、维特罗克“生成学习理论”、加涅“信息加工理论”的“经验习得”等“传统探索”上，增补“课程觅母”。正如“基因”控制“动物个体的'胚胎发生'”一样，“课程觅母”控制“人类职业个体的'教育发生'”。可以比照分子生物学的“中心法则”，将人类职业个体的“教育过程”解读为“课程觅母表达”。

该“路径”用“课程觅母”指代以教材为载体的“'人类文化传承与创新'信息编码系统”，将“职业个体的'发育过程'”理解为“以高中段'学力'为原格局的'课程觅母'后续表达过程”，即在教师（相当于“文化'信使RNA'”）的引导下，通过教学活动，将设计在教材中的“课程觅母”信息“转录”到学生头脑（相当于“文化'蛋白质'”）中，并通过全方位的训练、考核与评价（相当于“中心法则”中的“翻译”和“调控”机制），促成学生“学力发育”持续进行，直至体现高等职业教育“人才目标”的“预期胜任力”（目标模式）生成（相当于“成熟”）。

在人类“职业个体的'教育发生'”中，“觅母表达调控”起着关键作用。其主要机制是通过“教师备课”（“觅母转录”）和“'教学与训练'活动”（“觅母翻译”），调整“觅母表达”的时机、数量和位置，使生成的“学力要素”定位到“预期胜任力”的不同建构中，从而确保“职业个体”的正常发育；“觅母表达调控”可在多个层次上进行，包括“课程觅母”水平、“转录”水平、“转录”后水平、“翻译”水平和“翻译”后水平的调控。

**3）“觅母表达”与“中心法则”**

在分子生物学描述中，“生命发生过程”的“中心”既非“DNA”或“信使RNA”或“蛋白质”，亦非“转录”或“翻译”或“调控”，而是生物遗传信息从DNA传递给RNA，再从RNA传递给蛋白质，完成遗传信息转录和翻译的“基因表达”总体过程；该过程的规律，被称为分子生物学的“中心法则”。

同样地，在当代教育学描述中，也可以将“教育过程”的“中心”既非解读为“教师”或“学生”，亦非解读为“经验”“活动”“知识”或“课堂”中的任何个别要素，而解读为“'人类文化传承与发展'信息”。从以教材为载体的“课程觅母”，到“复制”（教师备课）和“转录”（教学与训练），再到学生“学力建构”（相当于“文化蛋白”）的“觅母表达”总体过程，并把关于这个“过程”的规律解读为当代教育学的“中心法则”①。

根据该“中心法则”，可以把以“内在目的性”为方法论主导原理，以“觅母表达”为中心，以“学力发育”为“过程模式”，以“预期胜任力建构”为“目标模式”，以教师为引导，以学生为主体，以“教学—训练—考核”为主线的“'教、学、做、评'合一”，作为校本学习“'教学闭环'内诸多要素关系”

---

① 德国“传统教育学派”的“老三中心”是“教师中心、知识中心、课堂中心”（Johann Friedrich Herbart，1776—1841）；美国“进步教育学派”的“新三中心”是“学生中心、经验中心、活动中心”（John Dewey，1859—1952）；苏联“知识教育学派”的“三中心”是“教师中心、知识中心、课堂中心”（Иван Андреевич Каиров，1893—1978）；欧盟QF-EHEA的“一个中心”是“以学生为中心”；我国部分职教专家的“教育执念”是“无中心”。根据此处提及的“中心法则”，无论是“多中心”“并列中心”，还是“个别要素中心”“无中心”，都不足取。

的"'整体论'课程观"定位。

**4)"觅母表达"与"觅母突变"**

有益"觅母突变"是人类文化（科学与技术）发展的重要因素之一，该"突变"可以发生在"觅母表达"过程的各个阶段。探索有益"觅母突变"机制，并将其运用于教材设计、课程教学和教育过程（包括"产学研结合"），是高等职业教育课程改革的重要任务。

有益"觅母突变"可以是自发的，也可以是定向诱发的。自发的"觅母突变"，是指通过"自主学习"，发生于"非典型模型"即"'课程觅母'⇌'学生学习'"中的"突变"；定向诱发的"觅母突变"，或指通过"教学闭环"发生于"典型模式"即"'课程觅母'⇌'教师'⇌'学生'"中的"突变"，或指通过"教学闭环"与"教育环境"的交互作用发生于"产学研结合"中的"突变"。

欧盟 QF-EHEA 框架中，"由'以教师为中心'向'以学生为中心'和由'以教学为主'向'以学习为主'转变"的模型，可归类于"非典型模型"。在其中，"自发'觅母突变'"所依据的"自主学习"并非"自发学习"，而是基于学习原理、方法和技巧的有计划学习与实践（详见本教材"附录一"的"自主学习"的"'知识准备'参照范围"和"附录三"中"自主学习"的"基本要求"、"'技术–技能'点"和"参照规范与标准"）。

在"教学闭环"中定向诱发"觅母突变"的因素可以有多种，如将"4Cs"的"批判性思考"（critical thinking）、"创意"（creativity）要素体现在教材设计、教学方式以及训练与考核评价方法中等等。

关于"产学研结合"中"觅母突变"的"定向诱发"，参见"5)'觅母表达'与'教育环境'"。

**5)"觅母表达"与"教育环境"**

教育过程中从"课程觅母"到"'预期胜任力'成熟"即"职业表型"的建构，不是在自我封闭的系统，而是在与"教育环境"要素"非线性"相互作用的"开放系统"中进行的。

高等职业教育的"环境要素"包括"实体环境"与"虚拟环境"。"实体环境"又包括"内环境"与"外环境"：前者指由课堂、学校及其规章制度、教育技术、设备设施等构成的要素；后者指由家庭、社区、企业、行业组织、国家和世界政治、经济、科技、教育等现实发展构成的要素。"虚拟环境"是指以图书馆和互联网为载体和中介的关于"人类文化要素"的"信息数字云"（其中包括国内外同类竞争"课程觅母"）。

在这种"开放系统"中：一方面要坚持"以教促产、以产助教""产教融合、产学合作"，借以突破"觅母表达"的"教学闭环"；另一方面要通过"产学研结合"（包括与同类竞争"课程觅母"的交流互动和"超越"），融通"科学创新""技术创新""教育创新""产业升级"，即"技术链"主动承接并转化"科学链"的创新成果，进行从"渐进性"到"突变性"（"觅母突变"）的"技术创新"，促进"产业链"结构升级，借以更新"课程觅母链"（"觅母选择的进化"），走出前述"传统'能力本位'主要局限性"之三中提及的德国"双元制'克隆怪圈'"。这是党的二十大报告强调的"产教融合、科教融汇"的应有之义①。

着眼于"开放系统"，可以将"教育过程"的"有机整体论"解读更具体地表述为：以"'整体论'课程观"为理念，以"内在目的性"为方法论主导原理②，以"课程觅母表达"为中心，以"预期胜任力建构"为"目标模式"，以教师为引导，以学生为主体，以"教、学、研、用"为"教学闭环"主要环节，以"产教融合、科教融汇"为必要条件，受制于内外教育"环境要素"并与之"非线性互动"的"学力发育"过程。

**6）"觅母表达"与"工作世界"**

"人类文化信息"通过"教育过程"中"课程觅母表达"实现的"特殊化"和"个体化"，与体现"人类文化信息"的"科学链""技术链""产业链"之间的关系，是人类"文化主体"与"文化客体"间的关系。

受制于内外自然环境要素的生物生殖细胞，通过基因的有选择表达，在发育不同时期、不同部位，通过基因水平、转录水平等调控，表达基因组中不同部分，实现包括"基因突变"在内的分化和发育，直至最终形成的"生物表型"，能够完美适应"外部自然界"；同样地，在"系统教育学"语境下，受制于当代内外教育环境要素的"发生中的'人类文化个体'"，通过"课程觅母"的有选择表达，在其"学力发育"的不同时期、不同侧面，通过"觅母"水平、"文化信息转录"水平等调控，表达"觅母组"中的不同部分，实现包括"觅母突变"在内的"学力"分化和发育，直至最终形成名为"预期胜任力"的"职业表型"，也能够完美适应"'以科技链、技术链创新'为依托，'以产业链结构升级'为背景"的"当代文化客体"，即由国家机关、文化部门、科研机构、产业链等职场组成的复杂系统——"外部工作世界"。

**7）期待与展望**

**（1）系统教育学**

20世纪末至21世纪初，以"一般系统论与分子生物学整合"为标志的生命科学进入了"后基因组时代"——系统生物学时代。可以期待，在联合国教科文组织（UNESCO）发布《教育2030行动框架》，中共中央、国务院出台《中国教育现代化2035》顶层设计的大背景下，随着"多学科交叉融合"和"与技术交

---

①　近年来，随着德国汽车产业被美国和中国"弯道超车"，其引以为豪的"双元制教育"之"克隆怪圈"局限性也显露出来：只关注"学生对标工匠""学校对标企业""教育对标产业"，忽视"科技端"在"工业化与信息化'两化融合'"中的重要作用，是其落后的根本原因。中国高等职业教育应引以为戒，在关注"产业链"、倡导依托"产教融合"、组建"产教融合共同体"的同时，更要关注中国（和世界）的"技术链"，特别是"技术链"中那批学科（尤其是理工科）出身、眼界和判断力都是一流、富有创新精神的高智商学者和专家在"技术攻关"中的主导作用（他们通过"技术链"上承"基础理论研究"最新成果，下接"产业链"升级需求），倡导"'高新技术'与'产业'并重"，组建由高新技术公司、相关产业界和高职院校三方构成的"产教研融合共同体"，实现三方"良性互动"。这是中国高职教育侧重"技术链"，关注"技术'传承-创新'与应用"的"产教融合、科教融汇""产教研合作"中"研"字的应有之义。为此，中国高职教育有必要将"技术"视为与"产业"并列的"元"，用新时代中国特色的"三元制"，取代源于《职业学校职业专业教育框架教学计划编制指南（1996）》的德国"校企'双元制'"。

②　以"内在目的性"（intrinsic purposiveness）为方法论主导原理，旨在取代"学习结果"以之为方法论基础的贝塔朗菲"异因同果性"（the same-result-different-cause）原理。

又融合"，作为大科学的"系统教育学"亦将出现在人们的视野中①。

"系统教育学"作为"以教育的'有机整体论'研究为特征的科学"，是研究"觅母表达"过程中教育系统所有组分相互关系的科学，其目标就是要建构一个理想的模型，使其理论能够反映教育系统的真实性。

在"系统教育学"中，"职普融通教育"课程的研究重心，将不再是"还原论"或"机械论"的"工作分析""职业分析""行动过程分析"，也不只是"学习结果"，而是"作为'职业表型'的'预期胜任力'"连同其"发育过程"，即"人类文化'传承与发展'的系统信息"如何在诸多内外教育因子共同和有序参与的系统调控下，依照一定时间、逻辑和等级次序，从"课程觅母"到"职业个体'预期胜任力'生成"的一系列复杂的、非线性的流动过程。其中：从"人类文化觅母库"中分门别类优选出来的"课程觅母②"（作为"觅母工程"的产物），依据先进的"编程技术"建立的课程结构，将超越各种传统教材的组织与内容结构；其"系统调控"将包括但不限于"觅母表达"诸多层次水平的调控，而呈现从"发生中的'职业个体'"，到与"当代工作世界"能动对接的各类"职业表型"的"整体化、综合化、动态化、多维化、全过程"的"大一统"格局。

（2）"觅母工程"

"觅母工程"可解读为"'有机整体论'课程观"的"观念应用"，即其"'软系统'实践"。

①"基因工程"与"觅母工程"

人文科学与生物科学互鉴的事例屡见不鲜。两个世纪以来，生物学经历了继动物解剖学和生理学之后，从比较胚胎学（贝尔《论动物的进化》，1828），到细胞学（施莱登，1838；施旺，1839；菲尔肖，1855）和生物进化论（达尔文《物种起源》，1859），再到分子生物学（沃森和克里克，1953—1958）的发展。

在人文科学领域，也可以看到类似的过程，即继康德"精神解剖学"（"三批判"）之后，从"精神的种系发生"（黑格尔《精神现象学》，1807）和"精神的胚胎发生"（作为"精神种系发生'逻辑缩影'"的黑格尔《逻辑学》，1812—1816），到"从细胞到成体"的"资本'发生-演化'"（马克思《资本论》，1867）③，再到关于"人类文化信息"的"世界3"（波普尔《客观知识》，1972）和关于"新型复制因子"（meme，即"文化基因"）的"觅母假说"（道金斯《自私的基因》，1976）发展。

---

① 习近平总书记在中共中央政治局第三次集体学习时指出："世界已经进入大科学时代，基础研究组织化程度越来越高，制度保障和政策引导对基础研究产出的影响越来越大。"

② 公共基础课程内容的"课程觅母"应从人类"传承-发展"的优秀文化信息中提取（如"四论一理"）；专业课程内容的"课程觅母"应从体现"职普融合"的当代"科学链""技术链""产业链"最新发展成果的文化信息中择优提取；专业课程形式的"课程觅母"应从体现"科教研产融合"的当代"教育链"最新课改实践及其理论研究成果的文化信息中择优提取。

③ 恩格斯说："正像达尔文发现有机界的发展规律一样，马克思发现了人类历史的发展规律。"（参见中共中央马克思恩格斯列宁斯大林著作编译局.马克思恩格斯文集：第3卷［M］.北京：人民出版社，2009：601.）马克思说："已经发育的身体比身体的细胞容易研究些……商品的价值形式，就是经济的细胞形式。""这种研究的科学价值在于阐明支配着一定社会有机体的产生、生存、发展和死亡以及为另一更高的有机体所代替的特殊规律。"（参见中共中央马克思恩格斯列宁斯大林著作编译局.马克思恩格斯文集：第5卷［M］.北京：人民出版社，2009：8；21.）

科学认识世界，技术改造世界。分子生物学与分子遗传学的综合，创生了作为现代生物技术核心的"基因工程"。"觅母假说"与系统教育学以及"交叉融合"中的"当代科学与技术"的综合，将创生作为当代教育技术核心的"觅母工程"。

②"觅母编程"

国家与国家之间的竞争最根本的是人才竞争，人才竞争归根结底是教育竞争，教育竞争力的强弱在很大程度上取决于"课程设计"的优劣，即作为"'课程标准'与'课程教材'统一"的"觅母编程"。

"觅母编程"是"觅母工程"的核心。每一种有说服力的旨在揭示并消除"传统编程模式"弊端的努力，都将导致"觅母编程"的"优化重组"。

新时代中国特色"觅母编程"领域中最重要的工作，是避免重陷"将职业个体的'发育机制'混同于职业成体'工作或行动机制'"的"传统课程模式'误区'"，将"编程任务"的重点移至"基于'觅母表达'的'过程模式'"和"以'预期胜任力'为'目标模式'"的研究上来。

"'课程标准'的'觅母编程'"应以《中华人民共和国国民经济和社会发展第十四个五年规划和2035年远景目标纲要》《中国教育现代化2035》为指导，对标"国家教育、科技发展和产业升级需要"；"'课程教材'的'觅母编程'"应以"课程标准"为依据，对标"各行业人力资源最新需求"，以相应"预期胜任力"为"内在目的"。

"预期胜任力"是指"能够做好什么"，即在特定行业更新着的工作岗位、组织环境和文化氛围中绩优者所具备并可客观衡量的个体"学力结构"特征，以及由此产生的可预测、指向绩效优良等级的行为特征。

③"编程技术"

"编程技术"是关于"觅母编程"的原理、方法和工艺的系统知识。

探索"有组织的""自组织的""以'内在目的'为原理，以'觅母表达过程为中心'"，包含"指导性理念""教育类型与层次""编写原则""课程类型""课程设置""课程导向""课程目标""课程内容""课程设计""课程组织""课程方法""课程结构""教学途径""教学方法""学习模式""课程训练""课程考核""评价原则""质量管控"等要素在内的当代"最新编程技术"，借以寻求"觅母编程"的"最优方案"，是21世纪教育科学、课程理论和教材设计研究的重中之重。基于某种"编程技术"的"课程觅母"能够在国与国之间的教育竞争、人才培养中取得多大成功，是判定该种"编程技术"优劣的实践标准。

④"编程主体"

"课程标准"的"编程主体"应由教育部主导的"教育学家+课程专家+产业高端智库专家+学科（专业）带头人"组成；"专业课程教材"的"编程主体"应由"课程专家把关、领衔编者主导"的"科技专家+企业家+具有高级职称的专业教师"组成。

## 四、本系列教材建设

改革开放以来，中国高等职业教育教学改革的重要任务，是通过回眸西方主要发达国家课改历程，分析其各阶段主流教育理念和课程模式的利弊得失，在"逻辑反思"基础上，探索新时代中国特色高等职业教育课程与教材创新之路。

"21世纪新概念教材：'多元整合型一体化'系列"，就是在这种分析、反思和探索中，由东北财经大学出版社携手国内高职院校众多知名专业带头人共同推出的。

### 1. 教材定位

本系列教材定位以"总序"中的"历史回眸"为事实依据，以其"逻辑反思"为借鉴依据，以"'职普融通'与'类型定位'""绕开交集""补齐短板""发挥所长""强化韧性""摆正关系"等"对策研究"为课程观依据。其相关"模式选择"可简述如下：

#### 1）21世纪新概念

在"代型设计"上，本系列教材名为"新概念"，是指以"'整体论'课程观"为课程与教材建设"指导理念"；冠以"21世纪"，是因为该"指导理念"吸收了世界特别是欧美发达国家高等教育课程改革21世纪主流趋势的合理内核[1]，并带有"弯道超车"的中国特色。

#### 2）"多元整合型"一体化

"'多元整合型'一体化"作为本系列教材的"代型设计"定位，有两层含义：

含义之一是指教材体系蕴含"三重整合"的"一体化"。"三重整合"即"'专识与通识'整合""'专能与通能'整合""'整体知识'与'整体能力'整合"。

含义之二是指教材设计"四大环节"的"一体化"。"四大环节"即"理论""实务""案例""实训"。此处的"一体化"有三层含义：一是指每门专业课教材的"四大环节"，从"学习目标"到"教学内容"，再到"基本训练"和"考核评价"一贯到底；二是指每章"四大环节"皆向"预期胜任力"的"阶段性建构"聚焦；三是指各章"预期胜任力"的"阶段性建构"通过"终极体验"，收官于其全课程的"总体性建构"。

#### 3）类型与层次

在"教育类型"上，本系列教材区别于"普通高等教育"和"应用型本科教育"教材，定位于"高等职业教育"；在教育层次上，本系列教材介于"中等职

---

[1] 在世界高等教育领域，20世纪末至21世纪初，课程与教材建设的大势所趋是向"'整体论'课程观"转型。其间呈现的"整体论"课程模式多种多样，诸如：整合"专能"与"通能"的"整体能力观"（美国"职业群集课程"、英国BTEC课程、德国"双元制"课程，20世纪70至80年代）；整合"职业教育与学术教育"的AIO、STW和STC（美国社区学院，20世纪90年代）；整合"专识"与"通识"的"整体知识观"课程（美国普通高校，1990）；"博洛尼亚进程"中的"整体能力观"（29个欧洲国家，1999—2010）；整合"职业教育"与"普通教育"的"一体化"课程（美国，21世纪初）；兼顾"学术性因素"与"典型职业性因素"的《教育与培训框架2020》（欧盟委员会，2010）；整合"整体知识观"与"整体能力观"的"21世纪技能""PISA 2018全球胜任力评估框架"（美国，2011，2017）和中国普通高校"双一流大学建设"（2017—2022）。

业教育"和"专业研究生教育"之间，定位于"高职高专"。

在教材类型上定位于"高等职业教育"，就是其内容重心不在"学科知识"及其"应用"，而在"技术"及其"应用"；在教材层次上定位于"高职高专"，就是以教育部新近颁布的"高等职业学校专业教学标准"为层次标准。

**4）编写原则**

在编写原则上，本系列教材编写以教育部《职业院校教材管理办法》中的"总则"为原则，以贯彻落实其中"一个坚持"、"六个体现"、"四个自信"和"第十二条"各项要求为基点，以《中国教育现代化2035》及其实施方案中提出的"指导思想""八大基本理念""总体目标""十大战略任务"为全面指导。

**5）课程类型**

在"课程类型"上，本系列教材兼顾"学术性"与"职业性"、"人本主义"与"工具主义"、"道德主义"与"功利主义"。

兼顾"学术性"与"职业性"，就是体现课程的"职普融通"，即体现"教育链"、"'学术链''技术链''产业链'"和"人才链"有机衔接。

兼顾"人本主义"与"工具主义"，就是使课程既具有"人本属性"，又具有"工具属性"。课程的"人本属性"是指坚持"以人为本"，把全面提高学生的教育水平、文化品位、价值追求作为课程的根本；课程的"工具属性"是指把树立大学生的"服务意识"作为课程的宗旨。

兼顾"道德主义"与"功利主义"，就是使课程既具有"道德属性"，又具有"功利属性"。课程的"道德属性"是指把"社会公德"和"职业道德"作为课程价值的主导取向①；课程的"功利属性"是指把"为社会、为国家、为人民谋利益"作为课程价值的基本取向，把"三个有利于"作为判断课程价值的最终标准。

**6）课程设置**

在"课程设置"上，本系列教材对标"职普融通"，并借鉴20世纪90年代以来美国哈佛大学"基于'学科-能力'的混合模式"，将关于"课程设置"的"'基于学科'模式"与"'基于能力'模式"的传统"两极对立"，转型为"基于'学科-能力'"的"融合模式"。

**7）课程导向**

在"课程导向"上，本系列教材正视并顺应欧盟QF-EHEA和EQF弃用"工作导向"和向"学习结果"转型的主流趋势，并由此前行，从"专注"走向"兼顾'预期胜任力'连同其'发育过程'"。

"新系"的"兼顾导向"，以"职业个体的'学力发育'与职业成体的'行动过程'机制不同"为理论依据。

"新系"的"过程模式"选择"'学力发育'导向"。其中："学力"是指

---

① "道德属性"或"立德树人"，即"扎根中国大地，站稳中国立场，充分体现社会主义核心价值观，加强爱国主义、集体主义、社会主义教育，引导学生坚定道路自信、理论自信、制度自信、文化自信，成为担当中华民族伟大复兴大任的时代新人"。

"通过学习获得的能力"，包括"学术""技术""技能""价值"四重要素；"发育"是借用生物学概念，是指高职院校在校生的"学力'结构–建构'"大到从高中阶段的"原格局"到高职毕业之"完全成熟"，小到各学期的课程教学，皆须经历循序渐进的变化过程。

"新系"的"目标模式"选择"'预期胜任力'导向"，即以"有机论"的"内在目的性"为方法论原理，以"预期胜任力生成"（即"学力发育"成熟为"职业表型"）为最终"目标状态"。"目标模式"可具体化和阶段化为专业教材各章的"学习目标"。

**8）课程目标**

在"课程目标"上，本系列教材采用以"'传承'为主，兼顾'创新'"模式取代"专注'传承'"的传统"目标描述"。

（1）传承型目标

"'传承型'目标"以"健全职业人格[①]"为"整合框架"，以全人类共同价值、党和国家意志、社会主义核心价值观及道德伦理等"多维规范融入"为"价值引领"，通过各章"理论目标""实务目标""案例目标""实训目标"等环节和侧面的阶段性"学力'结构–建构'"，向"'预期胜任力'生成"的课程"总目标"汇集和聚焦。其中：

"理论目标"描述"应当学习和把握"的"学科知识"（陈述性知识），包括概念、原理、特点和作用等；"可据以指导"的各种认知活动，包括"同步思考"、"教学互动"、"随堂测"和"基本训练"中"理论题"各题型；"应当体验"的"初级学习"中"专业认知"的横向正迁移，以及"相关胜任力"中"专业认知要素"的阶段性生成。

"实务目标"描述"由原理向技术延伸"，即："应当学习和把握"的"专业规则与方法"（"程序性知识"）；"可据以解析"的"基本训练"中"实务题"各题型；"应当体验"的"初级学习"横向正迁移，以及"相关胜任力"中"专业技术要素"的阶段性生成。

"案例目标"描述"应当多元表征"的"专业情境"和"思政情境"；"应当体验"的"高级学习"中"专业知识""通用知识""思政元素"的协同性重组迁移，以及"相关胜任力"中"认知弹性要素"的阶段性生成。

"实训目标"描述关于"技术应用"的实践操练，即："应当完成"的各项实训任务；"应当实施"的系列技能操作；"应当融入"的"专业能力""通用能力""职业道德"等多维素质要素；"应当准备、撰写与讨论"的《实训报告》；"应当体验"的"实践学习"中"专能"、"通能"与"职业道德"元素的协同性"重组–产生"迁移，以及相关胜任力中"求知韧性"和"复合性'技术–技能'"要素的阶段性生成。

---

① "健全职业人格"作为立足于中国特色社会主义制度、物质经济关系、科学技术、道德文化、价值取向、理想情操、行为方式和全球视野等全方位"职业要素"的整合框架，是新时代中国职业人"职业胜任力"的核心和灵魂。

（2）创新型目标

"创新型目标"聚焦"自主学习""教学闭环""产学研结合"三者中的"觅母突变"。一方面，将"4Cs"导入"自主学习"和"教学闭环"中，探索"技术更新"；另一方面，通过"产学研结合"探索"技术发展"。

（3）整合型目标

"'整合型'目标"作为"综合训练"的"训练目的"，汇总各章"传承型学习"中的"既定习得"，将其与"自主学习""教学闭环"和"产学研结合"中产生的"技术发展"融为一体，并将基于后者的"技术应用"作为专业课"终极体验"的"综合实训"题目①。

**9）课程内容**

在"课程内容"上，本系列教材对标新近修订的国家专业教学标准，重点反映"知识经济""数字经济""服务经济""体验经济""共享经济"叠加背景下的现代服务业新发展，特别是反映与5G、人工智能、生物技术、大数据、云计算、物联网和智能移动终端App等新技术融合的新趋势，突出现代服务业"两新四高"的时代特征，即"新服务领域""新服务形式""高'文化品位和技术'含量""高增值服务""高'素质和智力'的人力资源结构""高'情感体验和精神享受'的消费服务质量"。

就内容布局而言，本系列课程教材兼顾"传承与创新"，以体现"'科学⇌技术⇌产业'"辩证关系的"协同性共建"为"展开模式"，即：一方面，通过"传承机制"将教学内容展现在相互联系、密不可分的"认知基础""技术延伸""情境表征""技术应用"诸环节，重点反映专业领域的"高新技术规范"，突出"技术延伸"和"技术应用"在高职高专专业课教学中的"重心"地位；另一方面，通过"创新机制"，将"教学闭环"和"产学研结合"中产生的"觅母突变"同步反馈到"课程觅母"中。

"认知基础"是指专业"理论"（包括"基础研究中的创新"）中的"主要概念和基本原理"；"技术延伸"是指基于"认知基础"的"实务知识"，即专业"基础理论"在"应用研究"中发明、创造与开发的"新成果"，包括"新方法、新规范、新规则、新标准、新工艺"；"情境表征"是指能够用"'认知基础'和'技术延伸'"分析的关于"学术–技术–价值"的案例知识；"技术应用"是指应用"新技术"的"同步体验"和"终极体验"，即"实践学习"中的"'技术–技能'操作"。

"课程内容"四环节的分量关系，是兼顾"学科知识"与"产业实践"两端，重在"'技术'的'传承–创新'与'应用'"，做到"'理论教学'必需、够用，'实务教学'周详充分，'案例教学'典型多样，'实训教学'具体到位"。

"课程内容"中的"思政要素"即"价值引导"，体现在教材各章正文、功能性专栏和"基本训练"相关题型和考核评价中。

---

① "顶峰体验"，是美国《博耶报告》倡导的"多种学习方式"之一（详见博耶本科教育委员会. 彻底变革本科教育［J］. 全球教育展望，2001（3）：67-73.）。

**10）课程设计**

在"课程设计"上，本系列教材兼顾"目标模式""过程模式""情境模式"。课程设计的"目标模式"，是指"学力'结构-建构'"的"总目标"，即专业"'预期胜任力'生成"；课程设计的"过程模式"，是指前述"学力发育导向"；课程设计的"情境模式"，是指关于"'校本课程'专业'课程觅母'选择"的"内外情境"要素。其中：

"'校本学习'专业'课程觅母'选择"，就是从"基于教育类型和层次定位"的专业"文化觅母库"之"价值链""学术链""技术链""产业链""教育链"中，择优选取"人类文化'传承-发展'信息"要素。

"内外情境"要素中的"内部情境"，是指"教学闭环"内"参与'觅母表达'"的各种要素关系；"外部情境"，是指"教育环境"中的诸多要素关系。

**11）课程组织**

在"课程组织"上，本系列教材兼顾"要素组织"和"结构组织"。其中："课程要素组织"对标"深度融合"中的"当代前沿'学科知识'与'技术规则'要素关系"；"结构组织"既关注"层次结构"的合理化，又关注"内容结构"的无限化。

对标"深度融合"中的"当代前沿'学科知识'与'技术规则'要素关系"，就是课程的"学术性要素"与"职业性要素"依照"纵向为主，横向为辅，纵横交错"的线索展开；"层次结构的合理化"，就是合理配置"深层""中层""浅层"知识，通过深层知识对中层知识、中层知识对浅层知识的"一般性"、"稳定性"和"指导性"作用，赋予课程以应对"知识流变"的弹性；"内容结构的无限化"，就是在"授之以鱼"的同时"授之以渔"，即通过"学会学习"，导入关于"学习理论"、"学习方法"与"学习策略"的"自主学习'否定性'"机制，赋予课程以应对"从学校到生涯"的"知识流变"之无限潜力。

**12）课程方法**

在"课程方法"上，本系列教材以"中心法则"假说为理论依据，将"学科中心"与"工作中心"、"知识中心"与"活动中心"、"教师中心"与"学生中心"等"两极对立"，以及"多中心""无中心"等传统执念，转型为"以'觅母表达过程'为中心，以'教师为引导、学生为主体'、'教学闭环与教育环境良性互动'为'开放系统'"的"'整体论'方法"模式。

**13）教材结构**

在"教材结构"上，高职高专的专业课教材此前有两个主要选项，即"模块化结构"和"多样化结构"。

"模块化结构"是北美 DACUM、国际劳工组织 MES 和德国"双元制""工作导向"课程结构的标配；"多样化结构"是欧盟各国 QF-EHEA 和 EQF"学习结果导向"课程结构的标配。

鉴于"工作导向"被 QF-EHEA 和 EQF"范式转换"多年，已不可取；"学习成果导向"不仅方法论基础有局限性，而且重"结果"轻"过程"，特别是轻

"校本学习"中"教学闭环"的"过程"，是"一种倾向掩盖另一种倾向"，也不足取。

本系列教材的"课程导向"兼顾"过程模式"（学力发育）与"目标模式"（预期胜任力），且其"要素结构"以"纵向为主，横向为辅"，故以"章节结构"为教材结构的标配。

### 14）教学途径

在"教学途径"上，本系列课程教材的"理论教学"遵循"从抽象上升到具体"的路径；"实务教学"同步跟进，向"技术环节"延伸；"案例教学"紧随其后，穿插其间；"实践教学"理实统一，阶段性收官。

"教学途径"如此布局的理论依据如下：麦克·扬"基于知识分化的理论"观点，即关于"强有力的知识"是"专门化的""系统性的、通过概念在'学科'或'科目'的形式下彼此系统关联"的观点[①]；马克思关于"从抽象上升到具体的方法"是"科学上正确的方法"[②]；J.安德森"产生式迁移理论"关于"'产生式规则'的获得必须先经历一个'陈述性阶段'"；弗拉威尔"认知策略迁移理论"关于"'反省认知过程'是在新的情境下使用'认知过程'的前提"；斯皮罗（R.J.Spiro）和乔纳生（D.H.Jonassen）"认知灵活性理论"关于"'高级学习'以'初级学习'为前提"；约翰·杜威关于"学习也来自经验"；库尔特·勒温关于"理论应该与实践统一"；让·皮亚杰关于"智力在体验中形成"。

### 15）教学方法与学习方式

在"教学方法"上，本系列教材将各种教学方法"兼收并蓄"，即将"学导教学法""互动教学法""案例教学法""讨论教学法""体验教学法""分众教学法""项目教学法"等诸多教学法，有针对性地运用于相应教学环节，使其相得益彰。

在"学习方式"上，融"听讲学习""自主学习""协作学习""讨论学习""互动学习""探究学习""考察学习""实践体验学习""网络学习"等多种方式于一体。

### 16）课程训练

本系列课程教材的"训练环节"集中体现在与主教材配套的《训练手册》中。《训练手册》基于"内容提要与结构""重点与难点""主要公式"等"知识预习"，通过"客观题"与"主观题"的全方位操练，复习与巩固"单元教学"的各种习得，体验不同类型的"学习迁移"，强化"学术""技术""技能"和"价值"等要素汇集并聚焦"会计胜任力"的"学力'结构-建构'"。

在上述训练中，着眼"高素质"人才中的"核心素质"培养，本系列教材借鉴英国

"普通国家职业资格证书"（GNVQ）课程中关于"'通用知识'应用转化为

① YOUNG M，LAMBERT D. Knowledge and the future school：curriculum and social justice［M］. London：Bloomsbury，2014：74-75.

② 参见中共中央马克思恩格斯列宁斯大林著作编译局.马克思恩格斯文集：第8卷［M］.北京：人民出版社，2009：25.

'通用能力'"的授课方式，通过学生组建学习团队，自主学习和应用教材中所附"职业核心能力训练"相关知识与规范等途径，将"通识"和"通能"融入各章"案例分析""课程思政""实训操练"等"专业能力""4C"与"韧性"的训练中。

**17）课程考核**

关于"课程考核"，本系列教材的定位如下：

考核模式：采用"寓练于考""以考促练"的"多元整合型"考核模式，兼顾"知识测试"和"能力与素质评估"，"融多种考核方式于一体"，即融"理论考核""实务考核""案例考核""实践考核"，以及"形成性考核"与"成果性考核"（课业考核）等考核方式于一体。其中："成果性考核"系借鉴欧盟QF-EHEA和EQF"学习结果"范式中"强化教育输出端管理"的合理内核，请产业界代表参与考核评估和质量把关。

考核目的：全面测评学生在本课程教学训练活动中"学习目标"的达标程度，重点评估以"预期胜任力"为"建构总目标"的"学力建构"阶段性水平。

考核种类：针对考生"学力建构"各阶段不同层面和要素，兼顾"理论题考核"、"实务题考核"、"案例题考核"和"'实训题/自主学习'考核"。

**18）评价原则**

在"评价原则"上，本系列教材定位于"改进结果评价，强化过程评价，探索增值评价，健全综合评价，完善素质评价，提高评价的科学性、专业性和客观性"，致力于建构新时代中国特色高等职业教育专业课程考核评价体系。

**19）质量控制**

在"质量控制"上，本系列教材建设坚持基于"产学研结合"的"质量管理"，邀请行业、企业代表及相关领域专家参与由领衔编者主导的教材设计、编写与质量管控①。

**2. 各阶段融入要素**

**1）关于"人才培养目标"**

关于高职高专"人才培养目标"定位，本系列教材建设对标各阶段文件精神与要求，同步跟进和转型如下：

"以培养高等技术应用性专门人才为根本任务"（教育部，2000）；"培养生产服务第一线的高素质劳动者和实用人才"（国务院，2002）；"培养高素质的技能型人才，特别是高技能人才"（教育部，2003）；"培养面向生产、建设、管理、服务第一线需要的高技能人才"（教高〔2006〕16号）；"以培养高端技能型人才为目标"（教育部，2011）；"培养高端技能型人才"（教职成〔2011〕9号）；"培养产业转型升级和企业技术创新需要的技术技能型人才"（国发〔2014〕19号）；"培养掌握新技术、具备高技能的高素质技术技能人才"（《现代职业教育体系建设规划》，2014—2020）；"培养创新型人才是国家、民族长远发展的大计。当今

---

① 最好请通晓当代课程理论研究最新成果的课程专家担当教材设计顾问。

世界的竞争说到底是人才竞争、教育竞争。要更加重视人才自主培养，更加重视科学精神、创新能力、批判性思维的培养培育。要更加重视青年人才培养，努力造就一批具有世界影响力的顶尖科技人才，稳定支持一批创新团队，培养更多高素质技术技能人才、能工巧匠、大国工匠"（习近平总书记在中国科学院第二十次院士大会、中国工程院第十五次院士大会和中国科学技术协会第十次全国代表大会上的讲话，2021）；党的二十大报告强调，"育人的根本在于立德。全面贯彻党的教育方针，落实立德树人根本任务，培养德智体美劳全面发展的社会主义建设者和接班人"。

在所述"跟进"与"转型"的靠后阶段，为及时对接"基于'科学–技术–产业'融合"的中国"'技术–产业'链"升级（特别是"新质生产力"）对高级人力资源（特别是"新质型人才"）的新需求，本系列教材结合"经管类服务业"特点，着眼高职高专"培养以'健全职业人格'为职业灵魂，富有科学精神、人文精神、创新精神、政治素质、'4Cs'和'韧性'，'德、知、技、能并修'的新时代'高素质''高技术等级'的'技术–技能'型人才"这一总定位，进一步提升了由公共基础课和专业课体系支撑、作为专业"职业表型"的"预期胜任力"建构内涵。

**2）关于"自主学习"**

联合国教科文组织研究表明：进入 21 世纪，不少学科知识更新周期已缩短至 2～3 年。不仅如此，如《今日世界》作者所指出的，整个"工作世界"都处于变化中，而且变化会越来越快。

这意味着，学生在校学习的旨在"与工作世界对接"的"学习结果"中，有相当多的知识在毕业后已经过时。

为应对日益加速的"知识流变"和"工作世界变化"，本系列教材自 2017 年起，将"自主学习"视为与"实训操练"同等重要的能力训练：或在奇数各章用"自主学习"替换先前各版的"实训操练"，或将"自主学习"直接融入"实训操练"的"技能训练"中，借以培育学生适应"知识流变"的"求知韧性"。

**3）关于"教育信息化"**

（1）二维码资源

为落实教育部关于"进一步推进职业教育信息化发展"，"推广……移动学习等信息化教学模式"（教职成〔2017〕4 号）和"推进教育教学与信息技术深度融合"（《教育部高教司 2018 年工作要点》）等文件精神，本系列教材建设从2019 年起增加了可以经常更新的二维码教学资源，旨在解决传统教材所缺少的"互联网+"移动学习，即纸质教材知识信息相对滞后的问题。

（2）专业教学资源库

为落实《教育信息化 2.0 行动计划》（教技〔2018〕6 号）中关于"升级职业教育专业教学资源库建设，丰富职业教育学习资源系统"要求，本系列教材及时将网络教学资源由原来的 3 种扩充为包括"课程概要""教学大纲""教学日历""电子教案""PPT 课件""学生考核手册""参考答案与提示""学习指导"8 种。

**4）关于"三教改革"、"评价改革"和"立德树人"**

为全面落实《国家职业教育改革实施方案》（国发〔2019〕4号）、《关于实施中国特色高水平高职学校和专业建设计划的意见》（教职成〔2019〕5号）、《职业院校教材管理办法》、《深化新时代教育评价改革总体方案》（中共中央、国务院，2020）和《职业教育提质培优行动计划（2020—2023年）》（教职成〔2020〕7号）等文件要求与精神，本系列教材建设重点落实"三教"改革中的"教材、教法改革"和"总体方案"中的"教育评价改革"，特别是落实"在立德树人根本任务方面，进一步创新思想政治教育模式，将社会主义核心价值观融入专业课教材"等要求。

**5）关于"党的二十大精神进教材"**

依照《中共中央关于认真学习宣传贯彻党的二十大精神的决定》中关于"加快推进党的二十大精神进教材、进课堂、进头脑"要求，自2022年年底起，本系列教材建设将研究和落实"育人的根本在立德""培养德技并修"的"高素质'技术–技能'型人才"的"人才强国战略"，作为新时期高职高专院校专业课程教材改革的根本任务。

**6）关于"职普融通"和"产学研结合"**

为贯彻《关于深化现代职业教育体系建设改革的意见》文件精神，自2023年起，本系列教材建设阶段性落实"以教促产、以产助教、产教融合、产学合作、延伸教育链、服务产业链、支撑供应链、打造人才链、提升价值链"等文件要求，致力于探索体现"产学研合作"和"'科学链''技术链''产业链''教育链'协同发展"的具体方式。

**7）关于"加强课程教材体系建设"**

自2023年秋季起，本系列教材根据相关文件要求，在建设规划中提出"进一步优化教材体系"和"强化质量控制"的要求，具体如下：

（1）体系优化

以《中国教育现代化2035》及其实施方案中提出的"指导思想""八大基本理念""总体目标""十大战略任务"为全面指导，致力于落实关于"加强课程教材体系建设"，特别是"科学规划课程""充分利用现代信息技术""丰富并创新课程形式""增强教材的思想性、科学性、民族性、时代性、系统性""完善教材编写、修订"等任务要求，并以同期修订的"总序"为契机深化共识，探索新时代中国特色高等职业教育专业课程与教材体系建设的"弯道超车"之路。

（2）质量控制

贯彻落实《教育部办公厅关于加快推进现代职业教育体系建设改革重点任务的通知》（教职成厅函〔2023〕20号）中关于优质教材建设要求，本系列教材在"质量控制"上，请"教育理论学者""科技专家""行业专家"参与教材设计、编写和质量把关。

**五、结束语**

黑格尔说过："把抽象的观念生硬地应用于现实，就是破坏了现实。"在世界教育领域，历史上的"抽象观念"，部分是"分化现实"的反映，部分是"认识局限性"的反映。

就"分化现实"而言，"知识本位"与"能力本位"两种"抽象观念"，是工业时代和后工业时代早期"脑力劳动"与"体力劳动"社会分工"两极对立"的反映。在这个可以称为"分化的现实"的历史阶段，人们在"理论的态度"中一面提炼出反映"脑力劳动"的"学术性结晶"，另一面提炼出反映"体力劳动"的"职业性结晶"；在"实践的态度"中分别实施了"知识本位"与"能力本位"教育。两种做法因受制于那个时代阶级结构、产业结构和职业结构的"分化的现实"，皆属"历史性"无奈。

就"认识局限性"而言，无论是"知识本位"与"能力本位"教育的理论局限性，还是"传统教育模式"交集中的"三大误区"，或是"目标描述""课程组织""教学途径""教学方法""考核方法"等观念中的传统"两极对立"，乃至把事物看成"单一的"（单元）和"复合的"（组合）观点等，都带有人类认识发展的阶段性烙印，皆属"认识性"无奈。

在当代世界，科技发展呈现"自然科学与人文科学交叉融合""科学与技术交叉融合和高速发展"态势。高等教育作为"'交叉融合'学科"，正步入多学科研究路径；作为"与技术交叉融合"的"'交叉融合'学科"，开始从多学科视角分析与解决教育现实问题；作为"科技领域"之一，其改革正进入"高速发展"通道。

随着人类社会进入信息时代，以多媒体网络技术为核心的信息技术不断发展，为人类认识"从抽象上升到具体"提供了方便、及时的资源共享平台，各种条件性"无知"再不能被当作"充足理由"。

在今日之中国，产业结构"两化融合"、职业结构"两性整合"、"'科学、技术与生产'一体化"纷至沓来，"现实"正在由"分化的现实"转化为"联系的现实"，"脑力劳动"与"体力劳动"正在由传统的"两极对立"转化为"两极相通"，高等职业教育正汇入以"两种'交叉融合'""快速发展""与技术交叉融合"为主要态势的世界高等教育改革洪流。

在这种情况下，如果在"理论的态度"中仍墨守成规，止步于各种"抽象的""分离的""传统的"教育观念，或固执坚持已被发达国家课改主流淘汰的陈旧课程模式，在"实践的态度"中把这些"教育观念"和"课程模式"生硬地应用于"具体的""联系的""变革的"中国教育现实，就是在破坏中国教育现实[①]。

概括以上阐述，可以将""'整体论课程观'指导下的新时代中国特色高等职业教育专业课程与教材建设"简要地表述为：在"理论的态度"中，深入研究世界特别是发达国家职业高校的课改历程、成功经验和历史教训，通过扬长避短，

---

① "现实"不同于"现存"，"……现实性这种属性仅仅属于那同时是必然的东西"（参见中共中央马克思恩格斯列宁斯大林著作编译局.马克思恩格斯文集：第4卷［M］.北京：人民出版社，2009：268）。黑格尔还给"现实性"加上"合理性"的属性：不合理的存在不能称之为"现实"。这就是他的名言"凡是现实的即是合理的"应有之义，详见黑格尔《逻辑学》"本质论"中关于"现实"范畴的解说。

创造性地探索与建构"反映具体的、联系的、变革的现实"之新时代中国特色高等职业教育课程改革的"具体观念";在"实践的态度"中,将这些"具体观念"能动地运用于中国特色、融通中外的专业课程与教材建设之"具体的、联系的、变革的现实",借以贯彻落实国家"教育强国战略",服务中华民族伟大复兴。

一套好的高等职业教育专业教材设计应当既批判性地借鉴世界特别是发达国家当代先进教育教学理念及其相关研究新成果,又探索适应"新时代中国特色社会主义建设"需要的"'中国高等职业人'培养"的"模式创新",从而将《国家中长期教育改革和发展规划纲要(2010—2020年)》《国家职业教育改革实施方案》(国发〔2019〕4号)和《职业教育提质培优行动计划(2020—2023年)》《中国教育现代化2035》等文件中提出的相关要求落到实处。

本系列教材的作者们是否在这方面开了个好头,应留给教育界同仁和广大读者评判与实践检验。在高等职业教育课程教材建设的道路上,向前探索的开端总是不尽完善的。期待专家、学者和使用本系列教材的广大师生不吝赐教,以便通过修订不断改进,使之与新时代中国特色高等职业教育教学改革发展保持同步。

**许景行**

2010年9月初稿

2023年12月修订

# 第七版前言

习近平总书记在党的二十大报告中关于教育的重要论述，为新时代的教育工作指明了方向。贯彻落实党的二十大和二十届一中全会精神，加快推进二十大精神进教材、进课堂、进头脑，是我们义不容辞的责任。

本书第七版以党的二十大精神为政治导向，以教育部《职业院校教材管理办法》中的"总则"为原则，以贯彻落实其中的"一个坚持"、"六个体现"、"四个自信"和"第十二条"各项要求为基点，以《中国教育现代化2035》及其实施方案中提出的"指导思想"、"八大基本理念"、"总体目标"和"十大战略任务"为全面指导，在前六版的基础上，对教材进行了以下优化升级：

1. 教材体系建设

20世纪60年代以来盛行于西方发达国家的职业教育的"工作导向"，于21世纪头十年被作为欧盟各国职教改革主流范式的EQF"学习结果"取代。正视这一"范式转换"的进步意义，并由此继续前行，探索新时代中国特色高等职业教育专业课程体系建设之路，中国职教界责无旁贷。

在此背景下，为阶段性落实《中国教育现代化2035》及其实施方案中关于"加强课程教材体系建设"，特别是"科学规划课程"、"充分利用现代信息技术"、"丰富并创新课程形式"、"增强教材的思想性、科学性、民族性、时代性、系统性"和"完善教材编写、修订"等任务要求，本书第七版遵循"总序"中阐明的"共识"，在教材的"类型与层次""编写原则""结构"，课程的"设置"、"导向"、"目标"、"内容"、"组织"、"方法"、"训练、考核与评价"以及教学"途径"和"方法"等方面，都做了较为系统的调整与优化，将以"'整体论'课程观"为指导理念，以"基础会计胜任力"建构为"目标模式"，以"学力发育"为"过程模式"，以教师为引导，以学生为主体，以"教学—训练—考核"为主线的"'教、学、做、评'合一"，作为教材体系建设的基本定位。

2. 教材内容建设

在教材内容建设上，对标高等职业教育侧重"技术延伸与应用"、培养"高素质技术技能人才"的层次定位，本次修订的更新优化如下：

（1）紧跟时代步伐。对标会计专业国家教学标准和"大智移云物区"时代会计行业转型升级，反映新经济、新产业、新业态、新模式下会计岗位（群）新需求，根据《中华人民共和国公司法》（2023年12月29日修订）、财政部《关于印发〈会计信息化发展规划（2021—2025年）〉的通知》（财会〔2021〕36号）、《关于印发〈会计行业人才发展规划（2021—2025年）〉的通知》（财会〔2021〕

34号）、《关于印发〈会计改革与发展"十四五"规划纲要〉的通知》（财会〔2021〕27号）和国家税务总局《关于在新办纳税人中实行增值税专用发票电子化有关事项的公告》（国家税务总局公告2020年第22号）等最新会计、税收法律法规的相关规定，对教材相关章节内容进行了更新升级。

（2）加强思政建设。落实习近平总书记关于立德树人、全面提高人才培养质量要求的首要任务，全面系统有效推进课程思政建设，创新实践育人模式。本书第七版通过"引例"、"课程思政"和"资源导航"中的"会计文化渗透"、"时政要闻感知"、"典型人物感染"、"反面示例警醒"以及"实践体验"等诸多方式，系统融入党的二十大精神、《会计人员职业道德规范》、中华会计传统文化等课程思政元素，引导学生在会计学习中凝炼价值，强化素质，提升素养，助力工匠精神、法治精神、斗争精神培育。

（3）优化"学习目标"。一是各章增添了各种"学习迁移"要求；二是将各章诸多"学力要素"的建构要求具体化；三是凸显"各章'四大子目标'向'基础会计胜任力'总目标聚焦"的"阶段性建构"和"终极建构"要求。

（4）充实二维码资源。第七版在原第六版"学习微视频""教学互动"二维码资源的基础上，新增了可练、可互动、可考核的二维码"随堂测"、二维码"实操动画视频"和"资源导航"栏目，既满足了教师线上线下混合式教学需要，又方便了学生课前课中课后随时练习、互动和检验巩固深化学习效果。

3.教材资源建设

第七版更新扩充了教材配套教学资源建设，具体如下：

（1）拥有完备配套的新型活页式训练手册——《〈基础会计——原理、实务、案例、实训〉训练手册》（第七版）。作为与主教材各章"教学环节"对应的"训练环节"，其特点在于以"典型工作任务"为导向，由"任务目标"、"知识准备"、"模拟实训"以及"参考答案与提示"组成，并以之作为"终极体验"的"综合训练"收官。训练手册还开发了"二维码随堂测系统"、"二维码课业范例"和"二维码参考答案与解析"等丰富的活页式数字化教学资源。

（2）网络教学资源包。本次修订将网络教学资源由原来的3种扩充为9种，包含课程标准、授课计划、PPT电子教学课件、电子教案、课程思政电子教学案例、智能财税职业技能等级标准（中联集团教育科技有限公司）、参考答案与提示、《学生考核手册》和资源导航汇编。使用本教材的教师可登录东北财经大学出版社网站（www.dufep.cn）下载和使用这些资源。

4.教材质量控制

本书是校企合作修订教材。第七版修编邀请了教育科技专家和行业专家全程参与。他们在"教材体系优化""'目标模式'聚焦'基础会计胜任力'""'过程模式'凸显'学力发育'""课程内容向'会计技术延伸与应用'倾斜"等方面的"质量把关"上，均提出了指导性意见与建议。

本书第七版由湖北职业技术学院大数据与会计专业"基础会计"国家级精品课程教学团队教师共同修编完成。朱虹和周雪艳担任主编，罗忠和汪行光担任副主编。具体分工如下：周雪艳负责前言、目录、样章、第1章、第2章、第3章主教材及相关二维码资料、网络教学资源包课程标准、授课计划、PPT电子教学课件、电子教案、课程思政电子教学案例、参考答案与提示和学生考核手册的编写及修订；罗忠负责第4章、第5章、第6章主教材及相关二维码资料、网络教学资源包电子教案的编写及修订；汪行光负责第7章、第8章、第9章主教材及相关二维码资料、网络教学资源包电子教案的编写及修订；二维码视频资源由湖北职业技术学院"基础会计"精品在线开放课程组成员汪行光、周雪艳、罗忠、郑敏、谢慧敏、刘爱华、柯纪珍、舒文舟、黄文军、涂沁负责主讲，由武汉超星数图信息技术有限公司负责录制。

本书"总序"由东北财经大学出版社许景行编审撰写和修订。

第七版教材修编过程中，中联集团教育科技有限公司副总裁孙红菊女士和湖北精诚有限责任会计师事务所"楚天技能名师"、注册会计师、高级会计师杨洪涛先生等专家付出良多，在此一并致谢！

本书可作为高等职业院校大数据与会计专业及相关专业的全国通用教材，也可供企业在职人员培训使用。

本书第七版虽在新时代高质量教材建设方面进行了一些探索，但与中国教育现代化目标要求相比尚存差距，仍需继续努力！由于时间仓促，书中疏漏和不妥之处，敬请同行、专家和广大读者批评指正！

编　者
2024年1月

# 目　录

# 第1章
# 总 论

## 学习目标

通过本章学习，应该达到以下目标：

**理论目标：** 学习和把握会计的概念、特点、基本职能、对象和目标，会计基本前提与基础、会计要素的概念、分类、等式等陈述性知识，能用其指导本章"同步思考""教学互动""随堂测"中的认知活动，正确解答《训练手册》"任务一"中"客观题"和"主观题"的"理论题"各题型问题；体验本章"初级学习"中专业认知的横向正迁移，以及相关胜任力中"认知"要素的阶段性生成。

**实务目标：** 学习和掌握权责发生制下收入、费用和利润计算，收付实现制下收入、费用和利润计算，会计恒等式及其相关计算，会计核算方法与程序等程序性知识，并将"4Cs"融入学习过程中；能以其建构"总论"中的规则意识，正确解析本章《训练手册》"任务一"中"实务题"的相关问题；体验本章专业规则与方法"初级学习"中的横向正迁移，以及相关胜任力中"专业规则"要素的阶段性生成。

**案例目标：** 运用本章所学会计基本概念、理论与实务知识研究相关案例，培养和提高学生在特定业务情境中分析问题与解决问题的能力；能结合本章所选取的"'诚实守信'——会计生命"和"用二十大精神解读会计传统文化中'当'的含义"等课程思政案例，激发学生学习会计的兴趣，引导学生热爱源远流长的会计传统文化，明确新时代会计人的责任与担当，弘扬爱国情怀，促进"立德树人"根本任务的落实；正确表征本章《训练手册》"任务一"中"案例题"的相关情境；体验本章"高级学习"中专业知识、通用知识与思政元素的协同性重组迁移，以及相关胜任力中"认知弹性"要素的阶段性生成。

**实训目标：** 引导学生参加《训练手册》"工作任务一"中"'资产和权益平衡表编制'技术应用"的实践训练。在其了解和把握本实训所及"能力与道德领域"相关技能点的"规范与标准"的基础上，通过各实训任务的完成，系列技能操作的实施，《"'资产和权益平衡表编制'技术应用"实训报告》的准备与撰写等有质量、有效率的活动，培养相关"技术应用"的专业能力，强化其"自我学习"、"解决问题"和"革新创新"等职业核心能力（初级），并通过"顺从级"践行"职业观念"和"职业守则"等行为规范，促进其健全职业人格的塑造；体验本章"实践学习"中"专能""通能""职业道德"元素的协同性"重组-产生"迁移，以及相关胜任力中"求知韧性"和"复合性'技术-技能'"要素的阶段性生成。

## 第1章内容结构

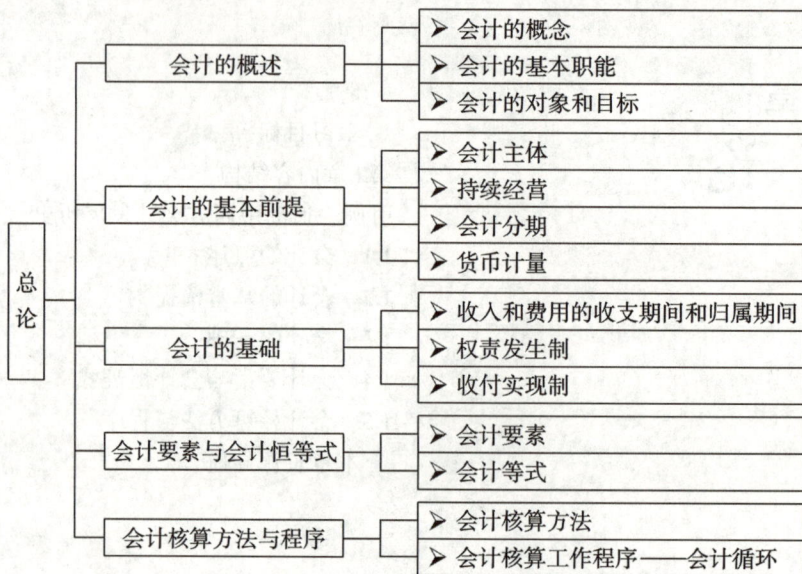

图1-1    第1章思维导图

### 引例    追溯中西方会计发展历史

**背景与情境**："自有天下之经济，便必有天下之会计。经济世界有多大，会计世界也便会有多大。"我国古代神话传说中的伏羲结绳记事，古人刻契记事，就是最早期的会计计量记录行为，那时的计数行为是作为生产职能的附属职能而存在的。随着剩余产品的出现，会计开始从生产职能中分离出来，成为一种专门职能。西周时期《周礼·天官》中有"月计岁会"的说法："司会掌国之官府、郊野、县都之百物财用，凡在书契、版图者之贰，以逆群吏之治，而听其会计。"这是我国历史文献中最早出现的"会计"一词，零星算之为计，总合算之为会。西汉时期出现了用来登记会计事项的名为"计簿"或"簿书"的账册。宋代的官厅在办理钱粮报销或移交时，要编制"四柱清册"，并通过"旧管（期初结存）+新收（本期收入）=开除（本期支出）+实在（期末结存）"的平衡公式结算本期财产物资增减变化及结果。明末清初，随着手工业和商业的发展，山西商人发明了中国最早的复式记账法——龙门账，运用"进（收入）-缴（支出）=存（资产）-该（负债）"的平衡公式进行核算，俗称"合龙门"。清乾隆至嘉庆年间，我国经济界又创了一种比较成熟的复式记账法——"四脚账"，对每一笔账项既登记"来账"，又登记"去账"，反映同一账项的来龙去脉。

据史料记载，古巴比伦人用泥版，古埃及人用纸草完成了最早的会计记录。1211年，意大利佛罗伦萨银行正式用借贷记账法记账。1494年，意大利数学家卢卡·帕乔利（Luca Pacioli）在其著作《算术、几何、比及比例概要》的"簿记论"一篇中，全面系统地介绍了威尼斯的复式记账法。复式记账法的产生和"簿记论"的问世，标志着现代会计的开始。

20世纪以后，随着社会经济的发展和科学技术的进步，会计工作开始从传统的记账、算账、报账，发展到参与企业预测、决策、监督、计划、控制、分析等管理活动，会计对社会经济的信息功能和控制功能日益显现，因此，单从字面上已无法解释会计丰富的内涵。

从引例可见，会计起源于社会生产实践，任何社会的经济管理活动都离不开会计。经济越发展，会计越重要①。

## 1.1 会计的概述

### 1.1.1 会计的概念

**1）会计的概念**

**所谓会计**，是指以货币为主要计量单位，采用专门方法和程序，对企业和行政、事业单位的经济活动**过程及其结果**进行**连续系统、全面综合**的核算和监督，以**如实**提供经济信息和反映受托责任履行情况为主要目的的经济管理活动。本教材均以企业会计为对象进行介绍。

学习微平台

视频 1.1.1

**2）会计的特点**

会计具有以下四个特点：

（1）会计以货币作为主要的计量单位

为了反映企事业等单位的经济活动过程，会计通常要使用三种计量单位：劳动计量单位（如工作日、工时等）、实物计量单位（如千克、米、件等）和货币计量单位（如元、角、分等），如图1-2所示。但在商品经济条件下，货币是一切商品共同的等价形式，只有借助统一的货币量度才便于将活劳动和不同质的物化劳动进行比较，才能按统一的表现形式来综合计算各种不同的经济活动，取得经营管理所必需的综合会计信息。在会计上即使有些经济活动可以按实物计量单位或劳动计量单位来计算和记录，最后仍必须按货币计量单位综合加以核算。

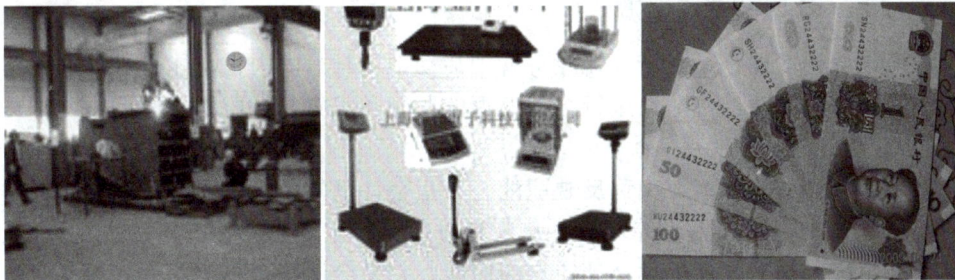

图1-2　会计计量单位

（2）会计核算具有可靠性

传统上，会计是面向过去的经济业务事项，反映事实，探求和说明真相。为此，会计对任何一项经济业务的反映和记录，都必须以合法的凭证为依据。只有

---

① 资源导航：会计文化渗透——世界会计史视频。

经过严格审核并确认无误的凭证，才能作为会计核算的依据，才能保证会计核算的真实性。正因为会计具有这一特点，才使事后的审计成为可能，并且使会计数据的真实性得到社会的公认。

（3）会计核算具有连续性、系统性、全面性和综合性

连续性是指要按经济业务发生时间的顺序逐笔、逐日记录，不能中断；系统性是指会计在反映经济业务时，要按经济业务的性质分门别类地进行登记；全面性是指会计在反映经济业务时，要全面反映、不得遗漏；综合性是指会计将大量零星、分散的数据，加以分类、汇总，用货币来反映，使之成为对相关信息使用者有用的会计信息。

（4）会计具有一整套科学实用的专门方法

会计在长期的发展过程中，形成了设置账户、复式记账、填制和审核会计凭证、登记账簿等一系列科学、完整的会计核算方法，并通过这些方法的相互联系、相互配合，来核算和监督经济活动的全过程及结果，为企业的经营管理提供必要的会计信息。

**同步思考1-1**

现代人一般认为会计就是记账、算账。会计的产生发展是否与社会环境有关？为什么？

**理解要点**：会计既是一门技术性很强的工作，又是一门社会性很强的工作。从会计的发展史可以看出，会计与社会环境之间存在相互依存、相互推动的关系。从最原始的"结绳记事"，到剩余产品出现后从生产职能中分离出来的专门掌管钱财的司会，从复式记账的诞生到现代管理会计的产生，无不反映了会计是在社会环境的发展推动下产生和发展的。生产力的发展和管理水平的提高是会计产生和发展的原动力。因此，现代会计不再是简单的记账和算账，还包括预测、决策、监督、计划、控制和分析等。

### 1.1.2　会计的基本职能

所谓**会计职能**，是指会计在经济管理活动中所具有的内在功能。会计的基本职能主要表现为对经济活动进行会计核算的职能和实施会计监督的职能。

**1）会计核算职能**

所谓**会计核算职能**，又称**反映职能**，是指会计以货币为主要计量单位，通过确认、计量、记录和报告等环节，从数量方面对特定主体的经济活动进行记账、算账和报账，为各方面提供会计信息的职能。它是会计最基本的职能。

会计核算的内容主要包括：（1）款项和有价证券的收付；（2）财物的收发、增减和使用；（3）债权、债务的发生和结算；（4）资本、基金的增减；（5）收入、支出、费用、成本的计算；（6）财务成果的计算和处理；（7）需要办理会计手续、进行会计核算的其他事项。会计核算主要采用货币形式，对经济活动进行记录、计算、汇总和上报，主要表现为记账、算账和报账等具体工作。任何会计

记录和计量都必须以合法的会计凭证为依据，会计核算具有连续性、系统性、全面性、综合性的特点，只有这样记录计算的结果，才能形成完整、综合的会计信息，才能客观公正地反映经济活动的过程和结果。

**2）会计监督职能**

所谓**会计监督职能**，是指对特定主体经济活动和相关会计核算的真实性、完整性、合法性和合理性进行审查的职能。

会计监督可分为单位内部监督、国家监督和社会监督三部分，三者共同构成了"三位一体"的会计监督体系，贯穿于经济活动的全过程。单位内部监督是指会计机构、会计人员对其服务的特定主体的经济活动和相关会计核算的真实性、完整性、合法性和合理性进行审查，以达到会计核算的目标。会计监督的主要内容有：（1）对原始凭证进行审核和监督；（2）对伪造、变造、故意毁灭会计账簿或者账外设账行为，应当制止和纠正；（3）对实物、款项进行监督，督促建立并严格执行财产清查制度；（4）对指使、强令编造、篡改财务报告行为，应当制止和纠正；（5）对财务收支进行监督；（6）对违反单位内部会计管理制度的经济活动，应当制止和纠正；（7）对单位制定的预算、财务计划、经济计划、业务计划的执行情况进行监督等。

会计监督的依据主要有：（1）财经法律、法规、规章；（2）会计法律、法规和国家统一会计制度；（3）各省、自治区、直辖市财政厅（局）及县级财政部门和国务院业务主管部门根据《中华人民共和国会计法》（以下简称《会计法》）和国家统一会计制度制定的具体实施办法或者补充规定；（4）各单位根据《会计法》和国家统一会计制度制定的单位内部会计管理制度；（5）各单位内部的预算、财务计划、经济计划、业务计划等。

上述两项职能是会计的基本职能，它们相辅相成、不可分割。会计核算是会计监督的前提和基础，没有会计核算提供的数据资料，会计监督就失去了依据；会计监督是会计核算的目的和保障，只进行会计核算而不进行会计监督，就难以保证所提供的会计信息的真实性、可靠性，会计核算也就失去了存在的意义。

随着经济的发展和会计活动范围的不断扩大和内容的不断增加，会计的职能也在不断拓展。目前会计所具有的参与经济预测、决策的职能和对经济活动进行控制、分析和评价的职能，都是现代会计的重要职能。

### 1.1.3　会计的对象和目标

**1）会计的对象**

所谓**会计的对象**，是指会计核算和监督的内容。凡特定单位能够以货币表现的经济活动，即价值运动或资金运动，都是会计的对象。

由于各单位的性质不同，经济活动的内容不同，资金运动的具体内容也不尽相同。图1-3和图1-4分别说明了工业企业、商业企业会计对象的具体内容。

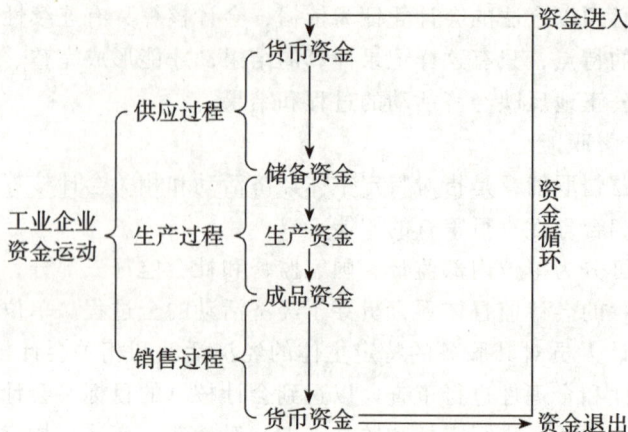

图1-3　工业企业会计对象

### 2）会计的目标

所谓**会计的目标**，是指在一定客观环境和经济条件下，会计工作完成的任务或达到的标准。会计的最终目标是提高企业的经济效益，会计的具体目标是向会计信息使用者提供企业财务状况、经营成果和现金流量等会计资料和信息，反映企业管理层受托责任履行情况，有助于其作出经济决策。会计信息的使用者主要有投资者、债权人、政府及其有关部门、社会公众、企业经营管理者、客户和职工等。

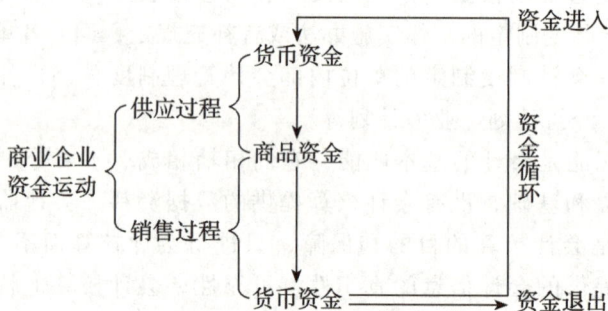

图1-4　商业企业会计对象

学习微平台

随堂测1-1

**同步思考1-2**

什么是会计的对象？为什么说会计的对象就是企业经营过程中的资金运动？

**理解要点**：会计的对象是指会计核算和监督的内容，因为会计最基本的特点是以货币为主要的计量单位，对企事业等单位的经济活动进行核算和监督。凡是能够以货币表现的经济活动都是会计的对象。所以会计的对象是以货币表现的经济活动即资金运动。

## 1.2　会计的基本前提

所谓**会计的基本前提**，也称**会计假设**，是指会计工作赖以进行的基本前提条

件，它是对会计工作的客观环境所做的基本假定。会计所处的社会经济环境非常复杂，具有很大的不确定性，在这种情况下，会计人员必须对会计核算所处的经济环境作出判断。《企业会计准则——基本准则》（2014）第5条、第6条、第7条、第8条规定了四项会计假设，即会计主体、持续经营、会计分期和货币计量[①]。

### 1.2.1 会计主体

所谓**会计主体**，是指会计工作为之服务的特定单位或组织。会计主体假设规定了会计工作的空间范围。它是持续经营、会计分期、货币计量假设的前提。由于社会经济关系的错综复杂，企业本身的经济活动总是与其他单位的经济活动相联系，因此，对于会计人员来说，首先需要确定为谁核算，核算谁的业务，明确哪些经济活动应当予以确认、计量和报告，哪些不应包括在其核算的范围内，也就是要确定会计主体。

会计主体和法律主体不是同一概念。一般来说，法律主体必然是会计主体，但会计主体并不一定是法律主体。会计主体，可以是独立法人，也可以是非法人；可以是一个企业，也可以是企业内部的某一单位或企业内部的某一个特定的部分（如企业的分公司、企业设立的事业部）；可以是单一企业，也可以是由几个企业组成的企业集团。

**同步案例1-1**

#### 会计主体假设

**背景与情境**：甲单位从乙单位购入一批商品，货款未付。

**问题**：该经济业务发生后甲、乙两方应如何设定会计主体进行会计核算？

**分析提示**：同样一笔经济业务，站在甲、乙两方不同的会计主体的角度，会计核算的内容是不同的。以甲单位作为会计主体，会计核算的是一项采购业务，其商品增加，债务也增加；以乙单位作为会计主体，会计核算的则是一项销售业务，其收入增加，债权也增加，因此，会计核算必须先设定一个会计主体。

### 1.2.2 持续经营

所谓**持续经营**，是指企业的生产经营活动在可预见的未来，将会按当前的规模和状态持续经营下去，不会停业，也不会大规模削减业务。持续经营假设规定了会计工作的时间范围。《企业会计准则——基本准则》（2014）第6条规定，企业会计确认、计量和报告应当以持续经营为前提。

任何一个会计主体都存在着破产、清算的风险。既然不能确切地知道会计主体何时会破产，那就假设它可以无限期地持续经营下去。只有这样，才能对资产按取得时的实际成本计价，才能按期收回应收款并按照自己的承诺偿还所负担的债务，才能对多期受益的费用支出进行分摊等。会计确认、计量和报告应当以持

---

① 资源导航：时政要闻感知——《企业会计准则——基本准则》。

续经营为前提。

**同步案例1-2**

持续经营假设

**背景与情境**：东方厂自成立以来经营状况良好，该厂采用平均年限法对其使用的一台价值600 000元，使用年限为10年的机器设备每月计提折旧5 000元。

**问题**：东方厂对使用的机器设备计提折旧是以什么会计假设为前提的？如何理解？

**分析提示**：东方厂对使用的机器设备计提折旧是以持续经营会计假设为前提的。东方厂自成立以来经营发展状况良好，表明东方厂的生产经营在未来是可以持续下去的。因此，该厂可以在机器设备的使用年限（10年）内，按照设备的价值和使用情况，采用确定的平均年限法计提折旧，如果东方厂在未来不能持续经营下去，东方厂就不能对其机器设备进行计提折旧的会计处理。有了持续经营的前提，企业所使用的会计处理方法才能保持稳定。

### 1.2.3　会计分期

所谓**会计分期**，是指将一个会计主体持续经营的生产经营活动人为划分为若干个连续的、长短相同的期间，以便分期结算账目和编制财务会计报告。它是对持续经营假设的必要补充。

《企业会计准则——基本准则》（2014）第7条规定，企业应当划分会计期间，分期结算账目和编制财务会计报告。会计期间分为年度和中期。中期是指短于一个完整的会计年度的报告期间，如半年度、季度和月度。会计年度可以与公历年度相同，也可以按照各国会计核算的不同要求以其他月份作为会计年度的起始，如"三月制"、"七月制"和"九月制"等。中国、德国、俄罗斯等国采用历年制，即从公历1月1日到12月31日为一个会计年度；日本、加拿大、英国等国采用三月制，即从4月1日到次年的3月31日为一个会计年度；澳大利亚、埃及等国采用七月制，即从7月1日到次年的6月30日为一个会计年度；美国、缅甸等国采用九月制，即从10月1日到次年的9月30日为一个会计年度。

### 1.2.4　货币计量

所谓**货币计量**，是指会计主体在会计核算过程中采用货币作为统一的主要的计量单位，且在不同时期货币的币值保持稳定。会计反映企业的生产经营活动，可以使用实物计量单位和劳动计量单位，但只有货币计量单位才具有高度的综合性，才能够全面完整地反映企业的经营成果和财务状况。货币计量是对会计信息的表现形式所做的要求。

《中华人民共和国会计法》[①]第12条规定，会计核算以人民币为记账本位币。业务收支以人民币以外的货币为主的单位，可以选定其中一种货币作为记账本位

---

① 资源导航：时政要闻感知——《中华人民共和国会计法》。

币，但是编制的财务会计报告应当折算为人民币。在境外设立的中国企业向国内报送的财务会计报告，应当折算为人民币。《企业会计准则——基本准则》（2014）第8条规定，企业会计应当以货币计量。

会计四项假设为会计工作的整体结构奠定了基础，规范了会计行为，保证了会计信息的质量。

**同步思考1-3**

持续经营假设是假设企业可以一直经营下去，即使进入破产清算，是否也不应该改变会计核算方法？为什么？

**理解要点**：持续经营假设是指在可以预见的将来，企业将会按当前的规模和状态继续经营下去，不会停业，也不会在规模上削减业务，如果企业在可预见的将来不能继续经营下去，已经进入破产清算时，持续经营的假设不再成立，就应当改变会计核算方法。美国商务部公布了下列一组数据：美国平均每年新成立50万家企业，1年内倒闭的占40%，5年内倒闭的占80%，10年内倒闭的占96%，只有4%的企业能活过10年。据统计，日本2008年上半年倒闭的企业有13 000家。有资料表明我国企业的平均寿命只有8年，如果企业倒闭，资产的价值必须按照实际变现的价值计算，负债必须按照资产变现后的实际偿付能力清偿。

## 1.3 会计的基础

### 1.3.1 收入和费用的收支期间和归属期间

企业在持续经营过程中，不断地取得收入，也不断地发生费用，有一些收入和费用在相邻的会计期间是相互交错的。为了进行会计分期核算，就必须划清本期与非本期的界限，即确认哪些收入属于本期的收入，哪些支出属于本期的费用。将本期的收入与费用进行比较，才能确定本期的经营成果。

学习微平台

视频1.3.1

所谓**收入和费用的收支期间**，是指收入收到和费用支付的会计期间。所谓收入和费用的归属期间，是指应获得收入和应负担费用的会计期间。在商品经济条件下，商品交易既有钱货两清的现销交易，也有延期付款的赊销交易。从销货方看，现销交易形成了现销收入，赊销交易就形成了应收收入；从购货方看，现销交易形成了现购支出，赊销交易就形成了应付支出；现销、现购的收支期和归属期一致，而赊销和赊购的收支期和归属期是不一致的，收支期在后，归属期在先。对赊销交易中收支期和归属期不一致时的收入和费用，如何确认其是否属于本期的收入和费用？会计上有两种处理方法：一种是权责发生制；另一种是收付实现制。

### 1.3.2 权责发生制

所谓**权责发生制**，又称**应计制或应收应付制**，它是以取得收取款项的权利或支付款项义务的发生与否为标志，来确认本期收入和费用的一种会计处理方法。

凡当期已经实现的收入和已经发生或应当负担的费用，无论款项是否收付，都应当作为当期的收入和费用；凡不属于当期的收入和费用，不管其款项是否收付，都不应作为本期的收入和费用。

《企业会计准则——基本准则》（2014）第9条规定，企业应当以权责发生制为基础进行会计确认、计量和报告。

**业务链接1-1**

### 按权责发生制确认本期收入和费用

某企业2022年5月预收货款30 000元，按合同规定商品6月份发出。5月份预付6月份房租5 000元，5月份销售产品收到10 000元，货款将于6月份收到。5月份发生费用6 000元，6月份支付。按照权责发生制的原理，计算确认：5月份收入=10 000（元）；5月份费用=6 000（元）；5月份经营成果=10 000−6 000=4 000（元）。

### 1.3.3　收付实现制

所谓**收付实现制**，也称**实收实付制**，是以现金的实际收到或支付为标志来确认本期的收入和费用的一种会计处理方法。凡是本期收到的收入和支付的费用，不论其是否应归属于本期，都应该作为本期的收入和费用；反之，凡本期未收到的收入和未支付的费用，即使应归属于本期，也不能作为本期的收入和费用。

《事业单位会计准则》（2012）第9条规定，事业单位会计核算一般采用收付实现制，部分经济业务或事项采用权责发生制核算的，由财政部在会计制度中具体规定。

《政府会计准则——基本准则》（2015）第3条规定，政府会计由预算会计和财务会计构成。预算会计实行收付实现制，国务院另有规定的，依照其规定。财务会计实行权责发生制。

学习微平台

随堂测1-2

**业务链接1-2**

### 按收付实现制确认本期收入和费用

资料见【业务链接1-1】，如果按照收付实现制的原理，计算确认：5月份收入=30 000（元）；5月份费用=5 000（元）；5月份经营成果=30 000−5 000=25 000（元）。

## 1.4　会计要素与会计恒等式

### 1.4.1　会计要素

学习微平台

视频1.4.1-1

所谓**会计要素**，是根据交易或者事项的经济特征所确定的财务会计对象进行的基本分类，是会计核算对象的具体化。它是反映企业财务状况和经营成果的基本单位，是会计报表的基本构件。

会计对象是企业的资金运动。企业的资金运动从静止的某一时点来说，表现为企业范围内的各种经济资源的占有、运用和来源情况，也就是企业在某一时点的财务状况。要表现企业的财务状况，就需要按一定标准对各种经济资源的占用进行分类，并将其反映在会计报表中。反映企业财务状况所进行的基本分类，就是反映财务状况的会计要素。企业的资金运动从动态的某一时期来说，表现为一定期间经济资源运用的所得与所费，所得与所费相比较，就是企业在一定期间的经营成果。反映企业一定期间所得与所费所进行的基本分类，就是反映经营成果的会计要素。

《企业会计准则——基本准则》（2014）第10条规定，企业应当按照交易或者事项的经济特征确定会计要素。会计要素包括资产、负债、所有者权益、收入、费用和利润。其中资产、负债和所有者权益是反映企业财务状况的静态会计要素，收入、费用和利润是反映企业经营成果的动态会计要素。

**1）反映财务状况的会计要素**

（1）资产

所谓**资产**，是指过去的交易或者事项形成的、由企业拥有或控制的、预期会给企业带来经济利益的资源，包括各种财产、债权和其他权利。资产具有如下特征：

①资产是由过去的交易或者事项形成的。《企业会计准则——基本准则》（2014）第20条规定，企业过去的交易或者事项包括购买、生产、建造行为或其他交易或者事项。预期在未来发生的交易或者事项不形成资产。资产必须是现实的资产，不能是预期的资产。未来交易或事项以及未发生的交易或事项可能产生的结果，不属于现在的资产，不得作为资产确认。

②资产是企业拥有或控制的资源。《企业会计准则——基本准则》（2014）第20条规定，由企业拥有或者控制，是指企业享有某项资源的所有权，或者虽然不享有某项资源的所有权，但该资源能被企业所控制。例如，融资租入固定资产，按照实质重于形式原则的要求，就应当作为企业资产予以确认。

③资产预期会给企业带来经济利益。《企业会计准则——基本准则》（2014）第20条规定，预期会给企业带来经济利益，是指直接或者间接导致现金和现金等价物流入企业的潜力。一旦不能为企业带来未来经济利益，则不能确认为资产。

《企业会计准则——基本准则》（2014）第21条规定，符合本准则第20条规定的资产定义的资源，在同时满足以下条件时，确认为资产："（一）与该资源有关的经济利益很可能流入企业；（二）该资源的成本或者价值能够可靠地计量。"《企业会计准则——基本准则》（2014）第22条规定，符合资产定义和资产确认条件的项目，应当列入资产负债表；符合资产定义、但不符合资产确认条件的项目，不应当列入资产负债表。

企业资产分为流动资产和非流动资产。其中流动资产包括货币资金、交易性金融资产、应收及预付款项、存货、一年内到期的非流动资产等。非流动资产包括债权投资、长期应收款、长期股权投资、固定资产、无形资产、长期待摊费用、其他非流动资产等。

### 同步案例1-3

#### 资产要素的确认

**背景与情境**：某企业8月份与销售方签订购买一台设备的合同，但该台设备实际是在10月份购买的。该企业还采用融资租赁方式租入机器设备一台。企业库存的一批材料因水灾而发生了损毁。

**问题**：上述设备和库存材料是否属于该企业的资产？为什么？

**分析提示**：资产是过去的交易或者事项形成的，由企业拥有或控制的，预期会给企业带来经济利益的资源。首先，资产是过去的交易或者事项形成的，未来交易或事项产生的结果不能确认为现在的资产。企业8月份与销售方签订购买设备合同，10月份实际购买。因此，该企业8月份不能将该设备确认为资产。其次，资产是企业拥有或控制的。对于融资租入的机器设备企业虽不拥有其所有权，但该设备较长时间能为企业服务，企业能对其进行控制，所以该企业应当将融资租入的设备作为自己的资产确认。最后，资产应该能够给企业带来未来经济利益。企业库存的一批材料因水灾而发生损毁，已经不能给企业带来未来经济利益，因此，企业不应将这批材料继续作为资产确认。

（2）负债

所谓**负债**，是指企业过去的交易或事项形成的，预期会导致经济利益流出企业的现时义务。负债具有如下特征：

①负债是由于过去的交易或事项所形成的当前的债务。也就是说，企业预期在将来要发生的交易或事项可能产生的债务，不能作为负债确认。

②负债是企业承担的现时义务。《企业会计准则——基本准则》（2014）第23条规定，现时义务是指企业在现行条件下已承担的义务。未来发生的交易或者事项形成的义务，不属于现时义务，不应当确认为负债。

③负债预期会导致企业经济利益流出企业。负债在大多数情况下，要用现金进行清偿；在有的情况下，也可以用商品和其他资产或者通过提供劳务的方式进行清偿；有些负债还可以通过举借新债的方式来抵补。

《企业会计准则——基本准则》（2014）第24条规定，符合本准则第23条规定的负债定义的义务，在同时满足以下条件时，确认为负债："（一）与该义务有关的经济利益很可能流出企业；（二）未来流出的经济利益的金额能够可靠地计量。"《企业会计准则——基本准则》（2014）第25条规定，符合负债定义和负债确认条件的项目，应当列入资产负债表；符合负债定义、但不符合负债确认条件的项目，不应当列入资产负债表。

负债是企业筹措资金的重要渠道。负债按其偿还期的长短可以分为流动负债和非流动负债。流动负债是指将在一年或超过一年的一个营业周期内偿还的债务，包括短期借款、交易性金融负债、应付票据、应付账款、预收账款、应付职工薪酬、应交税费、其他应付款、应付股利和一年内到期的非流动负债等；非流动负债是指偿还期在一年或者超过一年的一个营业周期以上的债务，包括长期借款、应付债券和长期应付款等。

**同步案例1-4**

负债要素的确认

**背景与情境**：ABC公司2022年有关情况如下：（1）1月5日向银行借入的一年期借款100万元将要到期，尚未偿还。（2）5月从甲公司购入商品一批，价款156万元，货款尚未支付。（3）10月，乙公司向法院起诉本公司，要求赔偿20万元，法院尚未审理宣判。（4）10月公司财务处做出2023年银行借款计划，计划向银行借款500万元。（5）11月应向职工发放工资129万元，因资金紧张，至年底尚未发放。

**问题**：上述哪些属于ABC公司2022年末的负债？哪些不属于？为什么？

**分析提示**：上述（1）（2）（5）属于ABC公司2022年末的负债，（3）（4）不属于。因为（1）（2）（5）是ABC公司2022年1月至11月的交易或事项所形成的现时义务，符合负债要素的定义，因此属于ABC公司2022年末的负债。而（3）是2022年10月乙公司起诉本公司要求的赔偿，但法院尚未审理宣判，不满足负债定义中负债必须是企业承担的现时义务的特征，因此不能作为ABC公司的负债确认。（4）是2022年10月公司财务处做出2023年向银行借款500万元的计划，不满足负债定义中负债必须是企业过去交易或事项所形成的现时义务的特征，因此也不属于ABC公司2022年末的负债。

（3）所有者权益

所谓**所有者权益**，是指企业资产扣除负债后，由所有者享有的剩余权益。公司的所有者权益又称为股东权益。

与负债相比，所有者权益具有以下特征：

①除非发生减值、清算或分派现金股利，否则企业不需要偿还所有者权益（而对负债负有偿还和支付利息的义务）。

②企业清算时，只有在清偿所有的负债后，所有者权益才返还给所有者（负债拥有优先清偿权）。

③所有者凭借所有者权益能够参与企业的利润分配（债权人则不能参与利润分配）。

《企业会计准则——基本准则》（2014）第27条规定，所有者权益的来源包括所有者投入的资本、其他综合收益、留存收益等。通常由实收资本（股本）、资本公积、其他综合收益、盈余公积和未分配利润等构成。其中，实收资本是指，投资人实际投入企业经营活动的各种财产物资的价值，即构成企业注册资本或股本的金额。资本公积，是指投资者投入资本超过注册资本或股本的部分，即资本溢价、股本溢价和其他资本公积等。其他综合收益是指，企业根据会计准则规定未在当期损益中确认的各项利得和损失。留存收益是指，企业从历年实现的利润中提取或形成的留存于企业的内部积累，包括盈余公积和未分配利润。《企业会计准则——基本准则》（2014）第28条规定，所有者权益金额取决于资产和负债的计量。《企业会计准则——基本准则》（2014）第29条规定，所有者权益项目应当列入资产负债表。反映财务状况的会计要素如图1-5所示。

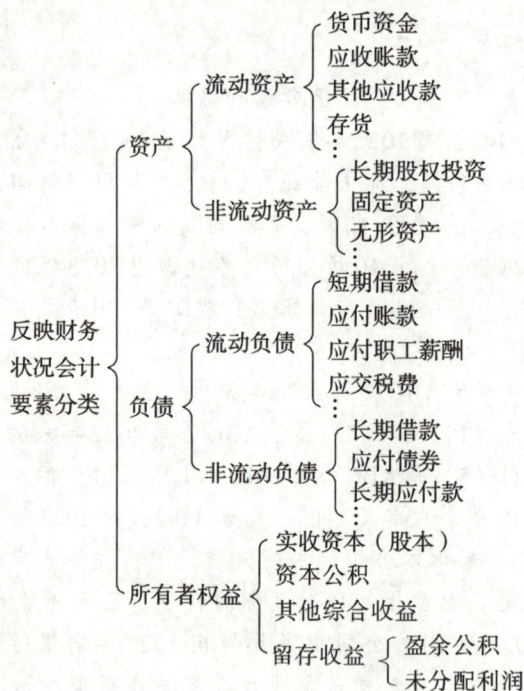

图1-5  反映财务状况的会计要素

### 2）反映经营成果的会计要素

（1）收入

学习微平台

视频1.4.1-2

所谓**收入**，是企业在日常活动中形成的、会导致所有者权益增加的、与所有者投入资本无关的经济利益总流入。这种总流入表现为资产的增加或债务的清偿，最终会导致所有者权益增加。日常活动是企业为完成经营目标所从事的经常性活动，如销售商品、提供劳务和让渡资产使用权（出租、投资、贷出款项）等。

《企业会计准则——基本准则》（2014）第31条规定，收入只有在经济利益很可能流入从而导致企业资产增加或者负债减少、且经济利益的流入额能够可靠计量时才能予以确认。《企业会计准则——基本准则》第32条规定，符合收入定义和收入确认条件的项目，应当列入利润表。《企业会计准则第14号——收入》第4条规定，企业应当在履行了合同中的履约义务，即在客户取得相关商品控制权时确认收入。

收入包括主营业务收入、其他业务收入。主营业务收入是由企业主营业务所带来的收入，如工业企业产品销售收入；其他业务收入是企业主营业务之外的其他日常活动所带来的收入，如工业企业的材料销售收入、租金收入和运输收入等。

（2）费用

所谓**费用**，是企业在日常活动中发生的、会导致所有者权益减少的、与向所有者分配利润无关的经济利益总流出。

《企业会计准则——基本准则》（2014）第34条规定，费用只有在经济利益很可能流出从而导致企业资产减少或者负债增加、且经济利益的流出额能够可靠计量时才能予以确认。《企业会计准则——基本准则》（2014）第35条规定，企业为生产产品、提供劳务等发生的可归属于产品成本、劳务成本等的费用，应当在确认产品销售收入、劳务收入等时，将已销售产品、已提供劳务的成本等计入当期损益。企业发生的支出不产生经济利益的，或者即使能够产生经济利益但不符合或者不再符合资产确认条件的，应当在发生时确认为费用，计入当期损益。企业发生的交易或者事项导致其承担了一项负债而又不确认为一项资产的，应当在发生时确认为费用，计入当期损益。《企业会计准则——基本准则》（2014）第36条规定，符合费用定义和费用确认条件的项目，应当列入利润表。

费用主要指企业为取得营业收入所发生的营业成本、税金及附加和期间费用。营业成本是指为生产产品、提供服务所发生的应归属于产品成本、服务成本等的费用，包括主营业务成本、其他业务成本；税金及附加是指企业经营活动应负担的相关税费，包括消费税、城市建设维护税、教育费附加、资源税、房产税、车船税、印花税、契税、车辆购置税等。期间费用是指企业日常活动发生的不能计入特定核算对象的成本，而应计入发生当期损益的费用，包括销售费用、管理费用和财务费用。

（3）利润

所谓**利润**，是企业在一定会计期间的经营成果，包括收入减去费用后的净额、直接计入当期利润的利得和损失等。收入减去费用后的净额反映的是企业日常活动的业绩。直接计入当期利润的利得和损失，是指企业非日常活动形成或发生的，应当计入当期损益、会导致所有者权益发生增减变动的、与所有者投入资本或者向所有者分配利润无关的利得或者损失。

利润有营业利润、利润总额和净利润。

利润=收入−费用 　　　　　　　　　　　　　　　　　　　　　　　　　（1.1）

《企业会计准则——基本准则》（2014）第39条规定，利润金额取决于收入和费用、直接计入当期利润的利得和损失金额的计量。《企业会计准则——基本准则》（2014）第40条规定，利润项目应当列入利润表。

反映经营成果的会计要素如图1-6所示。

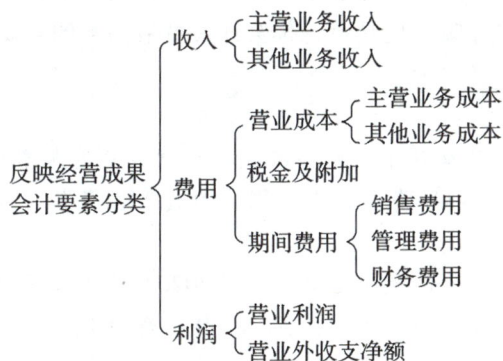

图1-6　反映经营成果的会计要素

**课程思政 1-1**

### 系好会计生涯的第一粒扣子

**背景与情境**：2002 年 11 月 19 日，朱镕基同志在第 16 届世界会计师大会闭幕式上演讲时指出："在现代市场经济中，会计师的执业准则和职业道德极为重要。诚信是市场经济的基石，也是会计执业机构和会计人员安身立命之本。"①

**问题**：请结合国内外出现的会计造假事件，谈一谈你对"诚信是市场经济的基石，也是会计执业机构和会计人员安身立命之本"这句话的理解。

**分析提示**：党的二十大报告提出，"提高全社会文明程度。实施公民道德建设工程，弘扬中华传统美德，推动明大德、守公德、严私德，提高人民道德水准和文明素养。"财政部于 2023 年 2 月 1 日发布了以"坚持诚信，守法奉公；坚持准则，守责敬业；坚持学习，守正创新"为核心的《会计人员职业道德规范》。②诚实是指言行一致、不弄虚作假、不欺上瞒下、做老实人、说老实话、办老实事。守信就是信守诺言，保守秘密。人无信不立，国无信不强，诚信是会计的生命。会计人员在日常工作中，要牢固树立诚信理念，以诚立身、以信立业，严于律己、心存敬畏。要以实际发生的经济业务为依据，按会计准则和会计制度的要求，进行真实、完整的会计核算，客观公正地反映企业的财务状况、经营成果。诚信是会计对社会的基本承诺。

市场经济是信用经济、契约经济。诚信是使市场经济步入良性发展轨道的前提和基础，是市场经济社会赖以生存的基石。会计在经济建设中的特殊地位和作用，决定了会计诚信的重要性和必要性。会计人员诚实守信的道德观念，直接影响着会计信息的真实性和完整性。会计是诚信行业，如果失去了诚信，弄虚作假、欺诈舞弊，会计行业的生命力也就随之完结。美国的"安然""世通""施乐"事件，我国的"琼民源""红光实业""银广夏""郑百文"等一系列会计舞弊欺诈案件，都使会计行业的公信力受到了严峻挑战，给会计事业的发展带来了极其不利的影响。

朱镕基同志的这段讲话，抓住了会计工作中存在的主要问题和症结，是会计行业自身建设的根本之策，更是每一位会计人员最基本的素质要求。

**教学互动 1-1**

**主题**：会计要素是反映企业财务状况和经营成果的基本单位，《企业会计准则——基本准则》（2014）将会计要素划分为资产、负债、所有者权益、收入、费用和利润六大要素。

**问题**：根据会计要素的概念，对某公司 2020 年 3 月末资产和权益的情况进行分析判断，完成识别会计要素教学任务，资料见表 1-1。

---

① 资源导航：思政案例启发——"不做假账"是朱镕基的名言视频。
② 资源导航：时政要闻感知——微视频解读《会计人员职业道德规范》（2023）。

表1-1

**某公司2020年3月末资产和权益情况表**

单位：元

| 科目名称 | 金额 | 科目名称 | 金额 |
|---|---|---|---|
| 库存现金 | 200 | 原材料 | 46 000 |
| 银行存款 | 45 800 | 低值易耗品 | 5 000 |
| 应付账款 | 3 000 | 应交税费 | 7 000 |
| 短期借款 | 60 000 | 应收账款 | 4 000 |
| 库存商品 | 54 000 | 实收资本 | 895 000 |
| 固定资产 | 810 000 | | |

**要求：**

（1）教师不直接提供上述问题的答案，而是引导学生结合相关教学内容就问题进行独立思考、自由发表见解，组织课堂讨论。

（2）教师把握好讨论节奏，对学生提出的典型见解进行点评。

### 1.4.2 会计等式

所谓**会计等式**，也称**会计恒等式**，是运用数学平衡式描述会计对象的具体内容之间数量关系的表达式。

**1）静态会计等式**

所谓**静态会计等式**，是指由静态会计要素资产、负债和所有者权益组成的反映企业一定时点财务状况的等式。其表达式为：

资产=负债+所有者权益                    (1.2)

资产=权益                              (1.3)

静态会计等式体现了同一资金的两个不同侧面在价值上的恒等关系。资产表明企业的资金占用在哪些方面，负债与所有者权益表明企业的资金从哪些方面取得。从数量上来说，来源必然等于占用。资产与权益的恒等关系是复式记账法的理论基础，是企业编制资产负债表的依据。

企业在经营过程中，不断地发生各种经济业务，这些引起资产和权益发生增减变化的业务事项，称为经济业务事项。不论发生何种经济业务，会计要素怎样变化，都不会破坏会计等式的平衡关系。按照经济业务对会计等式的不同影响，可以将经济业务分为以下四种基本类型：

（1）资产项目和权益项目同时增加（等式两边同增）。

（2）资产项目和权益项目同时减少（等式两边同减）。

（3）资产项目内部有增有减（等式左边有增有减）。

（4）权益项目内部有增有减（等式右边有增有减）。

**业务链接1-3**

**资产和权益平衡表编制**

甲公司2022年1月1日资产、负债及所有者权益情况见表1-2。

学习微平台
教学互动1-1

学习微平台
视频1.4.2

表1-2                    资产、负债及所有者权益情况                    单位：元

| 资　产 | 金　额 | 负债及所有者权益 | 金　额 |
|---|---|---|---|
| 库存现金 | 8 000 | 短期借款 | 12 000 |
| 银行存款 | 20 000 | 应付账款 | 8 000 |
| 应收账款 | 7 000 | 长期借款 | 89 000 |
| 存货 | 75 000 | 应付债券 | 40 000 |
| 固定资产 | 150 000 | 实收资本 | 140 000 |
| 无形资产 | 40 000 | 盈余公积 | 11 000 |
| 合　计 | 300 000 | 合　计 | 300 000 |

该公司1月份发生下列经济业务：

（1）用现金购入一批材料，价款1 500元（暂不考虑增值税）。

这项业务的发生，使企业的原材料增加了1 500元，现金相应减少了1 500元。原材料和现金都是资产项目，这项业务发生后，只引起资产内部两个项目之间以相等的金额一增一减的变化，资产总额没有变化，更没有涉及权益项目，会计等式的平衡关系没有被破坏。

（2）向银行借入短期借款4 000元，偿还应付账款。

这项业务的发生，使企业的短期借款增加了4 000元，应付账款相应减少了4 000元。短期借款和应付账款都是负债项目，这项业务发生后，只引起负债内部两个项目之间以相等的金额一增一减，负债总额没有变化，更没有涉及资产项目，会计等式的平衡关系也没有被破坏。

（3）收到投资者投入资本金50 000元，款项存入银行。

这项业务的发生，一方面使企业的银行存款增加了50 000元，另一方面使企业的实收资本增加了50 000元。银行存款是资产项目，实收资本是所有者权益项目，这项业务发生后，使一个资产项目和一个所有者权益项目同时增加了50 000元，从而使资产总额和权益总额同时发生相同金额的增加，会计等式的平衡关系没有被破坏。

（4）以银行存款10 000元偿还到期的长期借款。

这项业务的发生，一方面使企业的银行存款减少了10 000元，另一方面使企业的长期借款减少了10 000元。银行存款是资产项目，长期借款是负债项目，这项业务发生后，使一个资产项目和一个负债项目同时减少了10 000元，从而使资产总额和权益总额同时发生相同数额的减少，会计等式的平衡关系没有被破坏。

上述四项经济业务发生后，该公司2022年1月末资产和负债及所有者权益状况见表1-3。

表1-3                      资产和负债及所有者权益增减变化平衡表

2022年1月31日                                          单位：元

| 资产 | 增减前金额 | 增加 | 减少 | 增减后金额 | 负债及所有者权益 | 增减前金额 | 增加 | 减少 | 增减后金额 |
|---|---|---|---|---|---|---|---|---|---|
| 库存现金 | 8 000 | | 1 500 | 6 500 | 短期借款 | 12 000 | 4 000 | | 16 000 |
| 银行存款 | 20 000 | 50 000 | 10 000 | 60 000 | 应付账款 | 8 000 | | 4 000 | 4 000 |
| 应收账款 | 7 000 | | | 7 000 | 长期借款 | 89 000 | | 10 000 | 79 000 |
| 原材料 | 75 000 | 1 500 | | 76 500 | 应付债券 | 40 000 | | | 40 000 |
| 固定资产 | 150 000 | | | 150 000 | 实收资本 | 140 000 | 50 000 | | 190 000 |
| 无形资产 | 40 000 | | | 40 000 | 盈余公积 | 11 000 | | | 11 000 |
| 合计 | 300 000 | 51 500 | 11 500 | 340 000 | 合计 | 300 000 | 54 000 | 14 000 | 340 000 |

从最终影响的结果看，以上四种类型经济业务的发生，都没有破坏资产与权益的平衡关系。

**2）动态会计等式**

所谓**动态会计等式**，是由动态会计要素收入、费用和利润组成的、反映企业一定时期经营成果的会计等式。其表达式为：

收入-费用=利润                                                              (1.4)

动态会计等式揭示了在某一特定期间内，企业收入、费用和利润之间的关系。收入大于费用时为利润；收入小于费用时为亏损。动态会计等式是企业编制利润表的基础。

**业务链接1-4**

**利润的计算**

小严下岗后自己投资20 000元开了一家酒吧。酒吧开业一个月的经营情况如下：①预付半年房租3 000元。②购入各种饮料6 000元，本月耗用了其中的2/3。③支付雇员工资1 500元。④支付水电费500元。⑤取得营业收入10 000元。小严这个月的盈利情况怎样（不考虑投资20 000元在使用过程中的折旧等其他费用）？

酒吧当月利润=10 000-1 500-500-3 000÷6-6 000×$\frac{2}{3}$=3 500（元）

**同步思考1-4**

经济业务的发生是否会破坏会计等式的平衡关系？为什么？

**理解要点**：企业在经营过程中发生的经济业务是多种多样的，它们对企业资产与权益的影响是，任何一项经济业务的发生一定会引起资产和权益的至少两个项目发生增减变动，有时是资产与权益同增，有时是资产与权益同减，有时是资产或权益内部有增有减，但不论哪种情况发生变动，其金额都是相等的。所以经济业务发生不会破坏会计等式的平衡关系。具体见表1-4。

表1-4                         经济业务发生对会计等式的影响

| 经济业务类型 \ 会计等式 | 资产=权益 | |
| --- | --- | --- |
| 资产项目和权益项目同增 | + | + |
| 资产项目和权益项目同减 | − | − |
| 资产项目内部有增有减 | + − | |
| 权益项目内部有增有减 | | + − |
| 经济业务发生后 | 资产=权益 | |

## 1.5  会计核算方法与程序

### 1.5.1  会计核算方法

会计方法是履行会计职能、完成会计任务、实现会计目标的方式，它包括会计核算方法、会计分析方法和会计检查方法。会计核算方法主要是通过确认、计量、记录和报告，对外提供有用的会计信息。它是整个会计方法体系的基础和核心（本教材主要讲述会计核算方法）。会计核算方法一般包括设置账户、复式记账、填制和审核会计凭证、登记账簿、成本计算、财产清查和编制会计报表七种方法。

**1）设置账户**

设置账户是对会计对象的具体内容即会计要素进行更具体的科学分类并进行核算和监督的一种专门方法。由于经济活动的复杂多样性，会计要素存在和表现形式又是多种多样的，这就需要对会计要素进行进一步的分类，分门别类地核算和监督每一类别的增减变动情况，以便生成各类别的会计指标，这是通过设置账户来完成的。

**2）复式记账**

复式记账就是对任何一项经济业务，都必须以相等的金额，同时在两个或两个以上相互联系的账户中进行登记的记账方法。复式记账法是一种比较完善、科学的记账方法，是会计发展史上一次伟大的革命。关于账户和复式记账的具体内容将在第2章讲述。

**3）填制和审核会计凭证**

会计凭证是记录经济业务、明确经济责任的书面证明，是会计信息资料的最初载体，也是登记账簿的依据。对于已经发生或已经完成的经济业务，必须由经办人员或有关单位填制或取得会计凭证，所有凭证都要经过会计部门和有关部门的审核，只有经过审核无误的会计凭证，才能作为登记账簿的依据。填制和审核会计凭证是为了保证会计记录真实，审核经济活动是否合理合法而采用的一种专门方法。关于会计凭证的具体内容将在第4章讲述。

### 4）登记账簿

登记账簿是把复式记账和设置账户融为一体，在账簿的账页上设置账户，根据会计凭证所提供的初始核算资料，将所有经济业务按发生时间的顺序，分门别类地记入有关账户（俗称"过账"），并定期进行对账和结账，以便为编制会计报表提供必要资料的一种专门方法。关于会计账簿的具体内容将在第5章讲述。

### 5）成本计算

成本计算就是按照一定的对象和标准，对企业生产经营过程中发生的各种成本、费用进行归集和分配，借以计算确定各成本对象的总成本和单位成本的一种方法。通过成本计算，可以监督企业生产经营过程中发生的各项费用是否符合成本效益原则，以便采用措施，节约消耗，降低成本，提高经济效益。关于成本计算的具体内容将在第3章讲述。

### 6）财产清查

财产清查是通过盘点实物、核对账目来查明货币资金、财产物资、债权债务实有数额，并与账存数核对，检查账实是否相符的一种方法。在清查中，如果发现账实不符，应当分析原因，明确责任，调整账簿记录，使账实完全一致。财产清查对于保证会计核算资料的客观真实，监督财产物资的安全完整与合理使用，具有重要的作用。关于财产清查的具体内容将在第7章讲述。

### 7）编制会计报表

编制会计报表是以书面报告的形式，定期总括地反映企业财务状况、经营成果和现金流量等会计信息的一种专门方法。编制会计报表是会计核算工作的最后一个环节。关于会计报表的具体内容将在第8章讲述。

## 1.5.2 会计核算工作程序——会计循环

会计核算的七种专门方法是相互联系、密切配合的一个科学完整的方法体系。企业日常发生的各项经济业务，首先要填制和审核会计凭证；然后按照规定的账户，运用复式记账法记入有关账簿；对于经营过程中发生的各项费用，应当进行成本计算；期末通过财产清查，保证账证相符、账账相符和账实相符；最后根据账簿记录编制会计报表。填制和审核会计凭证、登记账簿、编制会计报表是会计核算工作的三大环节，构成一个会计循环。在实际会计工作中，必须遵循科学的会计核算工作程序，才能取得事半功倍的效果。会计核算工作程序如图1-7所示。

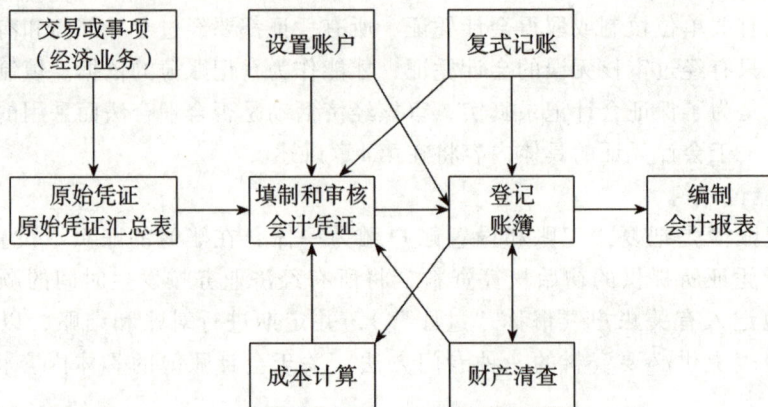

图1-7　会计核算工作程序图

🔑 **课程思政 1-2**

### 用"二十大精神"解读中国会计传统文化中"当"的含义

**背景与情境：** 孔子"尝为季氏史"，孔子的少年时代，因为门第衰落，家境贫寒，曾经做过鲁国季氏的家臣，是季氏手下管理仓库财务出入及家畜放牧的一个小官，后来孔子为官也一直与管理国家财政经济有关。所以，孔子对理财和会计之事都有实际体会。据《孟子·万章下》记载："孔子尝为委吏矣，曰：会计当而已矣。"孔子根据他主管仓库会计的实际体会，把会计工作的要害归结于"当"字之上。"当"的含义是多方面的，孔子这里所讲的"当"，其意义主要有三点：一是讲在会计工作中对于经济收支事项要遵循财制，处理得当。二是讲会计事项的计算和记录要正确。三是从统治者方面讲，要善于选择合格、适当的会计人才①。

（资料来源　齐磊. 孔子的财计思想探讨［EB/OL］.（2009-12-01）. http://www.gsny.gov.cn/zazhi/News/Show.asp?id=2898.原文经过改编）

**问题：** "当"的含义对新时代会计工作有何意义？

**分析提示：** 党的二十大报告指出，"坚持创造性转化、创新性发展，以社会主义核心价值观为引领，发展社会主义先进文化，弘扬革命文化，传承中华优秀传统文化"。孔子根据他主管仓库会计的实际体会，把会计工作的要点归结于"当"字之上，意思是指会计工作的计算记录要正确无误，同时一切应力求适中、适当、适可而止。"当"的含义对新时代的会计工作依然有着深刻的意义。一是可靠性。我国现行企业会计准则要求，会计确认必须以实际经济活动为依据，会计计量、记录的对象必须是真实的经济业务，会计报告必须如实反映情况，不得掩饰。新时代的会计人应当遵循"坚持准则，守信敬业"的职业道德规范，坚决维护国家财经纪律和市场经济秩序。二是独立性。独立性又称为"不偏不倚"，它要求新时代的会计人在处理经济业务和选择会计方法时，应当严以律己、心存敬畏，实事求是、保持应有的独立性，知法学法守法，依法依规开展会计工作，

---

① 资源导航：会计文化渗透——中国会计博物馆精品展视频。

维护国家和社会公众利益。三是时代性。当前数字经济和实体经济深度融合，赋能传统产业转型升级，催生出许多新产业新业态新模式，对会计人员的专业素质和能力提出了更高要求。作为新时代的会计人，应当顺应经济社会发展、科学技术进步和会计行业改革的发展要求，认真贯彻落实党的二十大精神，勤于学习、锐意进取、积极参与经济管理、心怀责任、勇于担当，推动会计事业高质量发展，为中华民族伟大复兴贡献出会计人的力量①。

### ━ 本章资源导航 ━▶

会计文化渗透——世界会计史视频：https：//v.youku.com/v_show/id_XNzc3NjM-wNTM2.html？spm=a2hje.13141534.1_3.d_1&scm=20140719.manual.240103.video_XNzc3NjMwNTM2

时政要闻感知——《企业会计准则——基本准则》（2014）：https：//www.gov.cn/xinwen/2014-07/30/content_2726806.htm

时政要闻感知——《中华人民共和国会计法》：http：//www.npc.gov.cn/zgrdw/npc/xinwen/2017-11/28/content_2032722.htm

思政案例启发——"不做假账"是朱镕基的名言视频：https：//m.baidu.com/video/page？pd=video_page&nid=8038962197090544564&sign=&word=%E2%80%9C%E4%B8%8D%E5%81%9A%E5%81%87%E8%B4%A6%E2%80%9D%E6%98%AF%E6%9C%B1%E9%95%95%E5%9F%BA%E7%9A%84%E5%90%8D%E8%A8%80&oword=%E2%80%9C%E4%B8%8D%E5%81%9A%E5%81%87%E8%B4%A6%E2%80%9D%E6%98%AF%E6%9C%B1%E9%95%95%E5%9F%BA%E7%9A%84%E5%90%8D%E8%A8%80&atn=index&ext=%7B%22jsy%22%3A1%7D&top=%7B%22sfhs%22%3A1%2C%22_hold%22%3A2%7D&_t=1698404093388

时政要闻感知——微视频解读《会计人员职业道德规范》（2023）：http：//www.qyq.gov.cn/xxgk-show-10210096.html

会计文化渗透——中国会计博物馆精品展视频：https：//m.baidu.com/video/page？pd=video_page&nid=6640520972800220547&sign=&word=%E4%B8%8A%E6%B5%B7%E4%BC%9A%E8%AE%A1%E5%8D%9A%E7%89%A9%E9%A6%86%E7%B2%BE%E5%93%81%E5%B1%95&oword=%E4%B8%8A%E6%B5%B7%E4%BC%9A%E8%AE%A1%E5%8D%9A%E7%89%A9%E9%A6%86%E7%B2%BE%E5%93%81%E5%B1%95&atn=index&ext=%7B%22jsy%22%3A1%7D&top=%7B%22sfhs%22%3A1%2C%22_hold%22%3A2%7D&_t=1697790429845

思政案例启发——"会计人生，初心不变"视频：https：//www.xinpianchang.com/a12746966

---

① 资源导航：思政案例启发——"会计人生，初心不变"视频。

# 第2章
# 账户和复式记账

## 学习目标

通过本章学习，应该达到以下目标：

**理论目标：**学习和把握会计科目、账户概念、分类和特点等陈述性知识，能用其指导本章"同步思考""教学互动""随堂测"中的认知活动，正确解答《训练手册》"任务二"中"客观题"和"主观题"的"理论题"各题型问题；体验本章"初级学习"中专业认知的横向正迁移，以及相关胜任力中"认知"要素的阶段性生成。

**实务目标：**学习和掌握账户基本结构、账户期末余额的计算、平行登记法和"业务链接"等程序性知识，并将"4Cs"融入学习过程中；能以其建构"总论"中的规则意识，正确解析本章《训练手册》"任务二"中"实务题"的相关问题；体验本章专业规则与方法"初级学习"中的横向正迁移，以及相关胜任力中"专业规则"要素的阶段性生成。

**案例目标：**运用本章所学账户和复式记账理论与实务知识研究相关案例，培养和提高学生在特定业务情境中分析问题与解决问题的能力；结合本章所选取的"明大德、守公德、严私德"和"严谨细致、精益求精工匠精神的养成"等课程思政元素案例，引导学生按照"党的二十大报告"要求，做明大德、守公德、有理想、有本领、敢担当、能吃苦、肯奋斗的新时代好青年，以实际行动践行"请党放心，强国有我"的承诺，促进"立德树人"根本任务的落实；正确表征本章《训练手册》"任务二"中"案例题"的相关情境；体验本章"高级学习"中专业知识、通用知识与思政元素的协同性重组迁移，以及相关胜任力中"认知弹性"要素的阶段性生成。

**实训目标：**引导学生参加《训练手册》"工作任务二"中"'借贷记账法'技术应用"的实践训练。在其了解和把握本实训所及"能力与道德领域"相关技能点的"规范与标准"的基础上，通过各实训任务的完成，系列技能操作的实施，《"'借贷记账法'技术应用"实训报告》的准备与撰写等有质量、有效率的活动，培养相关"技术应用"的专业能力，强化其"信息处理"、"解决问题"和"革新创新"等职业核心能力（初级），并通过"顺从级"践行"职业理想"和"职业守则"等行为规范，促进其健全职业人格的塑造；体验本章"实践学习"中"专能""通能""职业道德"元素的协同性"重组－产生"迁移，以及相关胜任力中"求知韧性"和"复合性'技术－技能'"要素的阶段性生成。

## 第2章内容结构

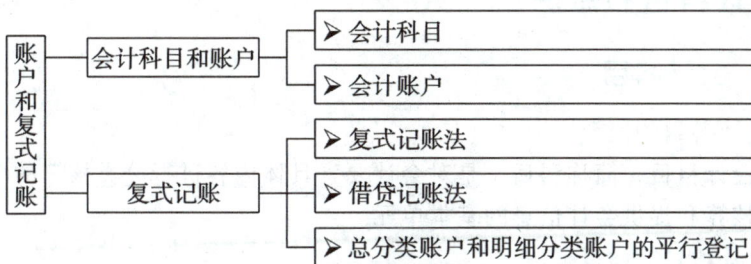

```
┌─────┐   ┌─────────────┐   ┌──────────────────────┐
│账户  │   │ 会计科目和账户 │──►│ ➤ 会计科目            │
│和复  │──►│             │   ├──────────────────────┤
│式记  │   │             │──►│ ➤ 会计账户            │
│账    │   └─────────────┘   └──────────────────────┘
│      │   ┌─────────────┐   ┌──────────────────────┐
│      │   │             │──►│ ➤ 复式记账法          │
│      │──►│ 复式记账      │   ├──────────────────────┤
│      │   │             │──►│ ➤ 借贷记账法          │
│      │   │             │   ├──────────────────────┤
│      │   │             │──►│ ➤ 总分类账户和明细分类账户的平行登记 │
└─────┘   └─────────────┘   └──────────────────────┘
```

图2-1 第2章思维导图

### 引例 会计记账法借与贷的玄机

**背景与情境**：处于会计记账方法体系中"霸主"地位的借贷记账法，自萌芽状态至接近于完备形式大约经历了300年的发展历程，其演变过程主要发生在中世纪意大利商业比较发达、银钱借贷十分频繁的城市佛罗伦萨、热那亚和威尼斯等地，大体可分为三个不同的发展阶段。

一是佛罗伦萨式，这是复式簿记的萌芽阶段。它以1211年佛罗伦萨银行家采用的簿记为代表，这是目前保存的意大利最古老的会计账簿。当时，钱庄业主把吸收的存款记在贷主的名下，表示欠人，即债务；把付出的放款，记在借主的名下，表示人欠，即债权。"借""贷"二字表示债权、债务关系的变化。其主要特点是：记账方法是单式，记账对象仅限于债权债务人（人名账户），记录形式采用上下连续登记的叙述式，即账户的上方登记客户的借款，称为借主方，账户的下方登记客户的存款，称为贷主方。

二是热那亚式，这是复式簿记的改良阶段。它以1340年热那亚市政厅的总账为代表，这是会计界公认的世界上最早的一册具备复式记账所有特征的会计记录。其主要特点是：记账方法是复式，记账对象除债权债务外，还包括商品、现金，记录形式是左借右贷对照式账户。

三是威尼斯式，这是复式簿记的完备阶段。它以1494年卢卡·帕乔利的著作《算术、几何、比及比例概要》的出版为代表。1494年由此成为会计发展史上的重要里程碑，会计开始以一门真正的、完整的、系统的科学而载入史册。其主要特点是：记账方法是复式，记账对象除债权债务、现金外，还包括了损益与资本，记录形式是左借右贷账户式。"借""贷"二字从开始时具有深刻意义的经济内涵，提升到纯粹的、抽象的记账符号。

由此看来，借贷记账法的精髓在于抽象化为一种标本、概念化为一种符号，这便是借与贷的玄机。

（资料来源 佚名. 会计记账法借与贷的玄机［EB/OL］.（2008-08-29）. http：//www. tax861. com.cn/articles/content.jsp?id=1220039000984.原文经过整理）

借贷记账法是复式记账法的代表形式，账户是会计记录的重要载体。企业生产经营过程中发生的各项经济业务必然会引起会计要素的增减变动。为了全面、系统地反映和监督各项会计要素的增减变动情况，分门别类地为经营管理提供会计核算资料，就需要设置会计科目。

## 2.1 会计科目和账户

### 2.1.1 会计科目

#### 1) 会计科目的概念

所谓**会计科目**，简称**科目**，是对会计要素具体内容进行分类核算的项目，是进行会计核算和提供会计信息的基本单元。

#### 2) 会计科目的设置

（1）会计科目设置的原则

因为各单位经济活动的具体内容、规模大小和业务的繁简程度都不相同，所以设置会计科目时应当考虑各自的特点和具体情况。企业在设置会计科目时，应遵循以下原则：①合法性原则，即统一性原则，是指企业所设置的会计科目都应当参照财政部统一制定的《企业会计准则应用指南——会计科目和主要账务处理》，只有这样才能保证会计信息的相互可比。②相关性原则，是指会计科目的设置应当为提供相关各方所需要的会计信息服务，满足企业对外报告和对内管理的需要。③实用性原则，即灵活性原则，是指企业在设置会计科目时，既应当按照《企业会计准则应用指南——会计科目和主要账务处理》规定的要求，保证其合法性，也可以在不违反统一性的前提下，根据本单位的实际情况灵活地自行增设、分拆和合并会计科目。不存在的交易或者事项，可以不设置相关的会计科目。

（2）企业常用会计科目表

根据现行企业会计准则的规定，一般企业常用的会计科目见表2-1。

表2-1                                一般企业常用的会计科目表

| 序号 | 编号 | 会计科目名称 | 序号 | 编号 | 会计科目名称 |
|---|---|---|---|---|---|
| | | 一、资产类 | 18 | 1406 | 发出商品 |
| 1 | 1001 | 库存现金 | 19 | 1407 | 商品进销差价 |
| 2 | 1002 | 银行存款 | 20 | 1408 | 委托加工物资 |
| 3 | 1012 | 其他货币资金 | 21 | 1411 | 周转材料 |
| 4 | 1101 | 交易性金融资产 | 22 | 1471 | 存货跌价准备 |
| 5 | 1121 | 应收票据 | 23 | 1501 | 持有至到期投资 |
| 6 | 1122 | 应收账款 | 24 | 1502 | 持有至到期投资减值准备 |
| 7 | 1123 | 预付账款 | 25 | 1503 | 可供出售金融资产 |
| 8 | 1131 | 应收股利 | 26 | 1511 | 长期股权投资 |
| 9 | 1132 | 应收利息 | 27 | 1512 | 长期股权投资减值准备 |
| 10 | 1221 | 其他应收款 | 28 | 1521 | 投资性房地产 |
| 11 | 1231 | 坏账准备 | 29 | 1531 | 长期应收款 |
| 12 | 1321 | 代理业务资产 | 30 | 1532 | 未实现融资收益 |
| 13 | 1401 | 材料采购 | 31 | 1601 | 固定资产 |
| 14 | 1402 | 在途物资 | 32 | 1602 | 累计折旧 |
| 15 | 1403 | 原材料 | 33 | 1603 | 固定资产减值准备 |
| 16 | 1404 | 材料成本差异 | 34 | 1604 | 在建工程 |
| 17 | 1405 | 库存商品 | 35 | 1605 | 工程物资 |

学习微平台

视频 2.1.1

续表

| 序号 | 编号 | 会计科目名称 | 序号 | 编号 | 会计科目名称 |
|---|---|---|---|---|---|
| 36 | 1606 | 固定资产清理 | 65 | 3202 | 被套期项目 |
| 37 | 1701 | 无形资产 | | | 四、所有者权益类 |
| 38 | 1702 | 累计摊销 | 66 | 4001 | 实收资本 |
| 39 | 1703 | 无形资产减值准备 | 67 | 4002 | 资本公积 |
| 40 | 1711 | 商誉 | 68 | 4101 | 盈余公积 |
| 41 | 1801 | 长期待摊费用 | 69 | 4103 | 本年利润 |
| 42 | 1811 | 递延所得税资产 | 70 | 4104 | 利润分配 |
| 43 | 1901 | 待处理财产损溢 | 71 | 4201 | 库存股 |
| | | 二、负债类 | | | 五、成本类 |
| 44 | 2001 | 短期借款 | 72 | 5001 | 生产成本 |
| 45 | 2101 | 交易性金融负债 | 73 | 5101 | 制造费用 |
| 46 | 2201 | 应付票据 | 74 | 5201 | 劳务成本 |
| 47 | 2202 | 应付账款 | 75 | 5301 | 研发支出 |
| 48 | 2203 | 预收账款 | | | 六、损益类 |
| 49 | 2211 | 应付职工薪酬 | 76 | 6001 | 主营业务收入 |
| 50 | 2221 | 应交税费 | 77 | 6051 | 其他业务收入 |
| 51 | 2231 | 应付利息 | 78 | 6101 | 公允价值变动损益 |
| 52 | 2232 | 应付股利 | 79 | 6111 | 投资收益 |
| 53 | 2241 | 其他应付款 | 80 | 6115 | 资产处置损益 |
| 54 | 2314 | 代理业务负债 | 81 | 6301 | 营业外收入 |
| 55 | 2401 | 递延收益 | 82 | 6401 | 主营业务成本 |
| 56 | 2501 | 长期借款 | 83 | 6402 | 其他业务成本 |
| 57 | 2502 | 应付债券 | 84 | 6403 | 税金及附加 |
| 58 | 2701 | 长期应付款 | 85 | 6601 | 销售费用 |
| 59 | 2702 | 未确认融资费用 | 86 | 6602 | 管理费用 |
| 60 | 2711 | 专项应付款 | 87 | 6603 | 财务费用 |
| 61 | 2801 | 预计负债 | 88 | 6604 | 勘探费用 |
| 62 | 2901 | 递延所得税负债 | 89 | 6701 | 资产减值损失 |
| | | 三、共同类 | 90 | 6702 | 信用减值损失 |
| 63 | 3101 | 衍生工具 | 91 | 6711 | 营业外支出 |
| 64 | 3201 | 套期工具 | 92 | 6801 | 所得税费用 |

注：会计科目的编号是根据会计科目的分类和排序确定的，一般由四位数字构成。第一位数字1、2、3、4、5、6分别代表科目所属的大类即资产类、负债类、共同类、所有者权益类、成本类和损益类，第二位数字表示科目的小类，第三、第四位数字表示各小类中科目的顺序号。会计科目的编号除了能代表它们的具体名称和类别外，还有助于企业填制会计凭证、登记账簿、查阅会计账目和实现会计电算化。本表仅以制造业一般常用会计科目进行介绍。

**3）会计科目的分类**

（1）按反映的经济内容分类

按反映的经济内容分类，会计科目可分为资产类、负债类、共同类、所有者权益类、成本类和损益类六大类。每一类会计科目可按一定标准再分为若干具体科目。其中资产类科目，按流动性可分为流动资产科目和非流动资产科目。负债类科目，按偿还期限可分为流动负债科目和非流动负债科目。所有者权益类科目，按形成和性质可分为反映资本的科目和反映留存收益的科目。损益类科目，可分为收入类科目和费用类科目。

（2）按提供会计信息的详细程度分类

按提供会计信息的详细程度分类，会计科目可分为总分类科目和明细分类科目。所谓**总分类科目**，又称**总账科目**或**一级科目**，它是对会计要素的具体内容进行总括分类、提供核算对象总括信息的科目。所谓**明细分类科目**，又称**明细科目**，是对总分类科目作的进一步分类、提供核算对象详细、具体信息的科目。如果总账科目所属的明细科目较多，还可以在二级明细科目（亦称子目）之下增设三级明细科目（亦称细目），如图2-2所示。

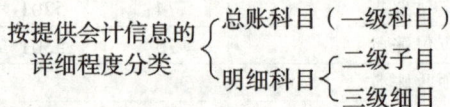

按提供会计信息的 { 总账科目（一级科目）
详细程度分类     { 明细科目 { 二级子目
                              { 三级细目

**图2-2    会计科目按提供会计信息的详细程度分类**

**同步案例2-1**

### 总分类科目与明细分类科目的设置

**背景与情境**：某企业拥有的原料及主要材料有圆钢、扁钢和角钢，辅助材料有防锈漆、润滑油和黏合剂，燃料有汽油、柴油和煤油。

**问题**：该企业应该如何设置总分类科目和明细分类科目？

**分析提示**：该企业应当设置1个原材料总账科目，原料及主要材料、辅助材料、燃料3个二级明细科目（子目），圆钢、扁钢、角钢、防锈漆、润滑油、黏合剂、汽油、柴油、煤油9个三级明细科目（细目），具体见表2-2。

表2-2                            **总分类科目和明细分类科目的设置**

| 总分类科目 | 明细分类科目 | |
|---|---|---|
| （一级科目） | 二级科目（子目） | 三级科目（细目） |
| 原材料 | 原料及主要材料 | 圆钢 |
| | | 扁钢 |
| | | 角钢 |
| | 辅助材料 | 防锈漆 |
| | | 润滑油 |
| | | 黏合剂 |
| | 燃料 | 汽油 |
| | | 柴油 |
| | | 煤油 |

### 同步思考2-1

统一性和灵活性是一对矛盾，企业在设置会计科目时是否应两者兼顾？为什么？

**理解要点**：统一性就是指企业在设置会计科目时，应参照《企业会计准则应用指南——会计科目和主要账务处理》中规定的会计科目，使用统一的会计核算指标。灵活性是指企业会计科目的设置不仅要使用统一的核算指标，而且要根据企业自身的经营特点、规模变化情况及管理者的要求，对统一规定的会计科目作必要增补或合并，如材料按实际成本核算的企业，可以不设置"材料采购"和"材料成本差异"科目，而设置"在途物资"科目。再如，从事产品生产制造的工业企业，必须设置反映生产过程的会计科目如"生产成本""制造费用"等；而商品流通企业由于不生产产品，而是以商品买卖为主，因此不必设置"生产成本""制造费用"科目。每个单位在设置会计科目时应兼顾统一性与灵活性原则，此外还应防止两种倾向：一要防止会计科目过于简单化，不利于企业的经济管理；二要防止会计科目过于烦琐，增加会计核算的工作量。

会计科目是对会计对象的具体内容进行科学分类。但会计科目只有名称，没有一定的格式和结构，无法将企业发生的经济业务连续、系统、完整地记录下来。因此，企业设置会计科目后，还必须根据设置的会计科目开设相应的会计账户。

#### 2.1.2 会计账户

**1）会计账户的概念**

（1）所谓**会计账户**，简称**账户**，<u>是根据会计科目开设的，具有一定格式和结构，用于分类核算会计要素的增减变化情况及其结果的载体</u>。设置账户是会计核算的专门方法之一。

（2）账户与会计科目的关系。

从理论上看，账户和会计科目是两个不同的概念，它们既有联系又有区别。两者的联系是，会计科目与账户都是对会计对象具体内容的科学分类，两者反映的经济内容相同，性质相同。会计科目是账户的名称，账户是根据会计科目开设的，如"原材料"科目与"原材料"账户反映的经济内容、性质完全相同。没有会计科目，账户便失去了设置的依据；没有账户，会计科目就无法发挥作用。两者的区别是，会计科目只是账户的名称，没有结构，不能记录发生的经济业务。而账户除了名称以外还有一定的格式和结构，可以记录经济业务的增减变化及结果。

实际工作中对会计科目和账户并不加以严格区分，可以相互通用。

**2）账户的分类**

账户是根据会计科目开设的。因此，账户分类与会计科目的分类一致。

（1）按反映的经济内容分类，账户分为资产类账户、负债类账户、共同类账

户、所有者权益类账户、成本类账户和损益类账户六大类。

（2）按提供会计信息的详细程度分类，账户分为总分类账户和明细分类账户。所谓**总分类账户**，简称**总账账户**、**总账或一级账户**，是指根据总分类科目设置的、用于对会计要素具体内容进行总括核算的账户。所谓明细分类账户，简称明细账，是根据明细分类科目设置的，用来对会计要素具体内容进行详细具体核算的账户。

### 3）账户的基本结构

所谓账户的基本结构，是指核算和监督会计要素增减变化及结果的具体格式。

尽管企业的经济业务错综复杂，但从数量上来看不外乎增加和减少两种情况。为了清晰反映各项经济业务的增减变动，通常将账户划分为左方、右方，分别登记增加数和减少数。在借贷记账法下，左方称借方，右方称贷方。

（1）账户的基本结构，通常包括账户名称、经济业务日期、记账凭证的编号、经济业务摘要、增加或减少的金额和账户余额六个方面的内容。借贷记账法下三栏式账户的结构见表2-3。

表2-3　　　　　　　　　　　　　三栏式账户的结构

| 年 | | 凭证 | | 摘要 | 借方 | 贷方 | 借或贷 | 余额 |
|---|---|---|---|---|---|---|---|---|
| 月 | 日 | 字 | 号 | | | | | |
| | | | | | | | | |
| | | | | | | | | |

（2）账户基本结构的简化形式。为了方便教学，通常使用一种简化的 T 形账户，主要包括账户名称、借方和贷方，如图2-3所示。

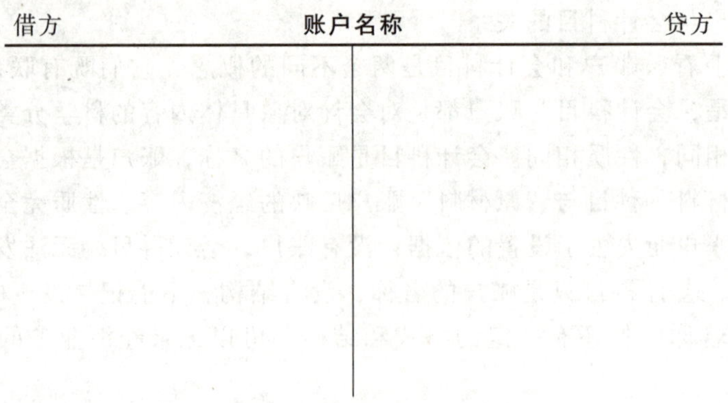

借方　　　　　　　　　　　账户名称　　　　　　　　　　　贷方

图2-3　T形账户的结构

（3）账户反映的金额指标。账户可以反映期初余额、本期增加额、本期减少额和期末余额四项金额指标。用来登记本期增加数的金额，称为本期增加发生额；用来登记本期减少数的金额，称为本期减少发生额；增减相抵后的差额，称为余额，余额按时间不同，分为期初余额和期末余额，一定会计期间的期末余额，又可以理解为下一个会计期间的期初余额。它们之间的数量关系如下：

期末余额=期初余额+本期增加发生额−本期减少发生额　　　　　　　　　　　(2.1)

**业务链接2-1**

现以"库存商品"账户为例，说明账户的基本结构，见表2-4。

表2-4　　　　　　　　　**"库存商品"三栏式账户的结构**　　　　　　　　　单位：元

| 2022年 | | 凭证 | | 摘要 | 借方 | 贷方 | 借或贷 | 余额 |
|---|---|---|---|---|---|---|---|---|
| 月 | 日 | 字 | 号 | | | | | |
| 3 | 1 | 略 | | 期初余额 | | | 借 | 2 000 |
| | 8 | | | 入库 | 5 500 | | 借 | 7 500 |
| | 15 | | | 出库 | | 2 500 | 借 | 5 000 |
| | 20 | | | 入库 | 3 000 | | 借 | 8 000 |
| | 28 | | | 出库 | | 4 500 | 借 | 3 500 |
| | 31 | | | 本期合计 | 8 500 | 7 000 | 借 | 3 500 |

学习微平台
随堂测2-2

上述"库存商品"三栏式账户可简化为T形账户格式，如图2-4所示。

| 借方 | 库存商品 | | 贷方 |
|---|---|---|---|
| 期初余额 | 2 000 | | |
| 本期增加发生额 | 5 500 | 本期减少发生额 | 2 500 |
| | 3 000 | | 4 500 |
| 期末余额 | 3 500 | | |

图2-4　"库存商品"T形账户

**课程思政2-1**

### 明大德、守公德、严私德

**背景与情境：**刘新华是一家历史悠久的大型国有上市公司的财务总监，在近十年的财会工作中，他一直恪尽职守，勤奋敬业。该公司的产品质量与国外同类产品有很大的差距，80%的原料依靠进口，公司生产的产品质量达不到国内重要大客户的要求，又不能停止生产，因为机器设备停止运行后重新启动的成本更高。企业为了维持生存，不得不亏本出售大量积压产品，生产越多，亏损就越多，已经陷入了恶性循环。面对会计师事务所的年报审计，公司领导要求刘新华在数字上做些文章，旨在粉饰报表。总经理对刘新华说："你是公司的老员工了，对公司应该有感情，公司对你也不错。现在公司遇到了困难，是不是该为公司出一把力呢？你和你爱人都在我们公司，公司垮了对你的家庭最为不利，你的付出将换来下半辈子的安逸。"刘新华彻夜未眠，第二天便向董事长提交了辞职报告，并且委婉地说："我认为公司应该从经营上想办法真正地走出困境，而不是做假账，业绩不是做出来的，纸是包不住火的。"

（资料来源 佚名. 公生明，廉生威［EB/OL］.（2009-09-03）. http：//www.yuloo.com/news/0909/298675.shtml.原文经过整理）

**问题**：做假账还是丢饭碗，你认为刘新华的选择值得吗？总经理的要求对吗？刘新华的行为体现了什么样的会计人员职业道德？

**分析提示**：党的二十大报告提出，"实施公民道德建设工程，弘扬中华传统美德，推动明大德、守公德、严私德，提高人民道德水准和文明素养。"①

做假账还是丢饭碗，刘新华的选择是正确的，他虽然丢了饭碗，但他却挽救了一家上市公司。他的行为体现了诚实守信、坚持自律、敢于斗争的会计人员职业道德规范要求②。

总经理的要求是错误的。因为他违反了《中华人民共和国会计法》第4条"单位负责人对本单位的会计工作和会计资料的真实性、完整性负责"的规定和第5条"任何单位或者个人不得以任何方式授意、指使、强令会计机构、会计人员伪造、变造会计凭证、会计账簿和其他会计资料，提供虚假财务会计报告"的规定。

## 2.2 复式记账

### 2.2.1 复式记账法

**1）记账方法**

所谓**记账方法**，就是根据一定的记账原理、运用一定的记账符号和记账规则，在账户中记录经济业务的方法。记账方法一般包括记账符号、记账规则、账户设置和试算平衡等内容。记账方法按照记录方式的不同可分为单式记账法和复式记账法，在会计史上记账方法经历了由单式记账法到复式记账法的发展过程。

**2）单式记账法**

所谓**单式记账法**，是指对发生的每一项经济业务，只在一个账户中进行登记的一种记账方法。其特点是：

（1）对于经济业务只在一个账户中记录，即只记录库存现金、银行存款或应收应付款项的收付，不记录有关实物的收发。

（2）在单式记账法下，会计科目设置不完整，账户之间没有相互联系。

**3）复式记账法**

（1）复式记账法的概念

所谓**复式记账法**，是指对发生的每一项经济业务，都要以相等的金额在两个或两个以上相互联系的账户中，同时进行登记的一种记账方法。

（2）复式记账法的特点

①使发生的经济业务得到全面、系统的反映。

②由于对发生的每一项经济业务，都要以相等的金额在两个或两个以上相互

---

① 资源导航：时政要闻感知——"实施公民道德建设工程"视频。
② 资源导航：时政要闻感知——倡导"三坚三守"推进诚信建设——我国首次制定会计人员职业道德规范。

联系的账户中同时进行登记。这样既可以了解经济业务的来龙去脉，又便于对经济业务的内容进行监督。

③在复式记账法下，通过试算平衡可以检查账户记录是否正确。

（3）复式记账法的理论基础

按照复式记账法的原理，对每一项经济业务，都要以相等的金额在两个或两个以上相互联系的账户中同时进行登记，这样会计等式中的资产总额和负债及所有者权益总额之间总是相等的。"资产=负债+所有者权益"是复式记账法的理论基础。

（4）复式记账法的种类

复式记账法按照记账符号、规则等不同可分为借贷记账法、增减记账法和收付记账法。其中借贷记账法是国际上通用的一种复式记账法。在我国，工业企业曾采用借贷记账法，商业企业曾采用增减记账法，行政、事业单位和金融业企业曾采用收付记账法。《企业会计准则——基本准则》第11条规定，企业应当采用借贷记账法记账。

**同步思考 2-2**

所谓复式记账法是否就是对发生的每一项经济业务，都要同时在两个或两个以上相互联系的账户进行登记？为什么？

**理解要点：**会计的对象是资金运动，每一项经济业务都会引起资金的增减变动，都有其"来踪"和"去迹"，都有"起点"和"终点"。为了把资金运动的来龙去脉全面、系统地反映清楚，对每一项经济业务都要在两个或两个以上相互联系的账户中同时进行登记。

经济业务的四种类型有的引起"资产=负债+所有者权益"等式两边同增，有的引起等式两边同减，有的引起等式一边有增有减。所以复式记账法对发生的每一项经济业务都必须做双重记录，即在相互联系的两个或两个以上账户中，以相等的金额同时进行登记。

### 2.2.2　借贷记账法

**1）借贷记账法的概念**

所谓**借贷记账法**，就是以"借"和"贷"作为记账符号的一种复式记账法。

**2）借贷记账法的内容**

（1）记账符号

借贷记账法的记账符号是"借"和"贷"。"借""贷"二字与具体账户相结合，有以下两层含义：①表示记账的方向。账户的左方为"借方"，账户的右方为"贷方"。至于哪一方登记增加数，哪一方登记减少数，取决于账户的性质及核算的经济内容。②表示资金的增减，如资产类账户，用"借"表示增加，"贷"表示减少；负债及所有者权益类账户，则用"贷"表示增加，"借"表示减少。

（2）账户的结构

①资产类账户的结构：借方登记资产的增加额，贷方登记资产的减少额，期

学习微平台

视频 2.2.2

末一般为借方余额，如图2-5所示。

| 借方 | 资产类账户 | | 贷方 |
|---|---|---|---|
| 期初余额 | ××× | | |
| 本期增加额 | ××× | 本期减少额 | ××× |
| 本期借方发生额 | ××× | 本期贷方发生额 | ××× |
| 期末余额 | ××× | | |

**图2-5    资产类账户的结构**

资产类账户期末借方余额=期初借方余额+本期借方发生额-本期贷方发生额    (2.2)

②负债及所有者权益类账户的结构：贷方登记负债及所有者权益的增加额，借方登记负债及所有者权益的减少额，期末一般为贷方余额，如图2-6所示。

| 借方 | 负债及所有者权益类账户 | | 贷方 |
|---|---|---|---|
| | | 期初余额 | ××× |
| 本期减少额 | ××× | 本期增加额 | ××× |
| 本期借方发生额 | ××× | 本期贷方发生额 | ××× |
| | | 期末余额 | ××× |

**图2-6    负债及所有者权益类账户的结构**

负债及所有者权益类账户期末贷方余额=期初贷方余额+本期贷方发生额-本期借方发生额    (2.3)

③成本、费用类账户的结构：成本、费用类账户的结构与资产类账户相同。借方登记成本、费用的增加额，贷方登记成本、费用的减少额，成本类账户期末一般为借方余额，费用类账户期末一般无余额，如图2-7所示。

| 借方 | 成本、费用类账户 | | 贷方 |
|---|---|---|---|
| 期初余额 | ××× | | |
| 本期增加额 | ××× | 本期减少额 | ××× |
| 本期借方发生额 | ××× | 本期贷方发生额 | ××× |
| 期末余额 | ××× | | |

**图2-7    成本、费用类账户的结构**

成本、费用类账户期末借方余额=期初借方余额+本期借方发生额-本期贷方发生额    (2.4)

④收入类账户的结构：收入类账户的结构等同于负债及所有者权益类账户。贷方登记收入的增加额，借方登记收入的减少额、转出额，期末一般无余额，如图2-8所示。

| 借方 | 收入类账户 | | 贷方 |
|---|---|---|---|
| 本期减少额 | ××× | 本期增加额 | ××× |
| 本期借方发生额 | ××× | 本期贷方发生额 | ××× |

**图2-8    收入类账户的结构**

在借贷记账法下，账户余额方向与记录增加额的方向是一致的，所以也可以通过账户余额的方向来判断账户的性质。

**教学互动 2-1**

**主题**：我国企业统一采用借贷记账法记账。借贷记账法的记账符号是"借"和"贷"。至于哪一方登记增加数，哪一方登记减少数，取决于账户的性质及核算的经济内容。资产类、成本费用类账户，用"借"表示增加，"贷"表示减少；负债及所有者权益类、收入类账户则用"贷"表示增加，"借"表示减少。

**问题**：根据借贷记账法下不同性质账户的结构特点，完成填列图 2-9 中 T 形账户空白处数字的教学任务。

**要求**：同"教学互动 1-1"的"要求"。

学习微平台

教学互动 2-1

| 借方 | ××账户 | | 贷方 |
|---|---|---|---|
| | 期初余额 | | 80 000 |
| ①80 000 | ②20 000 | | |
| | ③（　） | | |
| | 期末余额 | | 50 000 |

| 借方 | ××账户 | | 贷方 |
|---|---|---|---|
| 期初余额 | 8 000 | | |
| | ①3 000 | | ②1 500 |
| | ③2 500 | | ④（　） |
| 期末余额 | 5 000 | | |

**图2-9 需要填写的 T 形账户**

**业务链接 2-2**

### 账户期末余额的计算

某企业有关账户的资料见表 2-5，计算每个账户括号里的未知数。

表2-5　　　　　　　　　　　某企业有关账户的资料（一）　　　　　　　　　　　单位：元

| 账户名称 | 期初余额 | | 本期借方发生额 | 本期贷方发生额 | 期末余额 | |
|---|---|---|---|---|---|---|
| | 借方 | 贷方 | | | 借方 | 贷方 |
| 银行存款 | 430 000 | | 1 985 000 | 2 040 000 | （A） | |
| 固定资产 | 2 400 000 | | （B） | 496 000 | 1 920 000 | |
| 短期借款 | | （C） | 160 000 | 260 000 | | 300 000 |
| 应付账款 | | 230 000 | （D） | 200 000 | | 55 000 |
| 管理费用 | | | 50 000 | （E） | | 0 |

解答见表2-6。

表2-6　　　　　　　　　　　某企业有关账户的资料（二）　　　　　　　　　　单位：元

| 账户名称 | 期初余额 | | 本期借方发生额 | 本期贷方发生额 | 期末余额 | |
|---|---|---|---|---|---|---|
| | 借方 | 贷方 | | | 借方 | 贷方 |
| 银行存款 | 430 000 | | 1 985 000 | 2 040 000 | (375 000) | |
| 固定资产 | 2 400 000 | | (16 000) | 496 000 | 1 920 000 | |
| 短期借款 | | (200 000) | 160 000 | 260 000 | | 300 000 |
| 应付账款 | | 230 000 | (375 000) | 200 000 | | 55 000 |
| 管理费用 | | | 50 000 | (50 000) | 0 | |

（3）记账规则

**记账规则**，是指采用某种记账方法登记具体经济业务时应当遵循的规则。借贷记账法的记账规则是"有借必有贷，借贷必相等"。每一笔经济业务发生后，都必须同时记入两个或两个以上相互联系的账户，即在记入一个账户借方的同时，要记入另一个或另几个账户的贷方，或者在记入一个账户贷方的同时，要记入另一个或另几个账户的借方，或者在记入几个账户借方的同时，要记入另几个账户的贷方；并且记入借方的金额必须等于记入贷方的金额。

①账户对应关系和对应账户

所谓**账户对应关系**，是指在借贷记账法下账户之间形成的应借应贷相互关系。所谓**对应账户**，是指存在着应借应贷对应关系的账户。

②会计分录

所谓**会计分录**，简称**分录**，就是在记账凭证上标明经济业务应记入的账户及登记方向和金额的记录。会计分录包括账户名称、记账方向和记账金额三要素。

会计分录分为简单会计分录和复合会计分录。简单会计分录就是一借一贷的分录，复合会计分录就是一借多贷、一贷多借或者多借多贷的分录。一笔复合会计分录可以分解为若干个简单分录，若干个内容相同的简单分录也可以合并为一个复合会计分录。

会计分录的编制步骤可以概括为以下四步：第一步是分析经济业务所涉及的账户名称及性质；第二步是分析账户的增减情况，确定账户的记账方向；第三步是确定借贷方金额是否相等；第四步是按照会计分录的格式要求，编制完整的会计分录。

**业务链接2-3**

**借贷记账法记账规则的应用**

华光厂2022年12月发生以下经济业务，根据借贷记账法的记账规则分析编制会计分录。①收到投资者投入200 000元存入银行。②生产产品领用原材料20 000

元。③将 30 000 元半成品加工成产成品，已验收入库。④用银行存款 50 000 元归还短期借款。⑤将现金 1 000 元存入银行。⑥商业汇票到期收到票款 10 000 元存入银行。⑦开出面值 5 000 元商业汇票一张，偿还前欠货款。⑧用银行存款 80 000 元购入设备一台。⑨购买原材料 45 000 元，用银行存款支付 5 000 元，其他货款暂欠。⑩用银行存款 6 000 元偿还前欠货款。(假设不考虑相关税费)

经济业务①涉及"银行存款"和"实收资本"两个账户。银行存款的增加是资产的增加，应记入"银行存款"账户的借方；实收资本的增加是所有者权益的增加，应记入"实收资本"账户的贷方。根据记账规则编制业务①的会计分录如下：

①借：银行存款　　　　　　　　　　　　　　　　　　200 000
　　　贷：实收资本　　　　　　　　　　　　　　　　　　　200 000

经济业务②涉及"生产成本"和"原材料"两个账户。生产成本的增加是成本的增加，成本的增加等于资产的增加，应记入"生产成本"账户的借方；原材料的减少是资产的减少，应记入"原材料"账户的贷方。根据记账规则编制业务②的会计分录如下：

②借：生产成本　　　　　　　　　　　　　　　　　　20 000
　　　贷：原材料　　　　　　　　　　　　　　　　　　　　20 000

经济业务③涉及"自制半成品"和"库存商品"两个账户。半成品的减少是资产的减少，应记入"自制半成品"账户的贷方；库存商品的增加是资产的增加，应记入"库存商品"账户的借方。根据记账规则编制业务③的会计分录如下：

③借：库存商品　　　　　　　　　　　　　　　　　　30 000
　　　贷：自制半成品　　　　　　　　　　　　　　　　　　30 000

经济业务④涉及"银行存款"和"短期借款"两个账户。银行存款的减少是资产的减少，应记入"银行存款"账户的贷方；短期借款的减少是负债的减少，应记入"短期借款"账户的借方。根据记账规则编制业务④的会计分录如下：

④借：短期借款　　　　　　　　　　　　　　　　　　50 000
　　　贷：银行存款　　　　　　　　　　　　　　　　　　　50 000

经济业务⑤涉及"库存现金"和"银行存款"两个账户。库存现金的减少是资产的减少，应记入"库存现金"账户的贷方；银行存款的增加是资产的增加，应记入"银行存款"账户的借方。根据记账规则编制业务⑤的会计分录如下：

⑤借：银行存款　　　　　　　　　　　　　　　　　　1 000
　　　贷：库存现金　　　　　　　　　　　　　　　　　　　1 000

经济业务⑥涉及"应收票据"和"银行存款"两个账户。应收票据的减少是资产的减少，应记入"应收票据"账户的贷方；银行存款的增加是资产的增加，应记入"银行存款"账户的借方。根据记账规则编制业务⑥的会计分录如下：

⑥借：银行存款　　　　　　　　　　　　　　　　　　10 000
　　　贷：应收票据　　　　　　　　　　　　　　　　　　　10 000

经济业务⑦涉及"应付票据"和"应付账款"两个账户。应付票据的增加是负债的增加，应记入"应付票据"账户的贷方；应付账款的减少是负债的减少，应记入"应付账款"账户的借方。根据记账规则编制业务⑦的会计分录如下：

⑦借：应付账款                                            5 000
　　贷：应付票据                                                5 000

经济业务⑧涉及"银行存款"和"固定资产"两个账户。银行存款的减少是资产的减少，应记入"银行存款"账户的贷方；固定资产的增加是资产的增加，应记入"固定资产"账户的借方。根据记账规则编制业务⑧的会计分录如下：

⑧借：固定资产                                           80 000
　　贷：银行存款                                               80 000

经济业务⑨涉及"原材料"、"银行存款"和"应付账款"三个账户。原材料的增加是资产的增加，应记入"原材料"账户的借方；银行存款的减少是资产的减少，应记入"银行存款"账户的贷方；应付账款的增加是负债的增加，应记入"应付账款"账户的贷方。根据记账规则编制业务⑨的会计分录如下：

⑨借：原材料                                             45 000
　　贷：银行存款                                                5 000
　　　　应付账款                                               40 000

经济业务⑩涉及"应付账款"和"银行存款"两个账户。应付账款的减少是负债的减少，应记入"应付账款"账户的借方，银行存款的减少是资产的减少，应记入"银行存款"账户的贷方。根据记账规则编制业务⑩的会计分录如下：

⑩借：应付账款                                            6 000
　　贷：银行存款                                                6 000

（4）试算平衡

所谓**试算平衡**，是指根据借贷记账法的记账规则和资产与权益的会计恒等式，对全部账户的发生额和余额进行汇总计算和比较，来检查账户记录是否正确的一种方法。试算平衡方法有发生额平衡法和余额平衡法。

①发生额平衡法

理论依据：借贷记账法的记账规则"有借必有贷，借贷必相等"。

平衡公式：全部账户本期借方发生额合计=全部账户本期贷方发生额合计            (2.5)

②余额平衡法

理论依据：资产=负债+所有者权益

平衡公式：全部账户借方期初余额合计=全部账户贷方期初余额合计            (2.6)

全部账户借方期末余额合计=全部账户贷方期末余额合计            (2.7)

在实际工作中，试算平衡是通过编制试算平衡表来完成的。编制试算平衡表后，若借贷双方发生额或余额相等，表明账户记录基本正确；若不平衡，表示账户记录一定有错误，需要进一步查明原因，予以更正。若借贷平衡了，不能表明记账一定正确，因为有些账户记录错误并不影响借贷双方的平衡关系，如发生重记、漏记、错记或记反借贷的方向、记错了账户、某借方或贷方发生额中偶然发生多记和少记并相互抵销等，试算结果仍然是平衡的。因此，为了保证账户记录的完全正确，除试算平衡外，还应采用其他专门方法对一切会计记录进行日常或定期的复核。试算平衡表的格式见表2-7。

表2-7　　　　　　　　　　　　　　　　试算平衡表

| 账户名称 | 期初余额 | | 本期发生额 | | 期末余额 | |
|---|---|---|---|---|---|---|
| | 借方 | 贷方 | 借方 | 贷方 | 借方 | 贷方 |
| | | | | | | |
| | | | | | | |
| | | | | | | |
| 合计 | | | | | | |

**同步思考 2-3**

### 试算平衡表不是万能的

**背景与情境**：杨丽从某财经大学会计系毕业后被联邦公司聘任为会计员。会计科长想检验一下她的工作能力，就找来公司所有总账账簿，对她说："你先编一下我们公司这个月的试算平衡表。"不到一个小时，杨丽就把一张"总分类账户发生额及余额试算平衡表"完整地编制出来了。

这时会计员李梅说："昨天车间领材料的单据还没记到账上去，这也是这个月的业务啊！"会计员小张也拿着会计凭证凑了过来，对会计科长说："这笔账我核对过了，应当记入'原材料'和'生产成本'的是 10 000 元，而不是9 000 元。已经入账的那部分数字需要改一下。"杨丽不解地问："试算平衡表已经平衡了，怎么还有错账呢？"

**问题**：试算平衡表是万能的吗？

**分析提示**：试算平衡表不是万能的。它虽然有利于及时检查和发现记账过程中的差错，但它不能发现记账过程中的全部错误和遗漏，比如在账户中把记账方向彼此颠倒了或记账方向是正确的但记错了账户，还有像会计员小张发现的把两个账户的金额同时记少了或记多了，这些都不会影响试算表的平衡。

**业务链接 2-4**

### 试算平衡表的编制

接【业务链接2-3】，华光厂12月初总分类账户余额见表2-8。

表2-8　　　　　　　　　　　总分类账户期初余额表　　　　　　　　　　单位：元

| 资产类账户 | 金额 | 负债及所有者权益类账户 | 金额 |
|---|---|---|---|
| 库存现金 | 2 000 | 短期借款 | 148 000 |
| 银行存款 | 118 000 | 应付票据 | 14 000 |
| 应收票据 | 20 000 | 应付账款 | 10 000 |
| 应收账款 | 20 000 | 长期借款 | 100 000 |
| 原材料 | 200 000 | 实收资本 | 700 000 |
| 自制半成品 | 80 000 | 盈余公积 | 20 000 |
| 库存商品 | 100 000 | 未分配利润 | 8 000 |
| 固定资产 | 400 000 | | |
| 无形资产 | 60 000 | | |
| 合计 | 1 000 000 | 合计 | 1 000 000 |

将【业务链接2-3】的会计分录记入下列账户（如图2-10所示）。

| 借方 | 实收资本 | | 贷方 |
|---|---|---|---|
| | 期初余额 | 700 000 | |
| | ①200 000 | | |
| | 本期发生额 | 200 000 | |
| | 期末余额 | 900 000 | |

| 借方 | 银行存款 | | 贷方 |
|---|---|---|---|
| 期初余额 | 118 000 | ④50 000 | |
| ①200 000 | | ⑧80 000 | |
| ⑤1 000 | | ⑨5 000 | |
| ⑥10 000 | | ⑩6 000 | |
| 本期发生额 | 211 000 | 本期发生额 | 141 000 |
| 期末余额 | 188 000 | | |

| 借方 | 原材料 | | 贷方 |
|---|---|---|---|
| 期初余额 | 200 000 | | |
| ⑨45 000 | | ②20 000 | |
| 本期发生额 | 45 000 | 本期发生额 | 20 000 |
| 期末余额 | 225 000 | | |

| 借方 | 生产成本 | | 贷方 |
|---|---|---|---|
| ②20 000 | | | |
| 本期发生额 | 20 000 | | |
| 期末余额 | 20 000 | | |

| 借方 | 自制半成品 | | 贷方 |
|---|---|---|---|
| 期初余额 | 80 000 | | |
| | ③30 000 | | |
| 本期发生额 | 30 000 | | |
| 期末余额 | 50 000 | | |

| 借方 | 库存商品 | | 贷方 |
|---|---|---|---|
| 期初余额 | 100 000 | ③30 000 | |
| 本期发生额 | 30 000 | | |
| 期末余额 | 130 000 | | |

| 借方 | 库存现金 | | 贷方 |
|---|---|---|---|
| 期初余额 | 2 000 | | |
| | ⑤1 000 | | |
| 本期发生额 | 1 000 | | |
| 期末余额 | 1 000 | | |

| 借方 | 短期借款 | | 贷方 |
|---|---|---|---|
| | 期初余额 | 148 000 | |
| ④50 000 | | | |
| 本期发生额 | 50 000 | | |
| | 期末余额 | 98 000 | |

| 借方 | 应收票据 | | 贷方 |
|---|---|---|---|
| 期初余额 | 20 000 | | |
| | ⑥10 000 | | |
| 本期发生额 | 10 000 | | |
| 期末余额 | 10 000 | | |

| 借方 | 应付账款 | | 贷方 |
|---|---|---|---|
| ⑦5 000 | | 期初余额 | 10 000 |
| ⑩6 000 | | ⑨40 000 | |
| 本期发生额 | 11 000 | 本期发生额 | 40 000 |
| | | 期末余额 | 39 000 |

| 借方 | 应付票据 | | 贷方 |
|---|---|---|---|
| | 期初余额 | 14 000 | |
| | ⑦5 000 | | |
| | 本期发生额 | 5 000 | |
| | 期末余额 | 19 000 | |

| 借方 | 固定资产 | | 贷方 |
|---|---|---|---|
| 期初余额 | 400 000 | | |
| ⑧80 000 | | | |
| 本期发生额 | 80 000 | | |
| 期末余额 | 480 000 | | |

图2-10  华光厂各账户

根据上述会计记录编制试算平衡表，见表 2-9。

表 2-9　　　　　　　　　　　　**本期发生额及余额试算平衡表**　　　　　　　　　　单位：元

| 账户名称 | 期初余额 | | 本期发生额 | | 期末余额 | |
|---|---|---|---|---|---|---|
| | 借方 | 贷方 | 借方 | 贷方 | 借方 | 贷方 |
| 库存现金 | 2 000 | | | 1 000 | 1 000 | |
| 银行存款 | 118 000 | | 211 000 | 141 000 | 188 000 | |
| 应收票据 | 20 000 | | | 10 000 | 10 000 | |
| 应收账款 | 20 000 | | | | 20 000 | |
| 原材料 | 200 000 | | 45 000 | 20 000 | 225 000 | |
| 生产成本 | | | 20 000 | | 20 000 | |
| 自制半成品 | 80 000 | | | 30 000 | 50 000 | |
| 库存商品 | 100 000 | | 30 000 | | 130 000 | |
| 固定资产 | 400 000 | | 80 000 | | 480 000 | |
| 无形资产 | 60 000 | | | | 60 000 | |
| 短期借款 | | 148 000 | 50 000 | | | 98 000 |
| 应付票据 | | 14 000 | | 5 000 | | 19 000 |
| 应付账款 | | 10 000 | 11 000 | 40 000 | | 39 000 |
| 长期借款 | | 100 000 | | | | 100 000 |
| 实收资本 | | 700 000 | | 200 000 | | 900 000 |
| 盈余公积 | | 20 000 | | | | 20 000 |
| 未分配利润 | | 8 000 | | | | 8 000 |
| 合计 | 1 000 000 | 1 000 000 | 447 000 | 447 000 | 1 184 000 | 1 184 000 |

### 2.2.3　总分类账户和明细分类账户的平行登记

**1）总分类账户和明细分类账户的关系**

账户按提供会计信息的详细程度不同，可分为总分类账户和明细分类账户。它们之间既相互联系又相互制约。首先，它们的性质相同，反映的经济内容相同，区别在于反映会计信息的详略程度不同。其次，总分类账户对所属明细分类账户起着总括、统驭和控制作用；明细分类账户对其总分类账户起着细分、辅助、补充说明的作用，每个明细分类账户都从属于总分类账户。最后，记入总分类账户的金额，必须与记入其所属的明细分类账户的金额之和相等，这种金额的关系被称为总分类账户与明细分类账户之间的勾稽关系。

### 2）总分类账户和明细分类账户的平行登记

所谓**平行登记**，是指对所发生的每一项经济业务，既要根据会计凭证在有关总分类账户中进行登记，又要在其所辖的明细分类账户进行登记。总分类账户和明细分类账户之间的平行登记法，不仅可以满足经营管理者对总括、详细会计信息的需要，还可以通过它们之间数量上的勾稽关系，检查账户记录的正确性。平行登记的要点如下：

（1）同依据。对于发生的同一笔经济业务，要根据相同的会计凭证在总分类账户和其所辖的明细分类账户中进行登记。

（2）同时期。对于发生的同一笔经济业务，在记入总分类账户的同时，也要在同一会计期间记入所辖的明细分类账户。

（3）同方向。对于发生的同一笔经济业务，记入总分类账户的方向应该与记入所辖明细分类账户的方向保持一致。即总分类账户登记在借方，明细分类账户也应登记在借方；总分类账户登记在贷方，明细分类账户也应登记在贷方。

（4）同金额。对于发生的同一笔经济业务，记入总分类账户的金额，应该与记入其所辖的一个或几个明细分类账户的金额之和相等。

### 业务链接2-5

#### 平行登记法的应用

某企业2021年7月初有关总分类账户和明细分类账户的资料如下："原材料"总分类账户借方余额35 000元，"应付账款"总分类账户贷方余额25 000元。"原材料——A材料"借方余额1 000千克，单价20元/千克，计20 000元；"原材料——B材料"借方余额1 500千克，单价10元/千克，计15 000元；"应付账款——东方厂"贷方余额15 000元，"应付账款——凯越厂"贷方余额10 000元。

7月份该企业发生以下经济业务：①7月1日从甲公司购进A材料500千克，单价20元/千克，B材料200千克，单价10元/千克，货款用银行存款支付，材料验收入库。②7月6日以银行存款归还前欠东方厂材料款5 000元。③7月8日发出材料用于生产产品。其中A材料300千克，单价20元/千克，B材料200千克，单价10元/千克。④7月15日以银行存款归还前欠凯越厂材料款6 000元/千克。⑤7月20日从东方厂购入A材料500千克，单价20元/千克，从凯越厂购入B材料300千克，单价10元/千克，货款尚未支付。

（1）编制上述5笔经济业务的会计分录（不考虑增值税）。

①借：原材料——A材料　　　　　　　　　　　　　　　　10 000
　　　　　　——B材料　　　　　　　　　　　　　　　　 2 000
　　贷：银行存款　　　　　　　　　　　　　　　　　　　　　　　12 000

②借：应付账款——东方厂　　　　　　　　　　　　　　　5 000
　　贷：银行存款　　　　　　　　　　　　　　　　　　　　　　　 5 000

③借：生产成本　　　　　　　　　　　　　　　　　　　　8 000
　　贷：原材料——A材料　　　　　　　　　　　　　　　　　　　　 6 000

贷：原材料——B材料　　　　　　　　　　　　　　　　　　　　　2 000

④借：应付账款——凯越厂　　　　　　　　　　　　　　6 000

贷：银行存款　　　　　　　　　　　　　　　　　　　　　　　6 000

⑤借：原材料——A材料　　　　　　　　　　　　　　　10 000

——B材料　　　　　　　　　　　　　　　　　　　3 000

贷：应付账款——东方厂　　　　　　　　　　　　　　　　　10 000

——凯越厂　　　　　　　　　　　　　　　　　　3 000

（2）根据平行登记的要点登记"原材料""应付账款"总分类账户及其所属的明细分类账户，见表2-10、表2-11、表2-12、表2-13、表2-14和表2-15。

表2-10　　　　　　　　　　　　　　　　**总分类账户**

账户名称：原材料　　　　　　　　　　　　　　　　　　　　　　　　单位：元

| 2021年 | | 凭证 | | 摘要 | 借方 | 贷方 | 借或贷 | 余额 |
|---|---|---|---|---|---|---|---|---|
| 月 | 日 | 字 | 号 | | | | | |
| 7 | 1 | | | 期初余额 | | | 借 | 35 000 |
| | 1 | | ① | 购进 | 12 000 | | 借 | 47 000 |
| | 8 | | ③ | 领用 | | 8 000 | 借 | 39 000 |
| | 20 | | ⑤ | 购进 | 13 000 | | 借 | 52 000 |

表2-11　　　　　　　　　　　　　　　　**原材料明细分类账户**

账户名称：A材料　　　　　　　　　　　　　　　　　　　　　　金额单位：元

| 2021年 | | 凭证 | | 摘要 | 收入 | | | 发出 | | | 结存 | | |
|---|---|---|---|---|---|---|---|---|---|---|---|---|---|
| 月 | 日 | 字 | 号 | | 数量（千克） | 单价 | 金额 | 数量（千克） | 单价 | 金额 | 数量（千克） | 单价 | 金额 |
| 7 | 1 | | | 期初结存 | | | | | | | 1 000 | 20 | 20 000 |
| | 1 | | ① | 购进 | 500 | 20 | 10 000 | | | | 1 500 | 20 | 30 000 |
| | 8 | | ③ | 领用 | | | | 300 | 20 | 6 000 | 1 200 | 20 | 24 000 |
| | 20 | | ⑤ | 购进 | 500 | 20 | 10 000 | | | | 1 700 | 20 | 34 000 |

表2-12　　　　　　　　　　　　　　　　**原材料明细分类账户**

账户名称：B材料　　　　　　　　　　　　　　　　　　　　　　金额单位：元

| 2021年 | | 凭证 | | 摘要 | 收入 | | | 发出 | | | 结存 | | |
|---|---|---|---|---|---|---|---|---|---|---|---|---|---|
| 月 | 日 | 字 | 号 | | 数量（千克） | 单价 | 金额 | 数量（千克） | 单价 | 金额 | 数量（千克） | 单价 | 金额 |
| 7 | 1 | | | 期初结存 | | | | | | | 1 500 | 10 | 15 000 |
| | 1 | | ① | 购进 | 200 | 10 | 2 000 | | | | 1 700 | 10 | 17 000 |
| | 8 | | ③ | 领用 | | | | 200 | 10 | 2 000 | 1 500 | 10 | 15 000 |
| | 20 | | ⑤ | 购进 | 300 | 10 | 3 000 | | | | 1 800 | 10 | 18 000 |

表2-13　　　　　　　　　　　　　**总分类账户**

账户名称：应付账款　　　　　　　　　　　　　　　　　　　　　　　　　单位：元

| 2021年 | | 凭证 | | 摘要 | 借方 | 贷方 | 借或贷 | 余额 |
|---|---|---|---|---|---|---|---|---|
| 月 | 日 | 字 | 号 | | | | | |
| 7 | 1 | | | 期初余额 | | | 贷 | 25 000 |
| | 6 | | ② | 偿还东方厂材料款 | 5 000 | | 贷 | 20 000 |
| | 15 | | ④ | 偿还凯越厂材料款 | 6 000 | | 贷 | 14 000 |
| | 20 | | ⑤ | 购材料款未付 | | 13 000 | 贷 | 27 000 |

表2-14　　　　　　　　　　　　**应付账款明细分类账**

账户名称：东方厂　　　　　　　　　　　　　　　　　　　　　　　　　　单位：元

| 2021年 | | 凭证 | | 摘要 | 借方 | 贷方 | 借或贷 | 余额 |
|---|---|---|---|---|---|---|---|---|
| 月 | 日 | 字 | 号 | | | | | |
| 7 | 1 | | | 期初余额 | | | 贷 | 15 000 |
| | 6 | | ② | 偿还东方厂材料款 | 5 000 | | 贷 | 10 000 |
| | 20 | | ⑤ | 购进材料款未付 | | 10 000 | 贷 | 20 000 |

表2-15　　　　　　　　　　　　**应付账款明细分类账**

账户名称：凯越厂　　　　　　　　　　　　　　　　　　　　　　　　　　单位：元

| 2021年 | | 凭证 | | 摘要 | 借方 | 贷方 | 借或贷 | 余额 |
|---|---|---|---|---|---|---|---|---|
| 月 | 日 | 字 | 号 | | | | | |
| 7 | 1 | | | 期初余额 | | | 贷 | 10 000 |
| | 15 | | ④ | 偿还凯越厂材料款 | 6 000 | | 贷 | 4 000 |
| | 20 | | ⑤ | 购进材料款未付 | | 3 000 | 贷 | 7 000 |

　　从上述平行登记的结果可以看出："原材料"总分类账户与其所属明细分类账户，"应付账款"总分类账户与其所属的明细分类账户登记的依据、时期、方向和金额都是一致的。

### 课程思政 2-2

#### 严谨细致、精益求精工匠精神的养成

　　**背景与情境：**会计专业学生李敏在企业实习期间编制试算平衡表时，不小心出现了以下问题：①用银行存款支付广告费5 600元，误记为6 500元。②购买办公用电脑一台，价值4 800元，误作为库存商品登记入账。③用银行存款支付本月水电费620元，误记为260元。④赊销价值15 000元商品一批，借贷方科目记

错了账户方向。

**问题**：请分析指出李敏的问题所在。上述问题发生后，是否会影响试算平衡表的平衡？李敏的行为给我们什么启示？

**分析提示**：李敏将业务①广告费借贷方科目的金额同时记多了 900 元，将业务②本应记入"固定资产"账户的办公用电脑价值 4 800 元，误记入"库存商品"账户 4 800 元，将业务③水电费借贷方科目的金额同时记少了 360 元，将业务④借贷方科目的方向互相颠倒了。上述错误发生后，虽然不会影响试算平衡表的平衡，但是该企业的记账工作却因她的一个"不小心"发生了错误。因为试算平衡表不是万能的，它不能发现记账过程中的全部错误和遗漏。

李敏所犯错误给我们的启示是，作为一名会计专业的学生，首先应该系统、规范和熟练地掌握借贷记账法、会计分录编制、试算平衡和平行登记法等相关理论、实务知识和操作技能要点及步骤。其次，在学习过程中应通过大量的实训操作，学中做，做中学，理论联系实际，培养和提高自己的动手能力，对经济业务的分析、判断和处理能力，培养对数字的敏感度。最后，要克服注意力不集中、粗心大意等坏习惯，培养自己严谨、细致、执着专注、精益求精、一丝不苟、追求卓越的工匠精神，树立对社会对会计职业的责任感和敬畏感。①按照党的二十大报告要求，争做有理想、有本领、敢担当、能吃苦、肯奋斗的新时代好青年，以实际行动践行"请党放心，强国有我"的承诺②。

学习微平台

随堂测 2-3

**▬ 本章资源导航 ▶**

时政要闻感知——"实施公民道德建设工程"视频：https：//haokan.baidu.com/v?vid=8838583908364080855

时政要闻感知——倡导"三坚三守"推进诚信建设——我国首次制定会计人员职业道德规范：https：//www.gov.cn/zhengce/2023-01/31/content_5739420.htm

典型人物感染——"党的二十大代表、全国劳动模范吴红梅学习习近平金句"视频：https：//3g.k.sohu.com/t/n648302390

典型人物感染——弘扬工匠精神，共筑技能强国梦"全国五一劳动奖章"获得者杨晶励志故事：https：//mp.weixin.qq.com/s?_biz=MzAxMzU4MzAzNA==&mid=2650249596&idx=1&sn=ed05cfa13b9573418d5b7dd4a70006a9&chksm=83a36ea9b4d4e7bf20559327fba812a2595cb0bfd9228b91546f291621d0f4559dd9f0eb16ed&mpshare=1&scene=23&srcid=1020rBSnVq0YOVyQXUYz8Y1P&sharer_shareinfo=2190a7d944b680ca36e68edd3cf13cd1&sharer_shareinfo_first=2190a7d944b680ca36e68edd3cf13cd1#rd

---

① 资源导航：典型人员感染——"党的二十大代表、全国劳动模范吴红梅学习习近平金句"视频。
② 资源导航：典型人员感染——弘扬工匠精神，共筑技能强国梦"全国五一劳动奖章"获得者杨晶励志故事。

# 第3章
# 主要经济业务的核算

## 学习目标

通过本章学习，应该达到以下目标：

**理论目标：** 学习和把握筹集资金的主要经济业务、供应过程主要经济业务、生产过程主要经济业务、销售过程主要经济业务、利润形成及其分配等陈述性知识，能用其指导本章"同步思考""教学互动""随堂测"中的认知活动，正确解答《训练手册》"任务三"中"客观题"和"主观题"的"理论题"各题型问题；体验本章"初级学习"中专业认知的横向正迁移，以及相关胜任力中"认知"要素的阶段性生成。

**实务目标：** 学习和掌握材料采购成本计算、产品生产成本计算、全月一次加权平均法和先进先出法计算产品销售成本、营业利润和利润总额计算和相关"业务链接"等程序性知识，并将"4Cs"融入学习过程中；能以其建构"总论"中的规则意识，正确解析本章《训练手册》"任务三"中"实务题"的相关问题；体验本章专业规则与方法"初级学习"中的横向正迁移，以及相关胜任力中"专业规则"要素的阶段性生成。

**案例目标：** 运用本章所学主要经济业务成本核算理论与实务知识研究相关案例，培养和提高学生在特定业务情境中分析问题与解决问题的能力；结合本章所选取的"勇于斗争、善于斗争"和"坚持准则、敢于斗争"等课程思政案例，引导学生遵守"坚持准则、守责敬业"会计人员职业道德规范，严格执行准则制度，勤勉尽责、忠于职守、敢于斗争，自觉抵制会计造假行为，维护国家财经纪律和经济秩序，促进"立德树人"根本任务的落实；正确表征本章《训练手册》"任务三"中"案例题"的相关情境；体验本章"高级学习"中专业知识、通用知识与思政元素的协同性重组迁移，以及相关胜任力中"认知弹性"要素的阶段性生成。

**实训目标：** 引导学生参加《训练手册》"工作任务三"中"'主要经济业务核算'技术应用"的实践训练，在其了解和把握本实训所及"能力与道德领域"相关技能点的"规范与标准"的基础上，通过各实训任务的完成，系列技能操作的实施，《"'主要经济业务核算'技术应用"实训报告》的准备与撰写等有质量、有效率的活动，培养相关"技术应用"的专业能力，强化其"数字应用"、"解决问题"和"革新创新"等职业核心能力（初级），并通过"顺从级"践行"职业态度"和"职业守则"等行为规范，促进其健全职业人格的塑造；体验本章"实践学习"中"专能""通能""职业道德"元素的协同性"重组-产生"迁移，以及相关胜任力中"求知韧性"和"复合性'技术-技能'"要素的阶段性生成。

## 第3章内容结构

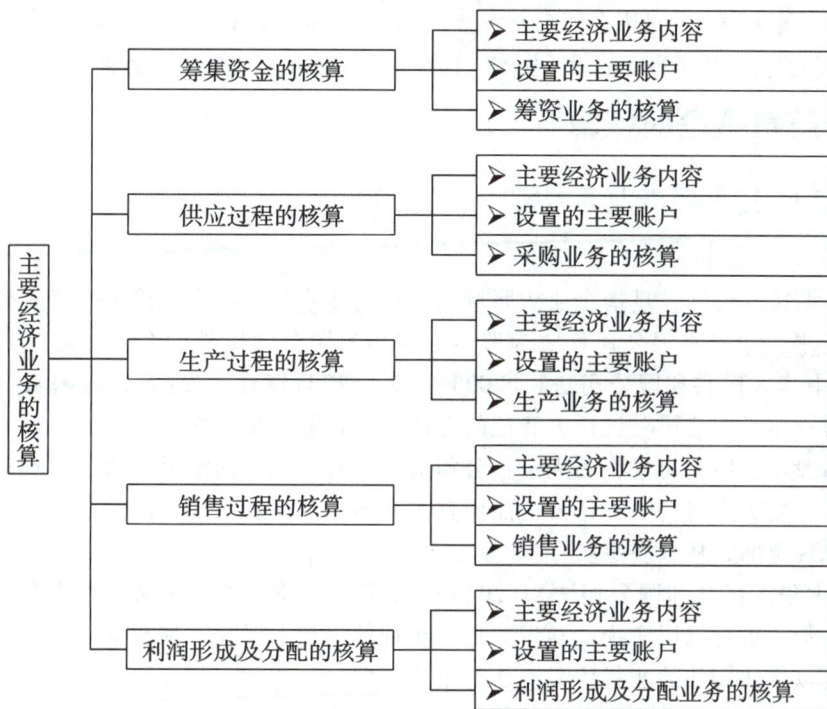

图3-1　第3章思维导图

### 引例　制造业主要经济业务的特点

**背景与情境**：制造业是以产品的生产和销售为主要活动内容的经济组织，经济业务的内容最为完整，归纳起来主要包括筹集资金、供应过程、生产过程、销售过程、利润形成与分配五个方面。企业为了生产经营，首先必须拥有一定数量的经营资金，然后将其筹集的资金投入到供应过程购买原材料、机器设备，为生产产品做好准备，资金的形态由货币资金转化为储备资金。生产过程是制造业经营过程的中心环节，在这个过程中劳动者借助劳动工具对劳动对象进行加工，生产出适销对路的产品。因此，生产过程既是产品的制造过程，又是物化劳动和活劳动的耗费过程，即费用、成本的发生过程，资金的形态由储备资金转化为生产资金再转化为成品资金。产品生产出来后还需要销售出去实现其价值。在销售过程中，企业销售产品，收回货款或形成债权，资金的形态又由成品资金转化为货币资金，回到资金运动的起点，完成一次资金循环。企业在生产经营过程中的收入抵偿支出之后的差额，就形成了企业的利润，如果收不抵支就会发生亏损，则要按照法定的程序进行弥补。企业实现的利润，一部分以税收的形式上缴国家，另一部分剩余的税后利润要按照法定的程序在有关各方之间进行合理分配。通过利润分配，一部分资金以公积金等形式重新进入企业，参与企业的资金循环。

为了全面、连续、系统地反映和监督制造业生产经营过程中资金运动的具体内容，会计人员必须根据经济业务的具体内容和经营管理的要求，相应地设置账户，并运用借贷记账法的原理，对企业发生的经济业务进行相关账务处理。

从引例可见，资金的筹集是企业生产经营活动的首要任务，是整个资金运动的起点。企业筹集资金的渠道有两个方面：一是吸收投资者的投资；二是向债权人借入。投资者的投资形成了企业的投入资本，向债权人借入的资金形成了企业的负债。

## 3.1　筹集资金的核算

### 3.1.1　主要经济业务内容

#### 1）投入资本

学习微平台

视频 3.1.1

　　所谓**投入资本**，是指企业按照章程、合同或协议的约定，接受投资者投入企业的资本。股份有限公司称之为股本，股份有限公司以外的企业称之为实收资本。《中华人民共和国公司法》（2023 年 12 月 29 日修订）[①]规定，有限责任公司的注册资本是在公司登记机关登记的全体股东认缴的出资额。全体股东认缴的出资额由股东按照公司章程的规定自公司成立之日起五年内缴足。法律、行政法规以及国务院决定对有限责任公司注册资本实缴、注册资本最低限额、股东出资期限另有规定的，从其规定。

　　《中华人民共和国公司法》（2023 年 12 月 29 日修订）[②]（规定，股东可以用货币出资，也可以用实物、知识产权、土地使用权、股权、债权等可以用货币估价并可以依法转让的非货币财产作价出资；但是，法律、行政法规规定不得作为出资的财产除外。对作为出资的非货币财产应当评估作价，核实财产，不得高估或者低估作价。法律、行政法规对评估作价有规定的，从其规定。以货币形式投入的资本，按实际收到货币资金的金额入账；以非货币性财产投入的资本，应当依法办理其财产权的转移手续，按投资合同或协议约定的价值入账。投资者的投资在企业注册资本或股本中所占份额的部分计入实收资本或股本，超过份额的部分，作为资本或股本溢价计入资本公积，如溢价发行股票。投资人投入的资本在企业经营期内，除法律、法规另有规定以外，一般不能要求收回。我国《企业法人登记管理条例实施细则》规定，除国家另有规定外，企业的注册资金应当与实收资本相一致，当实收资本比原注册资本增加或减少 20% 时，企业应到原登记的市场监督管理部门申请变更登记。

#### 2）借入资金

　　所谓**借入资金**，是指企业通过向银行或其他金融机构借款、发行债券等方式筹集的资金。企业从银行取得的借款按偿还期的长短，分为短期借款和长期借款。短期借款一般用于企业生产经营临时周转需要，又称流动资金借款，偿还期一般在 1 年以下（含 1 年）。长期借款一般用于特定的项目，如购置大型设备、技术改造等，偿还期一般在 1 年以上。

---

① 资源导航：时政要闻感知——《中华人民共和国公司法》（2023 年 12 月 29 日）第 47 条。
② 资源导航：时政要闻感知——《中华人民共和国公司法》（2023 年 12 月 29 日）第 48 条。

**同步思考3-1**

实收资本与资本公积同属于所有者权益，它们的来源、用途是否相同？为什么？

**理解要点：** 实收资本是企业按照企业章程或合同、协议的约定，接受投资者实际投入企业并依法进行注册的资本。它表明了所有者对企业的基本产权关系。资本公积是企业收到投资者的出资超出其在注册资本中所占份额的部分，以及其他资本公积等。它不直接体现所有者对企业的基本产权关系。实收资本是企业的原始资本，其构成比例决定了所有者对企业应享有的权利和所承担的义务。资本公积是企业的储备资本，它的主要用途是转增资本，①当公积金弥补公司亏损，仍不能弥补的，可以按照规定使用资本公积弥补。它不能反映各所有者的出资比例，也就无法作为所有者享有企业权利和承担相应义务的依据。

### 3.1.2　设置的主要账户

**1）投入资本核算应设置的账户**

为了总括地核算和监督投资者投入资金及其变动情况，企业应当设置以下账户：

（1）"库存现金"账户。①核算内容为企业的库存现金。②性质属于资产类。③账户结构为借方登记库存现金的收入数，贷方登记库存现金的支出数，期末借方余额，反映企业实际持有的库存现金数。

（2）"银行存款"账户。①核算内容为企业存入银行或其他金融机构的款项。②性质属于资产类。③账户结构为借方登记存款的存入数，贷方登记存款的支取数，期末借方余额，反映企业存放在银行的存款实有数。④明细账核算，按开户银行和其他金融机构及存款种类进行。有外币存款的企业，按人民币和各种外币进行明细核算。

（3）"固定资产"账户。①核算内容为企业固定资产的原始价值。②性质属于资产类。③账户结构为借方登记企业固定资产增加的账面原价，贷方登记因出售、报废和毁损而减少的固定资产的账面原价，期末借方余额，反映企业期末固定资产的账面原价。④明细账核算，按固定资产类别进行。

（4）"无形资产"账户。①核算内容为企业为生产商品、提供劳务、出租给他人或为管理目的而持有的、没有实物形态的非货币性长期资产，包括专利权、非专利技术、商标权、著作权和土地使用权等。②性质属于资产类。③账户结构为借方登记企业通过外购等方式取得的无形资产原值，贷方登记对外转让的无形资产原值，期末借方余额，反映企业期末无形资产的原值。④明细账核算，按无形资产类别进行。

（5）"实收资本"或"股本"账户。①核算内容为企业按照投资合同、章程的规定收到投资者或股东投入的资本。②性质属于所有者权益类。③账户结构为贷方登记企业收到的投资者投入符合注册资本的投资额，借方登记按法定程序报经批准减少的注册资本额，期末贷方余额，反映企业实有的资本额。④明细账核算，按投资者进行。

学习微平台

视频3.1.2

---

①　资源导航：时政要闻感知——《中华人民共和国公司法》（2023年12月29日）第214条。

（6）"资本公积"账户。①核算内容为企业资本公积的增减变动及结余情况。②性质属于所有者权益类。③账户结构为贷方登记企业因资本溢价、股本溢价等原因而增加的资本公积数额，借方登记用于按法定程序转增注册资本等原因而减少的资本公积数额，期末贷方余额，反映企业资本公积结余额。④明细账核算，按资本公积形成的类别进行。

### 2) 借入资金核算应设置的账户

为了总括地核算和监督借入资金及其变动情况，企业应当设置以下账户：

（1）"短期借款"账户。①核算内容为企业向银行或其他金融机构等借入的偿还期在1年以下（含1年）的各种借款的发生、偿还等情况。②性质属于负债类。③账户结构为贷方登记取得短期借款本金的数额，借方登记偿还短期借款本金的数额，期末贷方余额，反映企业尚未偿还的短期借款的本金。④明细账核算，按借款种类、贷款人和币种进行。

（2）"长期借款"账户。①核算内容为企业向银行或其他金融机构借入的期限在1年以上（不含1年）的各项借款的借入、归还等情况。②性质属于负债类。③账户结构为贷方登记长期借款本息的增加额，借方登记长期借款本息的减少额，期末贷方余额，反映企业尚未偿还的长期借款。④明细账核算，按贷款单位和贷款种类区分"本金""利息调整"进行。

（3）"应付债券"账户。①核算内容为企业为筹集长期资金而发行债券以及计提利息、还本付息等情况。②性质属于负债类。③账户结构为贷方登记应付债券的本金和利息，借方登记实际偿还的债券本金和利息，期末贷方余额，反映企业尚未偿还的长期债券。④明细账核算，按"面值""利息调整""应计利息"等进行。

（4）"应付利息"账户。①核算内容为企业按照合同约定应支付利息的发生、支付情况，包括预提短期借款利息、分期付息到期还本的长期借款、企业债券等应支付的利息。②性质属于负债类。③账户结构为贷方登记按照合同约定计算的应付利息，借方登记实际支付的利息，期末贷方余额，反映企业应付未付的利息。④明细账核算，按债权人进行。

（5）"财务费用"账户。①核算内容为企业为筹集生产经营所需资金而发生的费用，如利息支出（减利息收入）、手续费、汇兑损益等。②性质属于损益类。③账户结构为借方登记企业发生的各项财务费用，贷方登记期末转入"本年利润"科目的财务费用，期末一般无余额。④明细账核算，按费用项目进行。

### 同步案例3-1

#### "实收资本"账户的运用

**背景与情境：** 甲、乙两名大学生毕业后由家长出资自主创业，各出资100万元开了一家特色农庄。两年后农庄为扩大规模增资到300万元，同学丙愿意出资120万元加入农庄，享有1/3的股份。

**问题：** 丙同学为什么愿意出资120万元享有与甲、乙同学同等的权利？丙同学的投资应全部记入"实收资本"账户吗？

分析提示：因为农庄经营的初期会面临生产经营、开辟市场等多种风险，步入正常运营后，投资利润率往往要高于创业初期。所以新投资者往往要付出更大的代价才能取得与原投资者相同的投资比例。丙同学的投资不能全部记入"实收资本"账户。"实收资本"账户反映投资者按其出资比例计算的应享有的注册资本份额，超过份额的部分记入"资本公积"账户。丙同学投资的 120 万元中，100 万元应记入"实收资本"账户，20 万元应记入"资本公积"账户。

### 3.1.3　筹资业务的核算

业务链接3-1

#### 筹集资金的核算

华丰公司为增值税一般纳税人，2022 年 12 月发生以下筹资业务：①收到 A 公司投入设备一台，合同约定价值为 500 000 元，专有技术一项，价值为 300 000 元。②接受 B 公司投资 1 500 000 元存入银行，B 公司按出资比例应享有的注册资本为 1 000 000 元。③取得 6 个月期限的生产周转借款 400 000 元，年利率为 6%，银行通知款项已划入公司银行存款账户。④取得 3 年期、年利率为 9%、到期一次还本付息的设备借款 1 000 000 元。⑤公司对上述生产周转借款按月计提利息费用 2 000 元。⑥公司按面值发行 5 年期、票面利率为 8%、到期一次还本付息的债券 2 000 000 元，款项已存入银行。

以上各笔业务的会计分录如下：

①借：固定资产——设备　　　　　　　　　　　　　500 000
　　　无形资产——专有技术　　　　　　　　　　　300 000
　　　　贷：实收资本——A 公司　　　　　　　　　　　　　　800 000

②借：银行存款　　　　　　　　　　　　　　　　1 500 000
　　　　贷：实收资本——B 公司　　　　　　　　　　　　　1 000 000
　　　　　　资本公积——资本溢价　　　　　　　　　　　　　500 000

③借：银行存款　　　　　　　　　　　　　　　　　400 000
　　　　贷：短期借款　　　　　　　　　　　　　　　　　　400 000

④借：银行存款　　　　　　　　　　　　　　　　1 000 000
　　　　贷：长期借款　　　　　　　　　　　　　　　　　1 000 000

⑤借：财务费用　　　　　　　　　　　　　　　　　　2 000
　　　　贷：应付利息　　　　　　　　　　　　　　　　　　　2 000

⑥借：银行存款　　　　　　　　　　　　　　　　2 000 000
　　　　贷：应付债券　　　　　　　　　　　　　　　　　2 000 000

根据【业务链接 3-1】6 笔经济业务的会计分录登记入账（如图 3-2 所示）。

| 借方 | 实收资本 | 贷方 | | 借方 | 固定资产 | 贷方 |
|---|---|---|---|---|---|---|
| | | ①800 000 | | ①500 000 | | |
| | | ②1 000 000 | | | | |

| 借方 | 资本公积 | 贷方 | 借方 | 无形资产 | 贷方 |
|---|---|---|---|---|---|
| | | ②500 000 | ①300 000 | | |

| 借方 | 短期借款 | 贷方 | 借方 | 银行存款 | 贷方 |
|---|---|---|---|---|---|
| | | ③400 000 | | ②1 500 000 | |
| | | | | ③400 000 | |
| | | | | ④1 000 000 | |
| | | | | ⑥2 000 000 | |

| 借方 | 长期借款 | 贷方 | 借方 | 财务费用 | 贷方 |
|---|---|---|---|---|---|
| | | ④1 000 000 | ⑤2 000 | | |

| 借方 | 应付利息 | 贷方 | 借方 | 应付债券 | 贷方 |
|---|---|---|---|---|---|
| | | ⑤2 000 | | | ⑥2 000 000 |

图3-2　华丰公司各账户

## 3.2　供应过程的核算

### 3.2.1　主要经济业务内容

#### 1）供应过程的定义

供应过程是企业的生产准备阶段，企业用货币资金购买各种材料物资，保证生产的进行。这一阶段发生的主要经济业务是采购材料、办理材料的验收入库手续，与供应单位之间办理货款的结算，支付采购费用，正确计算材料采购成本等。

#### 2）材料实际采购成本构成

学习微平台

视频3.2.1

《企业会计准则第1号——存货》第6条规定，存货的采购成本包括购买价款、相关税费、运输费、装卸费、保险费以及其他可归属于存货采购成本的费用。

$$\text{材料实际采购成本} = 买价 + \text{采购费用（采购过程中运输费、装卸费、保险费、包装费等，运输途中合理损耗，入库前整理挑选费等）} + \text{相关税费} \qquad (3.1)$$

计算材料采购成本时，单独采购某种材料发生的采购费用，直接计入该材料的采购成本；采购几种材料共同发生的采购费用，应采用适当的分配标准（重量、体积、买价）分配后再计入各种材料的采购成本。

$$采购费用分配率 = 采购费用总额 \div 各种材料的重量（体积、买价等）之和 \qquad (3.2)$$

$$某种材料应负担的采购费用 = 该材料的重量（体积、买价等）\times 采购费用分配率 \qquad (3.3)$$

**同步案例3-2**

#### 材料实际采购成本的计算

**背景与情境**：某企业购入主要材料100吨，单价2 000元/吨，购入辅助材料50吨，单价1 000元/吨，两种材料共支付运输装卸费3 000元。

**问题**：两种材料的实际采购成本分别是多少（运输装卸费按重量比例分配）？

**分析提示**：材料实际采购成本=买价+采购费用+相关税费（这里暂不考虑税费）。两种材料共支付运输装卸费3 000元，应按其重量比例分配后再计入各自的采购成本。第一步，计算运输装卸费分配率=运输装卸费用总额÷两种材料的重量之和=3 000÷（100+50）=20（元/吨）。第二步，计算两种材料应分别负担的运输装卸费，主要材料应负担的运输装卸费=100×20=2 000（元），辅助材料应负担的运输装卸费=3 000-2 000=1 000（元）。第三步，计算主要材料实际采购成本=200 000+2 000=202 000（元），辅助材料实际采购成本=50 000+1 000=51 000（元）。

### 3.2.2　设置的主要账户

#### 1）材料物资类账户

（1）"在途物资"账户。①核算内容为企业采用实际成本进行材料、商品等物资日常核算，价款已付尚未验收入库的各种物资的采购成本。②性质属于资产类。③账户结构为借方登记企业购入在途物资的实际成本，贷方登记入库在途物资的实际成本，期末借方余额，表示尚未验收入库在途物资的实际成本。④明细账核算，按供应单位和物资品种进行。

（2）"原材料"账户。①核算内容为企业库存的各种材料，包括原料及主要材料、辅助材料、外购半成品、修理用备件、包装材料和燃料等的增减变动及结存情况。②性质属于资产类。③账户结构为借方登记入库材料的成本，贷方登记出库材料的成本，期末借方余额，表示库存材料的成本。④明细账核算，按材料的种类或规格进行。

#### 2）结算类账户

（1）"应付账款"账户。①核算内容为企业因购买材料、商品和接受劳务等经营活动而应付给供应单位的款项。②性质属于负债类。③账户结构为贷方登记应付而未付的款项，借方登记偿还的款项，期末贷方余额，表示尚未偿还的款项。④明细账核算，按债权人进行。

（2）"应付票据"账户。①核算内容为企业购买材料、商品和接受劳务等开出、承兑的商业汇票。商业汇票按照承兑人的不同分为商业承兑汇票和银行承兑汇票。我国商业汇票最长不超过6个月。②性质属于负债类。③账户结构为贷方登记开出、承兑商业汇票的面值，借方登记到期承付或无力支付转出商业汇票的金额，期末贷方余额，表示尚未到期的商业汇票的票面金额。④明细账核算，按供应单位进行。

（3）"预付账款"账户。①核算内容为企业因购买材料、商品或接受劳务按购货合同规定预付的款项。②性质属于资产类。③账户结构为借方登记预付及补付的款项，贷方登记收到所购物资时根据有关发票账单记入"原材料"等科目的金额及收回多付款项的金额，期末借方余额，表示实际预付的款项，期末贷方余额表示应付或应补付的款项。④明细账核算，按供应单位进行。对于预付款项业务不多的企业，可以不设本账户，而将预付的款项用"应付账款"账户反映。

**同步思考3-2**

企业的预付款项意味着资金的流出，而"预付账款"账户性质却属于资产类。为什么？

**理解要点**：资产是过去的交易或事项形成的、由企业拥有或者控制的、预期会给企业带来经济利益的资源。预付账款是企业因购买材料、商品或接受劳务按购货合同规定预付给供应单位的款项。首先，企业根据合同预先支付给对方的款项，属于过去的交易；其次，预付账款是一种交易行为的约定，资金虽然流出企业，但其所有权仍属于企业；最后，企业享有要求对方在将来提供商品或者劳务的权利，意味着经济利益很可能流入，符合资产的定义。所以"预付账款"账户性质属于资产类。

（4）"应交税费"账户。①核算内容为反映各种税费的应交、缴纳等情况。②性质属于负债类。③账户结构为贷方登记应缴纳的各种税费，借方登记实际缴纳的税费，期末贷方余额，表示企业尚未缴纳的税费，期末借方余额表示企业多交或尚未抵扣的税费。④明细账核算，按应交税费项目进行。其中增值税一般纳税人应当在"应交税费"账户下设置"应交增值税"、"未交增值税"、"预交增值税"、"待抵扣进项税额"、"待认证进项税额"、"待转销项税额"、"增值税留抵税额"、"简易计税"、"转让金融商品应交增值税"和"代扣代交增值税"等明细账户，并在"应交增值税"明细账户下设置"进项税额"、"销项税额抵减"、"已交税金"、"转出未交增值税"、"减免税款"、"出口抵减内销产品应纳税额"、"销项税额"、"出口退税"、"进项税额转出"和"转出多交增值税"等专栏。其中借方"进项税额"专栏，反映一般纳税人购进货物、加工修理修配劳务、服务、无形资产或不动产而支付或负担的、准予从当期销项税额中抵扣的增值税额。贷方"销项税额"专栏，反映一般纳税人销售货物、加工修理修配劳务、服务、无形资产或不动应收取的增值税税额。

计算增值税的方法分为一般计税方法和简易计税方法。一般计税方法下，企业当期应纳增值税额=当期销项税额-当期进项税额。简易计税方法下，企业当期应纳增值税额=不含税销售额×征收率，采用简易计税方式的增值税征收率为3%，国家另有规定的除外。增值税一般纳税人计算增值税大多采用一般计税方法，小规模纳税人一般采用简易计税方法，一般纳税人发生财政部和国家税务总局规定的特定应税销售行为，也可以选择简易计税方式计税，但是不得抵扣进项税额。

### 3.2.3  采购业务的核算

**业务链接3-2**

#### 采购业务的核算

2022年12月华丰公司发生以下采购业务：①购入甲材料100吨，单价2 000

元/千克，运费2 000元，价税款用银行存款支付，材料已入库。②购入乙材料25 000千克，单价5元/千克，材料未收，款项尚未支付。③购入甲材料60吨，货款120 000元，丙材料40吨，货款50 000元，甲、丙材料装卸费共计2 500元，材料已入库，款项开出商业汇票支付（装卸费按重量比例分配）。④办理乙材料验收入库手续，偿还所购乙材料欠款。⑤通过银行预付丁材料款150 000元。⑥所购丁材料验收入库，价税合计339 000元，用银行存款补付尾款（根据《关于深化增值税改革有关政策的公告》（财政部 税务总局 海关总署公告2019年第39号）商品和运输服务增值税税率分别为13%和9%）。

① 借：原材料——甲材料      202 000
　　　应交税费——应交增值税（进项税额）    26 180
　　　　贷：银行存款      228 180
② 借：在途物资——乙材料      125 000
　借：应交税费——应交增值税（进项税额）    16 250
　　　　贷：应付账款      141 250
③ 借：原材料——甲材料      121 500
　　　　　　——丙材料      51 000
　　　应交税费——应交增值税（进项税额）    22 100
　　　　贷：应付票据      194 600
④ 借：原材料——乙材料      125 000
　　　　贷：在途物资——乙材料      125 000
　借：应付账款      141 250
　　　　贷：银行存款      141 250
⑤ 借：预付账款      150 000
　　　　贷：银行存款      150 000
⑥ 借：原材料——丁材料      300 000
　　　应交税费——应交增值税（进项税额）    39 000
　　　　贷：预付账款      339 000
　借：预付账款      189 000
　　　　贷：银行存款      189 000

根据【业务链接3-2】6笔经济业务的会计分录登记入账（如图3-3所示）。

学习微平台

随堂测3-1

| 借方 | 原材料 | 贷方 | 借方 | 应交税费 | 贷方 |
|---|---|---|---|---|---|
| ①202 000 | | | ①26 180 | | |
| ③172 500 | | | ②16 250 | | |
| ④125 000 | | | ③22 100 | | |
| ⑥300 000 | | | ⑥39 000 | | |

| 借方 | 银行存款 | 贷方 |
|---|---|---|
| | | ①228 180 |
| | | ④141 250 |
| | | ⑤150 000 |
| | | ⑥189 000 |

| 借方 | 应付账款 | 贷方 |
|---|---|---|
| ④141 250 | | ②141 250 |

| 借方 | 在途物资 | 贷方 |
|---|---|---|
| ②125 000 | | ④125 000 |

| 借方 | 应付票据 | 贷方 |
|---|---|---|
| | | ③194 600 |

| 借方 | 预付账款 | 贷方 |
|---|---|---|
| ⑤150 000 | | ⑥ 339 000 |
| ⑥189 000 | | |

图3-3　华丰公司各账户

## 3.3　生产过程的核算

### 3.3.1　主要经济业务内容

#### 1）生产过程的定义

视频 3.3.1

生产过程是劳动者利用劳动资料对劳动对象进行加工形成劳动产品的过程，是企业生产经营的中心环节。生产过程既是产品的制造过程，又是物化劳动和活劳动的消耗过程。所谓生产费用，是指生产过程中发生的各项耗费，主要包括各种材料费用、人工费用、动力费用、固定资产折旧费以及其他各项费用。这些生产费用，有的是直接生产产品发生的，有的是间接为生产产品发生的。它们按照一定的程序和方法进行归集、分配，就形成了产品的生产成本。所谓产品生产成本，是指为生产一定种类、数量的产品所发生的材料费用、职工薪酬等，以及不能直接计入而按一定标准分配计入的各项间接费用，是对象化的费用。生产过程发生的主要经济业务是归集和分配生产费用，计算产品生产成本。

#### 2）产品生产成本构成

产品生产成本=直接费用（直接材料、直接人工、其他直接费用）+间接费用（制造费用）　　　（3.4）

直接为产品生产而发生的各项费用，直接计入产品成本。生产车间为组织和管理产品生产而发生的间接费用，月末归集、分配后再计入产品成本。企业行政管理部门为组织和管理生产经营活动而发生的管理费用属于期间费用，不计入产品成本，月末直接计入当期损益。

**同步思考3-3**

生产费用和产品生产成本是不是同一概念？为什么？

**理解要点**：生产费用和产品生产成本不是同一概念。生产费用是指生产过程中发生的总支出，包括直接材料、直接人工、其他直接费用和制造费用。产品生产成本是指归属到产品上的生产费用。生产费用是成本计算的基础，即先将生产费用分配到产品上，才形成产品生产成本，成本是对象化的费用。二者虽然性质相同，但生产费用按会计期间归集，产品生产成本按产品对象归集。一定期间的生产费用不一定等于该期间的产品生产成本。

### 3.3.2　设置的主要账户

**1）归集生产费用的账户**

（1）"生产成本"账户。①核算内容为企业生产产品发生的各项生产费用。②性质属于成本类。③账户结构为借方登记生产产品发生的直接材料、直接人工等各项直接费用和分配转入的制造费用，贷方登记完工转出的产品成本，期末借方余额，表示尚未加工完成的各项在产品成本。④明细账核算，按产品品种或批次进行。

（2）"制造费用"账户。①核算内容为企业生产车间为组织、管理生产发生的各项间接费用，包括车间管理人员的薪酬、车间机物料消耗、车间固定资产折旧费、车间办公费、水电费和季节性停工损失等。②性质属于成本类。③账户结构为借方登记发生的制造费用，贷方登记月末分配转入生产成本的制造费用，期末一般无余额。④明细账核算，按车间、部门和费用项目进行。

**2）核算人工成本的账户**

"应付职工薪酬"账户。①核算内容为企业应付给职工的各种薪酬，包括工资、奖金、津贴和补贴、福利费、社会保险、住房公积金等货币性薪酬和非货币性薪酬。②性质属于负债类。③账户结构为贷方登记已分配计入有关成本费用项目的职工薪酬数额，借方登记实际发放职工薪酬的数额，期末贷方余额，表示企业应付未付的职工薪酬。④明细账核算，按工资、职工福利费、非货币性福利、社会保险费、住房公积金、工会经费和职工教育经费等进行。

**3）资产账户**

（1）"固定资产"账户。①核算内容为企业持有的固定资产的原价。②性质属于资产类。③账户结构为借方登记增加的固定资产的原价，贷方登记减少的固定资产的原价，期末借方余额，表示企业期末固定资产的账面原价。④明细账核算，按固定资产类别、使用部门和每项固定资产进行。

（2）"在建工程"账户。①核算内容为企业基建、更新改造等在建工程发生的支出。②性质属于资产类。③账户结构为借方登记企业各项在建工程的实际支出，贷方登记完工工程转出的成本，期末借方余额，表示企业期末尚未达到预定可使用状态的在建工程的成本。④明细账核算，按建筑工程、安装工程等进行。

（3）"累计折旧"账户。①核算内容为企业固定资产在使用过程中的损耗价值，包括有形损耗和无形损耗，属于"固定资产"的调整账户。②性质属于资产类。③账户结构同于负债类账户，贷方登记企业计提的固定资产折旧，借方登记处置固定资产转出的累计折旧，期末贷方余额，表示固定资产的累计折旧额，该账户不进行明细分类核算。《企业会计准则第 4 号——固定资产》第 17 条规定，企业可选用的固定资产折旧方法有年限平均法、工作量法、双倍余额递减法和年数总和法。

（4）"库存商品"账户。①核算内容为企业库存商品的增减变动及其结存情况。②性质属于资产类。③账户结构为借方登记完工验收入库的库存商品成本，贷方登记出库的库存商品成本，期末借方余额，表示现有库存商品的实际成本。④明细账核算，按库存商品的种类、品种和规格进行。

#### 4）核算管理费用的账户

"管理费用"账户。①核算内容为企业为组织和管理生产经营所发生的管理费用，包括企业筹建期间的开办费、董事会和行政管理部门在企业经营管理中发生的以及应由企业统一负担的公司经费（包括行政管理部门职工工资及福利费、物料消耗、低值易耗品摊销、办公费和差旅费等）、行政管理部门的工会经费、职工教育经费、董事会费、聘请中介机构费、咨询费、诉讼费、业务招待费、技术转让费、研究与开发费用、排污费，以及企业生产车间、行政管理部门发生的固定资产日常修理费等后续支出等。②性质属于损益类。③账户结构为借方登记发生的各项管理费用，贷方登记期末转入"本年利润"账户的管理费用，期末一般无余额。④明细账核算，按费用项目进行。

### 3.3.3　生产业务的核算

#### 1）材料费用的核算

直接生产产品耗费的材料记入"生产成本"账户；车间一般耗用的材料记入"制造费用"账户；企业管理部门领用材料记入"管理费用"账户；在建工程领用的材料记入"在建工程"账户。

学习微平台

视频 3.3.3-1

**业务链接3-3**

#### 材料费用的核算

①2022年12月华丰公司仓库发出甲材料的具体情况如下：A产品耗用120 000元，B产品耗用80 000元，车间一般耗用5 000元，行政管理部门领用1 000元。仓库发出乙材料的具体情况如下：A产品耗用30 000元，B产品耗用10 000元，车间一般耗用1 000元，行政管理部门领用500元。

| | |
|---|---|
| 借：生产成本——A产品 | 150 000 |
| 　　　　——B产品 | 90 000 |
| 　　制造费用 | 6 000 |
| 　　管理费用 | 1 500 |
| 　贷：原材料——甲材料 | 206 000 |
| 　　　　　——乙材料 | 41 500 |

#### 2）职工薪酬的核算

对于职工工资、奖金、津贴、补贴和职工福利费等货币性薪酬，企业应当在职工为其提供服务的会计期间，根据职工提供服务的受益对象计入相关资产成本或当期损益，同时确认应付职工薪酬。生产一线工人的薪酬直接记入"生产成本"账户；车间管理人员的薪酬记入"制造费用"账户；行政管理部门、福利部门人员的薪酬记入"管理费用"账户；销售机构人员薪酬记入"销售费用"账户；在建工程人员的薪酬记入"在建工程"账户。

**业务链接3-4**

### 职工薪酬的核算

②2022年12月华丰公司应付工资总额82 000元，其中生产工人工资60 000元（A产品40 000元，B产品20 000元），车间管理人员工资12 000元，行政管理部门人员工资10 000元，代扣房租1 000元，代垫职工医药费2 000元，实际转入职工工资存折79 000元。

| | | |
|---|---|---|
| 借：生产成本——A产品 | 40 000 | |
| 　　　　　——B产品 | 20 000 | |
| 借：制造费用 | 12 000 | |
| 　　管理费用 | 10 000 | |
| 　　贷：应付职工薪酬——工资 | | 82 000 |
| 借：应付职工薪酬——工资 | 82 000 | |
| 　　贷：其他应收款——房租 | | 1 000 |
| 　　　　　　——医药费 | | 2 000 |
| 　　　　银行存款 | | 79 000 |

### 3）固定资产折旧和修理费的核算

生产车间使用的固定资产计提折旧费记入"制造费用"账户；行政管理部门使用的固定资产计提折旧费记入"管理费用"账户；销售部门使用的固定资产计提折旧费记入"销售费用"账户；出租固定资产计提折旧费记入"其他业务成本"账户；生产车间、行政管理部门发生的固定资产日常修理费记入"管理费用"账户。

学习微平台

视频 3.3.3-2

**业务链接3-5**

### 固定资产折旧和修理费的核算

③2022年12月华丰公司计提本月固定资产折旧，其中车间固定资产折旧为15 000元，行政管理部门固定资产折旧为5 000元。用现金支付本月车间固定资产日常维修费1 000元。

| | | |
|---|---|---|
| 借：制造费用 | 15 000 | |
| 　　管理费用 | 6 000 | |
| 　　贷：累计折旧 | | 20 000 |
| 　　　　库存现金 | | 1 000 |

### 4）其他费用的核算

**业务链接3-6**

学习微平台

视频3.3.3-3

#### 办公费和差旅费的核算

④2022年12月华丰公司用现金购买办公用品1 600元，其中车间用600元，行政管理部门用1 000元。用现金支票预支采购员差旅费1 200元，采购员出差回来实际报销1 000元。

借：制造费用　　　　　　　　　　　　　600
　　管理费用　　　　　　　　　　　　　1 000
　　　贷：库存现金　　　　　　　　　　　　　　1 600
借：其他应收款　　　　　　　　　　　　1 200
　　　贷：银行存款　　　　　　　　　　　　　　1 200
借：管理费用　　　　　　　　　　　　　1 000
　　库存现金　　　　　　　　　　　　　　200
　　　贷：其他应收款　　　　　　　　　　　　　1 200

### 5）结转制造费用

生产某种产品发生的制造费用，直接计入该产品成本；生产几种产品共同发生的制造费用，需按一定的方法（生产工人工时比例、生产工人工资比例和机器工时比例等）分配后计入各产品成本。

制造费用分配率=制造费用总额÷各产品工时之和（工资之和）

某种产品应负担的制造费用=该产品生产工时（工人工资）×制造费用分配率　　　（3.5）

**业务链接3-7**

#### 制造费用的归集和分配

⑤华丰公司结转本月发生制造费用，并按A、B产品生产工人工资的比例进行分配。

归集制造费用总额=材料费+人工费+折旧费+办公费

　　　　　　　　=6 000+12 000+15 000+600=33 600（元）

制造费用分配率=制造费用总额÷A、B产品生产工人工资之和

　　　　　　　=33 600÷（40 000+20 000）=0.56

A产品应负担的制造费用=A产品生产工人工资×制造费用分配率

　　　　　　　　　　=40 000×0.56=22 400（元）

B产品应负担的制造费用=B产品生产工人工资×制造费用分配率

　　　　　　　　　　=20 000×0.56=11 200（元）

借：生产成本——A产品　　　　　　　　22 400
　　　　　　——B产品　　　　　　　　11 200
　　　贷：制造费用　　　　　　　　　　　　　33 600

### 6）结转完工产品成本

将"生产成本"账户借方归集的生产费用，按产品的完工情况采用一定的方法在完工产品和在产品之间进行分配，计算完工产品的成本和月末在产品的成本。

月初在产品成本+本月生产费用=完工产品成本+月末在产品成本　　　　(3.6)

**同步案例3-3**

#### 产品生产成本的计算

**背景与情境**：某企业生产Ⅰ号、Ⅱ号两种产品。Ⅰ号产品期初在产品成本10 000元，本月发生材料费用35 000元，生产工人工资5 000元，月末在产品成本12 000元，Ⅰ号产品本月完工300件。Ⅱ号产品200件本月全部完工，本月发生材料费用31 200元，生产工人工资4 000元。两种产品共发生制造费用4 500元。（制造费用按生产工人工资比例分配）

**问题**：两种产品完工总成本和单位成本分别是多少？

**分析提示**：第一步，计算制造费用分配率=制造费用总额÷Ⅰ号、Ⅱ号产品工资之和=4 500÷（5 000+4 000）=0.5。第二步，计算Ⅰ号产品应负担的制造费用=5 000×0.5=2 500（元），Ⅱ号产品应负担的制造费用=4 500-2 500=2 000（元）。第三步，根据"月初在产品成本+本月生产费用=完工产品成本+月末在产品成本"公式，计算Ⅰ号产品完工总成本=10 000+35 000+5 000+2 500-12 000=40 500（元），单位成本=40 500÷300=135（元/件）。Ⅱ号产品完工总成本=31 200+4 000+2 000=37 200（元），单位成本=37 200÷200=186（元/件）。

**业务链接3-8**

#### 计算并结转完工产品成本

⑥华丰公司本月生产的A产品200台全部完工，B产品100台全部完工，结转完工产品的成本（假设期初没有在产品）。

A产品生产成本=直接材料+直接人工+该产品应负担的制造费用
　　　　　　=150 000+40 000+22 400
　　　　　　=212 400（元）

B产品生产成本=直接材料+直接人工+该产品应负担的制造费用
　　　　　　=90 000+20 000+11 200
　　　　　　=121 200（元）

借：库存商品——A产品　　　　　　　　　　　212 400
　　　　　　——B产品　　　　　　　　　　　121 200
　　贷：生产成本——A产品　　　　　　　　　　　212 400
　　　　　　　　——B产品　　　　　　　　　　　121 200

根据【业务链接3-3】至【业务链接3-8】6笔经济业务的会计分录登记入账（如图3-4所示）。

学习微平台

随堂测3-2

| 借方 | 生产成本 | 贷方 | | 借方 | 制造费用 | 贷方 |
|---|---|---|---|---|---|---|
| ①240 000 | | ⑥333 600 | | ①6 000 | | ⑤33 600 |
| ②60 000 | | | | ②12 000 | | |
| ⑤33 600 | | | | ③15 000 | | |
| | | | | ④600 | | |

| 借方 | 管理费用 | 贷方 | | 借方 | 原材料 | 贷方 |
|---|---|---|---|---|---|---|
| ①1 500 | | | | | | ①247 500 |
| ②10 000 | | | | | | |
| ③6 000 | | | | | | |
| ④2 000 | | | | | | |

| 借方 | 应付职工薪酬 | 贷方 | | 借方 | 其他应收款 | 贷方 |
|---|---|---|---|---|---|---|
| ②82 000 | | ②82 000 | | | | ②3 000 |
| | | | | ④1 200 | | ④1 200 |

| 借方 | 银行存款 | 贷方 | | 借方 | 累计折旧 | 贷方 |
|---|---|---|---|---|---|---|
| | | ②79 000 | | | | ③20 000 |
| | | ④1 200 | | | | |

| 借方 | 库存现金 | 贷方 | | 借方 | 库存商品 | 贷方 |
|---|---|---|---|---|---|---|
| ④200 | | ③1 000 | | ⑥333 600 | | |
| | | ④1 600 | | | | |

图3-4　华丰公司各账户

### 教学互动 3-1

**主题**：产品生产成本，由为生产一定种类、数量的产品所发生的材料、人工、费用构成，是对象化的费用。产品生产成本=直接费用（直接材料、直接人工、其他直接费用）+间接费用（制造费用）。

**问题**：根据产品生产成本的构成项目，对下列资料进行分析判断，完成编制生产过程主要经济业务的会计分录和登记A、B产品生产成本明细账的教学任务。

**资料**：宏达厂生产A、B两种产品，2019年8月发生以下经济业务：

①各部门领料情况：A产品耗用甲材料32 000元，乙材料28 000元；B产品耗用甲材料42 000元，乙材料36 000元；车间一般耗用乙材料5 000元；行政管理部门耗用乙材料3 000元。

②用现金支付车间办公费400元，行政管理部门办公费600元。

③月末分配本月工资，其中生产工人工资30 000元，车间管理人员工资8 000元，行政管理人员工资12 000元（生产工人工资按工时比例分配，其中A产品6 000小时，B产品4 000小时）。

④月末计提固定资产折旧，其中车间计提固定资产折旧16 000元，行政管理部门计提固定资产折旧10 000元。

⑤月末按工时比例分配本月制造费用。

⑥月末本月A、B产品全部完工，结转完工产品成本（A产品月初在产品成本158 000元，其中材料费80 000元，生产工人工资58 000元，制造费用20 000

元。B 产品为本月投产)。

　　**要求**：同"教学互动 1-1"的"要求"。

### 课程思政 3-1

勇于斗争、善于斗争

　　**背景与情境**：某公司营销部张经理对该公司财务总监说："备用金保管人不让我预支差旅费，我的借款申请书是获总经理批准的。"财务总监看了看她的借款申请书，发现预支金额已经超过公司有关备用金操作规定及实施程序的限额，于是决定坚持公司的有关规定。营销部张经理气冲冲地跑到总经理办公室去了……

　　(资料来源　佚名．变通与捍卫〔EB/OL〕．(2009-09-03)．http：//www.yuloo.com/news/0909/298675.shtml.原文经过修改)

　　**问题**：该公司财务总监处理这件事的做法是否正确？如果总经理追究责任，财务总监该如何作答？财务总监的做法体现了党的二十大报告提出的什么精神？[①]符合《会计人员职业道德规范》的哪一条要求？

　　**分析提示**：该公司财务总监处理这件事的做法是正确的。如果总经理追究责任，他应该非常有技巧地回答："总经理您好，公司备用金管理制度是经公司董事会审议通过在全公司执行的，这张预支申请表虽经您批准，但已超过备用金规定的限额，如果我照付，就是违反了公司的规定！"

　　作为一名称职的财务总监，他的做法体现了党的二十大报告中提出的"斗争精神"，符合《会计人员职业道德规范》第二条"坚持准则、守责敬业"的要求。在日常工作中，会计人员面对违反法律法规规章的"坏人坏事"，必须发扬不畏权、不畏难、不畏繁；迎难而上、攻坚克难、敢于担当、敢于斗争；善于斗争、规范管理、推动工作、促进改革的斗争精神。以"斗争精神"立身立业立信，用斗争实践担起职责使命，同时会计工作也应当注意沟通的方式方法和工作技巧，以达到最佳的工作效果[②]。

## 3.4　销售过程的核算

### 3.4.1　主要经济业务内容

　　(1) 销售过程就是将企业生产的产品卖出去，取得销售收入的过程。它是企业生产经营过程的最后阶段，也是产品价值的实现阶段。销售过程的主要经济业务有营业收入的取得、营业成本和相关税费的确认与计量等内容。

　　根据《企业会计准则第 14 号——收入》的规定，企业应当在履行了合同中的履约义务，即在客户取得相关商品控制权时确认收入。取得相关商品控制权，是指客户能够主导该商品的使用并从中获得几乎全部的经济利益。取得商品控制

学习微平台

视频 3.4.1

----

　　① 资源导航：典型人物感染——"发扬斗争精神，把不可能变成一定能"视频。
　　② 资源导航：专业精神感悟——"财政部要求财务人员敢于斗争，如何斗争？"视频。

权包括三个要素：一是客户必须拥有现时权利，能够主导该商品的使用并从中获得几乎全部经济利益。如果客户只能在未来的某一期间主导该商品的使用并从中获益，则表明其尚未取得该商品的控制权。二是客户有能力主导该商品的使用，即客户在其活动中有权使用该商品，或者能够允许或阻止其他方使用该商品。三是客户能够获得几乎全部的经济利益。商品的经济利益，是指该商品的潜在现金流量，既包括现金流入的增加，也包括现金流出的减少。客户可以通过使用、消耗、出售、处置、交换、抵押或持有等多种方式直接或间接地获得商品的经济利益。当企业与客户之间的合同同时满足下列条件时，企业应当在客户取得相关商品控制权时确认收入：①合同各方已批准该合同并承诺将履行各自义务；②该合同明确了合同各方与所转让商品或提供劳务（以下简称"转让商品"）相关的权利和义务；③该合同有明确的与所转让商品相关的支付条款；④该合同具有商业实质，即履行该合同将改变企业未来现金流量的风险、时间分布或金额；⑤企业因向客户转让商品而有权取得的对价很可能收回。需要说明的是，本章所称的客户是指与企业订立合同以向该企业购买其日常活动产出的商品并支付对价的一方；所指的商品主要包括商品和服务。

（2）所谓**产品销售成本**，就是已经销售产品的生产成本。《企业会计准则第1号——存货》规定，企业应当采用先进先出法、加权平均法或个别计价法确定发出存货的实际成本。所谓**全月一次加权平均法**，是指以当月全部进货数量加上月初存货数量作为权数，计算存货的加权平均单位成本，以此为基础计算当月发出存货的成本和期末结存存货的成本的一种方法。

加权平均单位成本＝（期初结存成本＋本期入库成本）÷（期初结存数量＋本期入库数量）

本期销售商品成本＝本期销售数量×加权平均单位成本                     (3.7)

所谓先进先出法，是以先购入的存货应先发出（销售或耗用）为前提，据此确定发出存货和期末存货成本的一种方法。

## 同步案例3-4

### 产品销售成本的计算

**背景与情境：**某企业库存Ⅰ号商品月初结存100件，单位成本6元，本月第一批购进100件，单位成本7元；第二批购进100件，单位成本8元；本月对外销售180件。

**问题：**试采用全月一次加权平均法和先进先出法分别计算本月销售Ⅰ号商品的成本和月末结存Ⅰ号商品的成本。

**分析提示：**全月一次加权平均法下，加权平均单位成本＝（期初结存成本＋本期入库成本）÷（期初结存数量＋本期入库数量）＝（600+700+800）÷（100+100+100）=7（元/件），本月销售商品成本=180×7=1 260（元）。月末结存Ⅰ号商品的成本＝（100+100+100−180）×7 = 840（元）。先进先出法下，本月销售商品成本 =100×6+80×7=1 160（元），月末结存Ⅰ号商品的成本 =20×7+100×8= 940（元）。

### 3.4.2 设置的主要账户

**1）核算营业收入的账户**

企业的营业收入包括主营业务收入和其他业务收入。工业企业的主营业务收入主要包括销售产品、自制半成品、代制品、代修品和提供工业性劳务等取得的收入。其他业务收入主要包括销售材料收入、出租无形资产的使用权收入、出租固定资产收入和包装物的租金收入等。

（1）"主营业务收入"账户。

①核算内容为企业销售商品、提供劳务等主营业务取得的收入。②性质属于损益类。③账户结构为贷方登记企业主营业务活动实现的收入，借方登记销售退回冲销的收入及期末转销数，期末一般无余额。④明细账核算，按主营业务的种类或产品种类进行。

（2）"其他业务收入"账户。

①核算内容为企业除主营业务活动以外的其他经营活动实现的收入，主要包括出租固定资产、出租无形资产、出租包装物和商品、销售材料等取得的收入。②性质属于损益类。③账户结构为贷方登记企业其他业务活动实现的收入，借方登记销售退回冲销的其他业务收入及期末转销数，期末一般无余额。④明细账核算，按其他业务收入的种类进行。

**2）核算营业成本、营业费用、税金及附加的账户**

（1）"主营业务成本"账户。

①核算内容为企业确认销售商品、提供劳务等主营业务收入时应结转的成本。②性质属于损益类。③账户结构为借方登记企业应结转的主营业务的成本，贷方登记销售退回的商品成本及期末转销数，期末一般无余额。④明细账核算，按主营业务的种类进行。

（2）"其他业务成本"账户。

①核算内容为企业确认的除主营业务活动以外的其他经营活动所发生的支出，主要包括出租固定资产的折旧额、出租无形资产的摊销额、出租包装物的成本、销售材料的成本等。②性质属于损益类。③账户结构为借方登记企业应结转的其他业务的成本，贷方登记销售退回的其他业务成本及期末转销数，期末一般无余额。④明细账核算，按其他业务的产品种类进行。

（3）"税金及附加"账户。

①核算内容为企业经营活动发生的消费税、城市维护建设税、教育费附加、资源税、房产税、城镇土地使用税、车船税、环境保护税、印花税等相关税费。②性质属于损益类。③账户结构为借方登记按税法规定计算的经营活动应交的上述税费，贷方登记期末转销数，期末一般无余额。④明细账核算，按税种及附加项目进行。根据《中华人民共和国城市维护建设税法》（2020），城市维护建设税以纳税人依法实际缴纳的增值税、消费税税额为计税依据。城市维护建设税的计税依据应当按照规定扣除期末留抵退税退还的增值税税额。城市维护建设税税率

如下：①纳税人所在地在市区的，税率为百分之七；②纳税人所在地在县城、镇的，税率为百分之五；③纳税人所在地不在市区、县城或者镇的，税率为百分之一。城市维护建设税的应纳税额按照计税依据乘以具体适用税率计算。

从价定率消费税=应税消费品不含税的销售额×消费税税率    (3.8)

城市维护建设税=（实际缴纳的增值税+消费税）×城市维护建设税税率    (3.9)

教育费附加=（实际缴纳的增值税+消费税）×教育费附加率    (3.10)

（4）"销售费用"账户。

①核算内容为企业销售商品和材料、提供劳务过程中发生的各种费用，包括企业销售商品过程中的运输费、装卸费、包装费、保险费、商品展览费、推销费和广告费以及专设销售机构的职工薪酬、业务费和固定资产折旧费等费用。②性质属于损益类。③账户结构为借方登记销售费用的发生，贷方登记期末转销数，期末一般无余额。④明细账核算，按费用项目进行。

### 3）结算类账户

（1）"应收账款"账户。

①核算内容为企业因销售商品、提供劳务等经营活动应向购货方或接受劳务方收取的款项，包括应收的货款、增值税销项税额和代垫的包装费、运杂费等。②性质属于资产类。③账户结构为借方登记应收账款的增加，贷方登记应收账款的收回及确认的坏账损失，期末借方余额，表示尚未收回的应收账款。如果期末余额在贷方，一般为企业预收的账款。④明细账核算，按债务人进行。不单独设置"预收账款"账户的企业，预收账款也可在"应收账款"账户核算。

（2）"应收票据"账户。

①核算内容为企业因销售商品、提供劳务而收到的商业汇票。②性质属于资产类。③账户结构为借方登记取得的应收票据的面值，贷方登记到期收回票款或到期申请向银行贴现的应收票据的票面金额或转销（商业汇票到期对方无款支付要转为应收账款），期末借方余额，表示企业持有的商业汇票的票面金额。④明细账核算，按开出、承兑商业汇票的单位进行。

（3）"预收账款"账户。

①核算内容为企业按照合同规定向购货单位预收的款项。②性质属于负债类。③账户结构为贷方登记发生的预收账款的金额，借方登记企业冲销的预收账款及退回购货方多付账款的金额，期末贷方余额表示企业预收的款项，期末借方余额，表示企业尚未转销的款项。预收账款业务不多的企业，可以不设本账户，将预收的款项直接记入"应收账款"账户。④明细账核算，按购货单位进行。

### 同步思考3-4

增值税是否通过"税金及附加"账户核算？为什么？

**理解要点**：增值税虽然也是一种流转税，但它不通过"税金及附加"账户核算。"税金及附加"账户用来核算企业日常经营活动中应负担的除增值税以外的流转税，如消费税、城市维护建设税、教育费附加、资源税、房产税、环境保护税、城镇土地使用税、车船税、印花税等相关税费。

一般纳税人购进货物或接受应税劳务而支付的经税务机关准予抵扣的增值税用"应交税费——应交增值税（进项税额）"账户核算。一般纳税人销售货物或提供应税劳务应向购货方收取的增值税用"应交税费——应交增值税（销项税额）"账户核算。企业当期应纳增值税额等于当期销项税额减去当期进项税额，用"应交税费——应交增值税（已交税金）"账户核算。

### 3.4.3  销售业务的核算

**业务链接 3-9**

#### 销售业务的核算

2022 年 12 月华丰公司发生以下销售业务：①销售本月生产的 A 产品 100 台，单价 3 000 元，增值税税率为 13%，用现金代垫运费 1 500 元，价税款尚未收到，A 产品的成本为 1 062 元/台。②预收 B 产品货款 200 000 元存入银行。发出 B 产品 80 台，单价 5 000 元，增值税税率为 13%，尾款收到一张商业汇票，B 产品的成本为 1 212 元/台。③收回销售 A 产品的欠款。④结转本月销售 A、B 产品的成本。⑤用现金支付 500 元广告费。⑥将一批价值 50 000 元的修理用备件对外销售，增值税 6 500 元，款项收到存入银行，该修理用备件成本为 25 000 元。⑦本月应交的税金及附加为 2 111 元。

学习微平台

视频 3.4.3

```
①借：应收账款                                    340 500
    贷：主营业务收入——A 产品                            300 000
        应交税费——应交增值税（销项税额）                   39 000
        库存现金                                      1 500
②借：银行存款                                    200 000
    贷：预收账款                                      200 000
  借：预收账款                                    452 000
    贷：主营业务收入——B 产品                            400 000
        应交税费——应交增值税（销项税额）                   52 000
  借：应收票据                                    252 000
    贷：预收账款                                      252 000
③借：银行存款                                    340 500
    贷：应收账款                                      340 500
④借：主营业务成本——A 产品                        106 200
              ——B 产品                         96 960
    贷：库存商品——A 产品                            · 106 200
              ——B 产品                            96 960
⑤借：销售费用——广告费                               500
    贷：库存现金                                        500
```

⑥借：银行存款　　　　　　　　　　　　　　　　　　　　　56 500
　　贷：其他业务收入　　　　　　　　　　　　　　　　　　　50 000
　　　　应交税费——应交增值税（销项税额）　　　　　　　6 500
　借：其他业务成本　　　　　　　　　　　　　　　　　　　25 000
　　贷：原材料　　　　　　　　　　　　　　　　　　　　　25 000
⑦借：税金及附加　　　　　　　　　　　　　　　　　　　　2 111
　　贷：应交税费　　　　　　　　　　　　　　　　　　　　2 111

根据【业务链接3-9】7笔经济业务的会计分录登记入账（如图3-5所示）。

| 借方 | 应收账款 | 贷方 | | 借方 | 主营业务收入 | 贷方 |
|---|---|---|---|---|---|---|
| ①340 500 | | ③340 500 | | | | ①300 000 |
| | | | | | | ②400 000 |

| 借方 | 库存现金 | 贷方 | | 借方 | 应收票据 | 贷方 |
|---|---|---|---|---|---|---|
| | | ①1 500 | | ②252 000 | | |
| | | ⑤500 | | | | |

| 借方 | 应交税费 | 贷方 | | 借方 | 银行存款 | 贷方 |
|---|---|---|---|---|---|---|
| | | ①39 000 | | ②200 000 | | |
| | | ②52 000 | | ③340 500 | | |
| | | ⑥6 500 | | ⑥56 500 | | |
| | | ⑦2 111 | | | | |

| 借方 | 预收账款 | 贷方 | | 借方 | 主营业务成本 | 贷方 |
|---|---|---|---|---|---|---|
| ②452 000 | | ②200 000 | | ④203 160 | | |
| | | ②252 000 | | | | |

| 借方 | 库存商品 | 贷方 | | 借方 | 销售费用 | 贷方 |
|---|---|---|---|---|---|---|
| | | ④203 160 | | ⑤500 | | |

| 借方 | 其他业务收入 | 贷方 | | 借方 | 其他业务成本 | 贷方 |
|---|---|---|---|---|---|---|
| | | ⑥50 000 | | ⑥25 000 | | |

| 借方 | 原材料 | 贷方 | | 借方 | 税金及附加 | 贷方 |
|---|---|---|---|---|---|---|
| | | ⑥25 000 | | ⑦2 111 | | |

图3-5　华丰公司各账户

## 3.5　利润形成及分配的核算

### 3.5.1　主要经济业务内容

**1）利润形成**

所谓**利润**，是指企业一定会计期间生产经营活动和其他活动取得的经营成果，包括收入减去费用后的净额、直接计入当期利润的利得和损失等。利润分为营业利润、利润总额和净利润。

营业利润、利润总额和净利润的计算公式为：

$$营业利润=营业收入-营业成本-税金及附加-期间费用(销售费用、管理费用、财务费用)+其他收益\pm投资损益\pm公允价值变动净损益$$
$$-资产减值损失-信用减值损失\pm资产处置损益 \qquad (3.11)$$

利润总额=营业利润+营业外收入-营业外支出　　　　　　　　(3.12)

净利润=利润总额-所得税费用　　　　　　　　　　　　　　　(3.13)

学习微平台

视频 3.5.1

**2）利润分配**

《中华人民共和国公司法》（2023 年 12 月 29 日）[①]规定，公司利润分配的顺序是，应按净利润（弥补以前年度的亏损后）的 10% 提取法定盈余公积金，法定盈余公积金累计额为公司注册资本的 50% 以上的，可以不再提取。公司从税后利润中提取法定盈余公积金后，经股东会决议，还可以从税后利润中提取任意盈余公积金。企业提取的公积金主要用于弥补亏损、扩大生产经营、转增资本或派送新股等。法定盈余公积金转为资本时，所留存的该项公积金不得少于转增前公司注册资本的 25%。公司弥补亏损和提取公积金后所余税后利润，有限责任公司按照股东实缴的出资比例分配利润，全体股东约定不按照出资比例分配利润的除外；股份有限公司按照股东所持有的股份比例分配利润，公司章程另有规定的除外。[②]股东会作出分配利润的决议的，董事会应当在股东会决议作出之日起 6 个月内进行分配。

**同步思考 3-5**

企业提取盈余公积的基数是否应包含年初未分配利润？为什么？

**理解要点**：盈余公积是企业按照规定从净利润中提取的各种积累资金，包括法定盈余公积金和任意盈余公积金。

《中华人民共和国公司法》规定，计提法定盈余公积金和任意盈余公积金的基数为本年度实现的净利润，不包括年初未分配利润。因为年初未分配利润是以前年度累计的未分配利润，如果企业以前年度亏损，就必须先弥补以前年度亏损后再提取法定盈余公积金。

---

[①]　资源导航：时政要闻感知——《中华人民共和国公司法》（2023 年 12 月 29 日）第 210 条。
[②]　资源导航：时政要闻感知——《中华人民共和国公司法》（2023 年 12 月 29 日）第 212 条。

### 3.5.2  设置的主要账户

**1）所有者权益类账户**

（1）"本年利润"账户。

①核算内容为企业本年度实现的净利润或发生的净亏损。②性质属于所有者权益类。③账户结构为贷方登记期末转入的各项收入，借方登记期末转入的各项费用或损失，期末贷方余额，表示企业当年实现的净利润，期末借方余额，表示企业当年发生的净亏损。年度终了，企业应将"本年利润"的本年累计余额转入"利润分配——未分配利润"，年终结转后应无余额。

（2）"利润分配"账户。

①核算内容为企业利润的分配（或亏损的弥补）和历年分配（或弥补）后的余额。②性质属于所有者权益类。③账户结构为贷方登记年终转入的净利润，借方登记本年度利润分配额，贷方余额，表示企业年终累计的未分配利润，借方余额，表示企业年终累计未弥补的亏损。④明细账核算，按利润分配项目进行。

（3）"盈余公积"账户。

①核算内容为企业从净利润中提取的盈余公积。②性质属于所有者权益类。③账户结构为贷方登记按规定计提的盈余公积数额，借方登记盈余公积的减少数，期末贷方余额，表示企业盈余公积的余额。④明细账核算，按盈余公积形成的来源进行。

**2）损益类账户**

（1）"营业外收入"账户。

①核算内容为企业确认的与其日常活动无直接关系的各项利得，主要包括非流动资产毁损报废收益、与企业日常活动无关的政府补助、盘盈利得、捐赠利得、罚款收入、确实无法支付的应付账款等。②性质属于损益类。③账户结构为贷方登记企业确认的营业外收入，借方登记期末结转至"本年利润"账户的金额，期末一般无余额。④明细账核算，按营业外收入项目进行。

（2）"营业外支出"账户。

①核算内容为企业确认的与其日常活动无直接关系的各项损失，主要包括非流动资产毁损报废损失、捐赠支出、罚款支出、非常损失、盘亏损失等。②性质属于损益类。③账户结构为借方登记确认的营业外支出，贷方登记期末结转至"本年利润"账户的金额，期末一般无余额。④明细账核算，按营业外支出项目进行。

（3）"所得税费用"账户。

①核算内容为企业所得税费用的确认及其结转情况。②性质属于损益类。③账户结构为借方登记本期发生的所得税费用，贷方登记期末结转至"本年利润"账户的金额，期末一般无余额。④明细账核算，按当期所得税费用和递延所得税费用进行。

### 3）负债类账户

"应付股利"账户。

①核算内容为企业确定或宣告发放但尚未实际支付的现金股利或利润。②性质属于负债类。③账户结构为贷方登记应支付的现金股利或利润，借方登记实际支付的现金股利或利润，期末贷方余额，表示企业应付未付的现金股利或利润。④明细账核算，按投资者进行。

### 同步案例3-5

#### 营业外收入的确认

**背景与情境：**某工业企业发生了以下8笔经济业务。①销售原材料取得收入；②罚款净收入；③无法偿还的应付账款；④无法查明原因的现金溢余；⑤出售固定资产、无形资产净收益；⑥收到捐赠收入；⑦存货盘盈；⑧出租包装物租金收入。

**问题：**上述8笔经济业务哪些属于企业的营业外收入？

**分析提示：**营业外收入是企业发生的与企业经营活动没有直接关系的业务取得收入，业务②、③、④、⑥属于企业的营业外收入，业务①、⑧属于工业企业取得的其他业务收入，根据财政部发布了《关于修订印发2019年度一般企业财务报表格式的通知》（财会〔2019〕6号）规定，业务⑤出售固定资产、无形资产净收益属于资产处置损益，不属于营业外收入。业务⑦根据规定经批准后应冲减企业管理费用。

## 3.5.3　利润形成及分配业务的核算

### 同步链接3-10

#### 财务成果的核算

2022年12月华丰公司发生以下与利润有关的业务：①将前期无法支付的应付账款18 000元转账。②向地震灾区捐赠现金5 000元。③没收包装物的押金6 000元。④将本月所有损益类账户结转至本年利润。⑤按利润总额的25%计算并结转本月所得税。⑥按净利润的10%计提法定盈余公积。⑦按净利润的20%向投资者分配利润。⑧完成年终结转。（假设无纳税调整因素）

以上各项业务的会计分录如下：

①借：应付账款                                        18 000

　　贷：营业外收入                             18 000

②借：营业外支出                                 5 000

　　贷：库存现金                               5 000

③借：其他应付款                                 6 000

　　贷：营业外收入                             6 000

④借：主营业务收入　　　　　　　　　　　　　　　700 000

　　　其他业务收入　　　　　　　　　　　　　　　 50 000

　　　营业外收入　　　　　　　　　　　　　　　　 24 000

　　　贷：本年利润　　　　　　　　　　　　　　　　　　　774 000

　借：本年利润　　　　　　　　　　　　　　　　　257 271

　　　贷：主营业务成本　　　　　　　　　　　　　　　　 203 160

　　　　　税金及附加　　　　　　　　　　　　　　　　　　 2 111

　　　　　其他业务成本　　　　　　　　　　　　　　　　　 25 000

　　　　　管理费用　　　　　　　　　　　　　　　　　　　 19 500

　　　　　财务费用　　　　　　　　　　　　　　　　　　　　2 000

　　　　　销售费用　　　　　　　　　　　　　　　　　　　　　500

　　　　　营业外支出　　　　　　　　　　　　　　　　　　　5 000

2022 年 12 月份华丰公司利润总额 = 774 000－257 271 = 516 729（元）

2022 年 12 月份华丰公司所得税费用 = 516 729×25% = 129 182.25（元）

⑤借：所得税费用　　　　　　　　　　　　　　　129 182.25

　　　贷：应交税费——应交所得税　　　　　　　　　　　 129 182.25

　借：本年利润　　　　　　　　　　　　　　　　129 182.25

　　　贷：所得税费用　　　　　　　　　　　　　　　　　 129 182.25

2022 年 12 月份华丰公司净利润 = 516 729－129 182.25 = 387 546.75（元）

⑥借：利润分配——提取法定盈余公积　　　　　　 38 754.68

　　　贷：盈余公积　　　　　　　　　　　　　　　　　　 38 754.68

⑦借：利润分配——应付现金股利　　　　　　　　 77 509.35

　　　贷：应付股利　　　　　　　　　　　　　　　　　　 77 509.35

⑧借：本年利润　　　　　　　　　　　　　　　　387 546.75

　　　贷：利润分配——未分配利润　　　　　　　　　　　 387 546.75

　借：利润分配——未分配利润　　　　　　　　　116 264.03

　　　贷：利润分配——提取法定盈余公积　　　　　　　　 38 754.68

　　　　　　　　——应付现金股利　　　　　　　　　　　 77 509.35

　　根据【业务链接 3-10】将 8 笔经济业务的会计分录登记入账（如图 3-6 所示）。

| 借方 | 应付账款 | 贷方 |
|---|---|---|
| | | ①18 000 |

| 借方 | 营业外收入 | 贷方 |
|---|---|---|
| ④24 000 | | ①18 000 |
| | | ③6 000 |

| 借方 | 营业外支出 | 贷方 |
|---|---|---|
| ②5 000 | | ④5 000 |

| 借方 | 库存现金 | 贷方 |
|---|---|---|
| | | ②5 000 |

| 借方 | 其他应付款 | 贷方 |
|---|---|---|
| ③6 000 | | |

| 借方 | 主营业务收入 | 贷方 |
|---|---|---|
| ④700 000 | | |

| 借方 | 其他业务收入 | 贷方 |
|---|---|---|
| | ④50 000 | |

| 借方 | 本年利润 | 贷方 |
|---|---|---|
| ④257 271 | ④774 000 | |
| ⑤129 182.25 | | |
| ⑧387 546.75 | | |

| 借方 | 主营业务成本 | 贷方 |
|---|---|---|
| | ④203 160 | |

| 借方 | 其他业务成本 | 贷方 |
|---|---|---|
| | ④25 000 | |

| 借方 | 管理费用 | 贷方 |
|---|---|---|
| | ④19 500 | |

| 借方 | 销售费用 | 贷方 |
|---|---|---|
| | ④500 | |

| 借方 | 财务费用 | 贷方 |
|---|---|---|
| | ④2 000 | |

| 借方 | 税金及附加 | 贷方 |
|---|---|---|
| | ④2 111 | |

| 借方 | 所得税费用 | 贷方 |
|---|---|---|
| ⑤129 182.25 | ⑤129 182.25 | |

| 借方 | 应交税费 | 贷方 |
|---|---|---|
| | ⑤129 182.25 | |

| 借方 | 利润分配 | 贷方 |
|---|---|---|
| ⑥38 754.68 | ⑧387 546.75 | |
| ⑦77 509.35 | ⑧77 509.35 | |
| ⑧116 264.03 | | |

| 借方 | 盈余公积 | 贷方 |
|---|---|---|
| | ⑥38 754.68 | |

| 借方 | 应付股利 | 贷方 |
|---|---|---|
| | ⑦77 509.35 | |

图3-6　华丰公司各账户

学习微平台

随堂测3-3

### 课程思政 3-2

#### 坚持准则 敢于斗争

**背景与情境**：2017年A公司由于经营管理问题和市场方面的原因，经营业绩滑坡，需向银行申请贷款。A公司主要负责人张某要求公司财务总监李某对财务数据进行调整，增加企业利润，改进公司形象以保证通过银行的贷款审核。财务总监李某按照公司负责人的要求，组织其部下会计人员王某通过虚增营业额、隐瞒费用和成本开支等方法调整了公司财务数据，获得了银行贷款。

（资料来源　佚名. 会计职业道德案例分析精选［EB/OL］.［2018-04-30］. https：//max.book118.com/html/2018/0430/163856691.shtm. 原文经过修改）

**问题**：本案例中的当事人存在何种违法行为？违反了哪些会计人员职业道德规范要求？应该对相关当事人进行何种处理？

**分析提示**：A公司张某、李某、王某均存在编制虚假财务会计报告的行为。张某是单位负责人，存在授意、指使他人编制虚假财务会计报告的行为。根据

《中华人民共和国会计法》规定，构成犯罪的，司法部门依法追究刑事责任；尚不构成犯罪的，可处以五千元以上十万元以下的罚款。

李某、王某作为会计人员，应当坚决拒绝公司主要负责人张某的违法要求，二人的行为违背了《会计人员职业道德规范》第二条"坚持准则、守责敬业"的要求。根据《中华人民共和国会计法》的规定，如果构成犯罪的，依法追究刑事责任；尚不构成犯罪的，由县级以上人民政府财政部门予以通报，可以对李某、王某处三千元以上五万元以下的罚款；李某、王某作为会计人员，五年内不得从事会计工作。

党的二十大报告要求，"坚持发扬斗争精神。增强全党全国各族人民的志气、骨气、底气，不信邪、不怕鬼、不怕压，知难而进、迎难而上……全力战胜前进道路上各种困难和挑战，依靠顽强斗争打开事业发展新天地。"

作为新时代的会计人员，要有底线思维，应当严格执行准则制度，保证会计信息真实完整，勤勉尽责、爱岗敬业，忠于职守、敢于斗争，自觉抵制会计造假行为，维护国家财经纪律和经济秩序①。

**本章资源导航**

《中华人民共和国公司法》（2023年12月29日）：http://www.npc.gov.cn/npc/c2/c30834/202312/t20231229_433999.html

典型人物感染——"发扬斗争精神，把不可能变成一定能"视频：https://mbd.baidu.com/newspage/data/videolanding?nid=sv_9860592837282082145&sourceFrom=shar

专业精神感悟——"财政部要求财务人员敢于斗争，如何斗争？"视频：https://mbd.baidu.com/newspage/data/videolanding?nid=sv_4211744431692294895&sourceFrom=share

专业精神感悟——"以斗争精神立身立业立信，用斗争实践担起职责使命"：https://article.xuexi.cn/articles/index.html?art_id=1884711418376571910&item_id=1884711418376571910&study_style_id=feeds_default&t=1672735377759&showmenu=false&ref_read_id=24b341b6-c007-42da-9e55-eb7f1870b66b_1698237817360&pid=&ptype=-1&source=share&share_to=wx_single

① 资源导航：专业精神感悟——"以斗争精神立身立业立信，用斗争实践担起职责使命"。

# 第4章
# 会计凭证

## 学习目标

通过本章学习，应该达到以下目标：

**理论目标：** 学习和把握会计凭证的概念、各类会计凭证的基本内容、填制要求、审核要求等陈述性知识，能用其指导本章"同步思考""教学互动""随堂测"中的认知活动，正确解答《训练手册》"任务四"中"客观题"和"主观题"的"理论题"各题型问题；体验本章"初级学习"中专业认知的横向正迁移，以及相关胜任力中"认知"要素的阶段性生成。

**实务目标：** 学习和把握会计凭证的填制步骤方法和"业务链接"等程序性知识，并将"4Cs"融入学习过程中；能以其建构"总论"中的规则意识，正确解析本章《训练手册》"任务四"中"实务题"的相关问题；体验本章专业规则与方法"初级学习"中的横向正迁移，以及相关胜任力中"专业规则"要素的阶段性生成。

**案例目标：** 运用本章所学会计凭证的理论与实务知识研究相关案例，培养和提高学生在特定业务情境中分析问题与处理问题的能力，能结合本章所选取的"大肆虚开增值税票　家庭罪案实属罕见"和"记账凭证——查账入口"等课程思政案例，引导学生准确分辨会计行为的合法性、合理性与可行性，以及违法行为所应承担的法律责任，树立会计人员有所为、有所不为的意识，培养学生诚实守信和大公无私的职业精神，促进"立德树人"根本任务的落实；正确表征本章《训练手册》"任务四"中"案例题"的相关情境；体验本章"高级学习"中专业知识、通用知识与思政元素的协同性重组迁移，以及相关胜任力中"认知弹性"要素的阶段性生成。

**实训目标：** 引导学生参加《训练手册》"工作任务四"中"'会计凭证填制与审核'技术应用"的实践训练。在其了解和把握本实训所及"能力与道德领域"相关技能点的"规范与标准"的基础上，通过各实训任务的完成，系列技能操作的实施，《"'会计凭证填制与审核'技术应用"实训报告》的准备与撰写等有质量、有效率的活动，培养相关"技术应用"的专业能力，强化其"与人合作"、"解决问题"和"革新创新"等职业核心能力（中级），并通过"认同级"践行"职业观念"和"职业守则"等行为规范，促进其健全职业人格的塑造；体验本章"实践学习"中"专能""通能""职业道德"元素的协同性"重组-产生"迁移，以及相关胜任力中"求知韧性"和"复合性'技术-技能'"要素的阶段性生成。

**第4章内容结构**

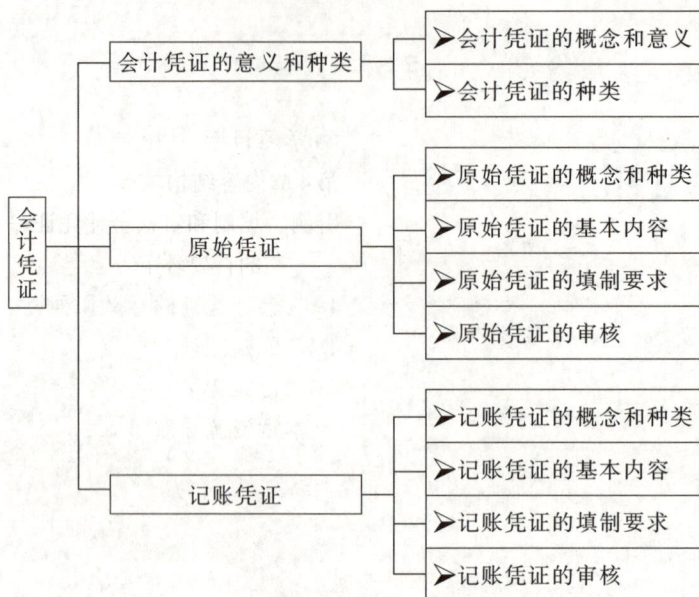

图4-1　第4章思维导图

**引例　填制和审核会计凭证——会计核算的首要环节**

**背景与情境：**实务工作中，企业发生的经济业务是通过相应的原始凭证表现出来的，然后采用借贷记账法的原理填制在记账凭证中，填制和审核会计凭证是会计核算的首要环节。

张红是某大学会计专业毕业生，目前担任某公司出纳员。2021年12月5日，采购员王刚出差预借差旅费3000元，张红审核其借款单据，符合公司相关财务制度规定，用现金付讫。12月7日，公司收到开户银行收账通知，收回华丰公司前欠货款340500元。12月12日，办公室人员李丽报销购买办公用品费用800元，张红审核发票及相关单据后，用现金付讫。

上述经济业务所涉及的会计凭证有哪些？什么是会计凭证？会计凭证应如何填制？会计凭证有什么意义？

## 4.1　会计凭证的意义和种类

### 4.1.1　会计凭证的概念和意义

**1）会计凭证的概念**

学习微平台

视频4.1.1

所谓**会计凭证**，是记录经济业务事项发生和完成情况的书面证明，是登记账簿的依据。填制和审核会计凭证是会计工作的起点，任何企事业单位在处理经济业务时，都必须办理会计凭证手续，由执行和完成该项经济业务的有关部门和人员取得或填制会计凭证，记录经济业务内容、数量和金额，并在凭证上签名和盖章，对业务的合法性、真实性和正确性负完全责任。所有会计凭证（含电子会计凭证）都要由会计部门审核无误后才能作为经济业务的证明和登记账簿的依据。

其中，电子会计凭证，是指单位从外部接收的电子形式的各类会计凭证，包括电子发票、财政电子票据、电子客票、电子行程单、电子海关专用缴款书、银行电子回单等电子会计凭证。填制和审核会计凭证是会计核算的一种方法。

**2）会计凭证的意义**

会计凭证对于如实反映和有效监督经济业务，确保会计信息真实、正确，发挥会计在经济管理中的作用具有重要意义。

（1）记录经济业务，提供记账依据。任何一项经济业务的发生，首先应填制或取得会计凭证，然后才能据以记账。

（2）明确经济责任，强化内部控制。由于每项经济业务都要由经办单位和有关人员在会计凭证上签名或盖章，这样就明确了各经办单位及有关人员的责任。

（3）监督经济活动，控制经济运行。通过取得和填制会计凭证，可以检查各项财产是否完整，监督各项经济业务是否符合国家政策、法规和制度。

### 4.1.2　会计凭证的种类

会计凭证按其填制程序和用途不同，分为原始凭证和记账凭证。

原始凭证的主要作用在于记录经济业务的发生过程和具体内容，明确经济责任。常用的原始凭证有增值税专用发票、支票存根和领料单等。记账凭证的主要作用在于确定会计分录，并以此作为记账的依据。

**同步思考4-1**

在实际工作中，大量的经济活动都需要各种各样的"计划"，如产品营销计划、物资采购计划等，那么"计划"属于会计凭证吗？为什么？

**理解要点**：会计凭证是记录经济业务发生和完成情况的书面证明。"计划"是单位、组织或个人在未来一定时期为实现某种目标而制订的方案，是尚未发生的。因此，"计划"不属于会计凭证的范畴。

同理，企业中较常见的"预算""制度"，由于它们都不代表任何经济业务的发生和完成情况，因此也不属于会计凭证的范围。

## 4.2　原始凭证

### 4.2.1　原始凭证的概念和种类

**1）原始凭证的概念**

所谓**原始凭证**，又称**单据**，是经办单位或人员在经济业务发生时取得或填制的，用以记录经济业务发生和完成情况，明确经济责任的会计凭证。它是进行会计核算的原始资料和重要依据。

**2）原始凭证的种类**

（1）原始凭证按其取得的来源不同，可分为自制原始凭证和外来原始凭证。

①所谓**自制原始凭证**，是指由本单位内部经办业务的部门和人员，在执行或

学习微平台

视频4.2.1

完成某项经济业务时所填制的、仅供本单位内部使用的原始凭证。例如，由仓库保管员在验收材料时填制的收料单，见表4-1。

表4-1                                                                      收料单
年   月   日                                                   第   号

| 供应单位： | | | | 发票： | | | |
|---|---|---|---|---|---|---|---|
| 编号 | 材料名称 | 规格 | 应收数 | 实收数 | 单位 | 单价 | 金额 |
| | | | | | | | |
| 备注 | | | | 验收人盖章 | | 合计 | |

仓库负责人：            记账：            仓库保管员：            收料：

②所谓外来原始凭证，是指在经济业务发生或完成时，从其他单位或个人取得的原始凭证，如收款单位开出的收款收据，购买材料取得的增值税专用发票等。发票的一般格式见图4-2。

图4-2  发票的一般格式

**同步思考4-1**

经济业务的载体是各种各样的原始凭证，经济业务与一张或多张原始凭证之间是否具有"互译功能"呢？为什么？

**理解要点**：在日常采购业务中，企业作为买方会有材料入库、价款支付等活动，相应就会有收料单、现金支票或转账支票等原始凭证。在销售业务中，企业作为卖方会有商品的出库、货款的回收等活动，相应的会有出库单、银行收款通知单等原始凭证。每一项经济业务都包含着一张或多张原始凭证。因此，原始凭证与经济业务之间具有"互译功能"。

（2）原始凭证按其填制的手续和内容不同，可分为一次凭证、累计凭证和汇总原始凭证。

①所谓**一次凭证**，是指一次填制完成的、只登记一笔经济业务的原始凭证，其凭证填制手续是一次完成的，如收料单、领料单、增值税专用发票等。增值税专用发票的格式见图4-3[①]。

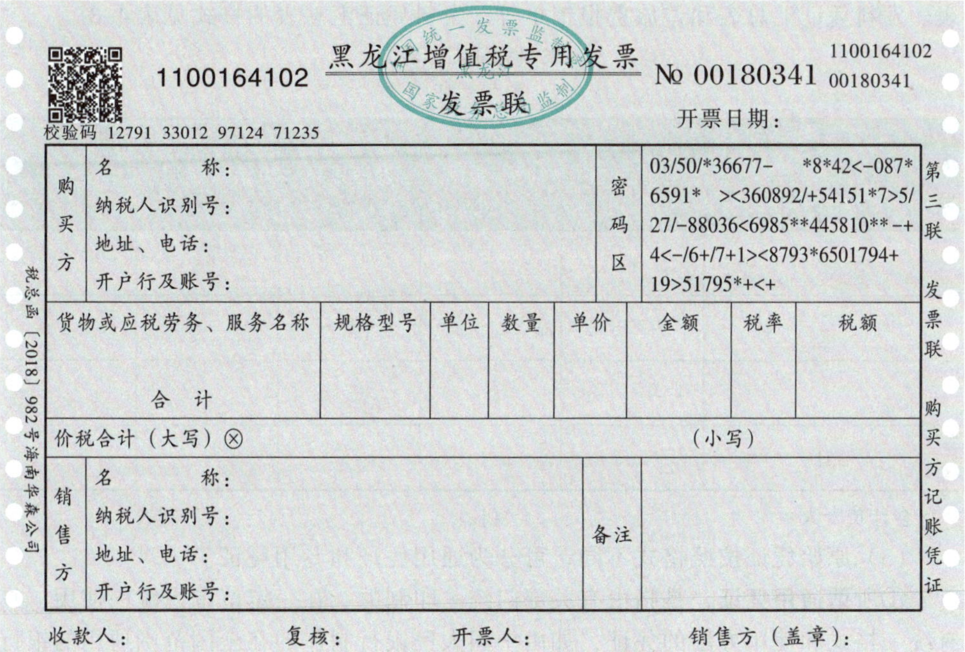

黑龙江增值税专用发票

1100164102　　发票联　　№ 00180341　1100164102　00180341

校验码 12791 33012 97124 71235　　开票日期：

| 购买方 | 名称：<br>纳税人识别号：<br>地址、电话：<br>开户行及账号： | | | | | 密码区 | 03/50/*36677- *8*42<-087*<br>6591* ><360892/+54151*7>5/<br>27/-88036<6985**445810**-+<br>4<-/6+/7+1><8793*6501794+<br>19>51795*+<+ | |
|---|---|---|---|---|---|---|---|---|
| 货物或应税劳务、服务名称 | | 规格型号 | 单位 | 数量 | 单价 | 金额 | 税率 | 税额 |
| 合计 | | | | | | | | |
| 价税合计（大写）⊗ | | | | | | （小写） | | |
| 销售方 | 名称：<br>纳税人识别号：<br>地址、电话：<br>开户行及账号： | | | | | 备注 | | |

收款人：　　复核：　　开票人：　　销售方（盖章）：

税总函〔2018〕982号海南华森公司

第三联　发票联　购买方记账凭证

图4-3　增值税专用发票的格式

②所谓**累计凭证**，是指一定时期内多次记录发生的多笔同类经济业务的原始凭证。累计凭证的特点是在一张记账凭证内可连续登记相同性质的经济业务，应随时结计累计数及结余数，以便同计划或定额指标对比，达到按标准控制支出的目的，同时可减少原始凭证数量，简化会计核算工作。累计凭证是多次有效的原始凭证，期末按实际发生额记账。常用的累计凭证有限额领料单、费用登记表等。限额领料单的一般格式见表4-2。

表4-2　　**限额领料单**

领料部门：　　年　月　日　　发料仓库：

用途：　　编号：

| 材料编号 | 材料名称 | 规格 | 计量单位 | 计划单价 | 领用限额 | 全月实领 | |
|---|---|---|---|---|---|---|---|
| | | | | | | 数量 | 金额 |
| | | | | | | | |
| 领用日期 | 请领数量 | 实发数量 | | 领料人签章 | 发料人签章 | 限额结余 | |
| | | | | | | | |
| | | | | | | | |
| | | | | | | | |
| | | | | | | | |

供应部门负责人：　　领料部门负责人：　　仓库负责人：

① 资源导航：时政要闻感知——国家税务总局我国在新办纳税人中实行增值税专用发票电子化。

③所谓**汇总原始凭证**，是指将一定时期内经济业务内容相同的多张原始凭证，按一定标准综合后一次填制完成的原始凭证。汇总原始凭证既可以合并同类经济业务，又可以简化凭证编制和记账工作。常用的汇总原始凭证有工资汇总表、发料凭证汇总表和差旅费报销单等。发料凭证汇总表的格式见表4-3。

表4-3                                    **发料凭证汇总表**

年    月

| 材料 \ 借方科目 | 生产成本 | 制造费用 | 管理费用 | 销售费用 | 合计 |
|---|---|---|---|---|---|
|  |  |  |  |  |  |
|  |  |  |  |  |  |
|  |  |  |  |  |  |
| 合计 |  |  |  |  |  |

会计负责人：                复核：                制表：

（3）原始凭证按照格式不同，可分为通用凭证和专用凭证。

①所谓**通用凭证**，是指由有关部门统一印制的、在一定范围内统一使用、具有统一格式和使用方法的凭证。如由中国人民银行制作的在全国范围通用的银行转账结算凭证、由国家税务局统一印制的全国通用的增值税专用发票等。

②所谓**专用凭证**，是指由单位自行印制的、仅供本单位内部使用的具有某种专门用途的原始凭证，如差旅费报销单、各种费用报销单和产品交库单等。

原始凭证的分类如图4-4所示。

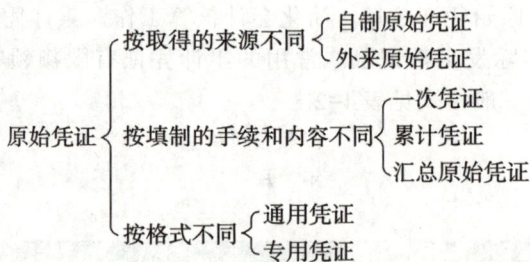

图4-4    原始凭证的分类

### 4.2.2    原始凭证的基本内容

各单位经济业务的具体内容不同，决定了所使用的原始凭证的名称、格式和内容也不相同。但是，任何原始凭证都是经济业务的原始证据，应详细地记载经济业务的发生或完成情况及经办单位和个人的经济责任，因此，任何原始凭证都具有共同的基本经济内容（也称为原始凭证要素）。这些基本经济内容如下：

（1）原始凭证名称；

（2）填制日期；

（3）填制单位名称或填制人姓名；

（4）经办人员的签名或盖章；

（5）接受凭证的单位名称；

（6）经济业务的内容（含摘要、实物数量、单价和金额）。

### 4.2.3　原始凭证的填制要求

**1）基本要求**

（1）记录真实。应实事求是地填写经济业务，原始凭证上填制的经济内容、数量和数字等必须真实可靠，与实际情况相符。

（2）内容完整。原始凭证必须按规定的格式和内容逐项填写齐全。年、月、日要按照填制原始凭证的实际日期填写；名称要齐全，不能简化；品名或用途要填写准确，不能含糊不清；同时必须由经办业务的部门和人员签名盖章，对凭证的真实性和完整性负责。

（3）手续要完备。单位自制的原始凭证必须有经办部门负责人签名盖章；对外开出的原始凭证必须加盖本单位公章或财务专用章；从外部取得的原始凭证，必须盖有填制单位的公章或财务专用章；从个人取得的原始凭证，必须有填制人员的签名或盖章，以明确经济责任，确保凭证的合法性、真实性。对外开出或从外部取得的电子形式的原始凭证必须附有符合《中华人民共和国电子签名法》规定的电子签名。

（4）书写要清楚规范。原始凭证要按规定填写，文字要简明，字迹要清楚，易于辨认，不得使用未经国务院公布的简化汉字。大小写金额必须相符且填写规范，小写金额用阿拉伯数字逐个书写，不得写连笔字，在金额前要填写人民币符号"¥"，人民币符号"¥"与阿拉伯数字之间不得留有空格，金额数字一律填写到角分，无角分的，写"00"或符号"—"，有角无分的，分位写"0"，不得用符号"—"。

大写金额用汉字壹、贰、叁、肆、伍、陆、柒、捌、玖、拾、佰、仟、万、亿、元、角、分、零、整等，一律用正楷或行书字体书写。大写金额前未印有"人民币"三个字时，应加写"人民币"三个字，"人民币"字样和大写金额之间不得留有空格。大写金额到元或角为止的，后面要写"整"或"正"字，有"分"的，不写"整"或"正"字，如小写金额为¥1 050.00，大写金额应写成"人民币壹仟零伍拾元整"。

（5）编号要连续。一式几联的原始凭证，必须注明各联的用途，并且只能以一联作为报销凭证。各种凭证要连续编号，以便查考，如果凭证已预先印定编号，如发票、支票等重要凭证，在写坏作废时，应加盖"作废"戳记，妥善保管，不得撕毁。

（6）不得任意涂改、刮擦或挖补。原始凭证金额有错误的，应当由出具单位重开，不得在原始凭证上更正。例如，有关库存现金、银行存款收支业务的凭证，如果填写错误，不能在凭证上更正，应加盖"作废"戳记，重新填写，以免错收错付。原始凭证有其他错误的，应当由出具单位重开或更正，更正处应加盖出具单位的印章。

（7）填制及时。各种原始凭证一定要及时填写，并按规定的程序及时送交会计机构、会计人员进行审核，以便及时反映经济业务情况，便于进行日常核算工作。

### 2）附加要求

（1）购买实物的原始凭证，必须有验收证明。

（2）支付款项的原始凭证，必须有收款单位和收款人的收款证明，不能仅以支付款项的有关凭证等代替。

（3）发生销货退回的，除填制退货发票外，还必须有退货验收证明；退款时，必须取得对方的收款收据或者汇款银行的凭证，不得以退货发票代替收据。

（4）职工因公出差的借款凭据，必须附在记账凭证之后。收回借款时，应当另开收据或退还借款副本，不得退还原借款凭据。

（5）上级有关部门批准的经济业务，应当将批准文件作为原始凭证附件，如果批准文件需要单独归档的，应当在凭证上注明文件的批准机关名称、日期和文号，以便确认经济业务的审批情况和查阅。

（6）单位以电子会计凭证的纸质打印件作为报销入账归档依据的，必须同时保存打印该纸质件的电子会计凭证。

### 同步案例4-1

#### 原始凭证的填制

**背景与情境**：湖北光华公司（纳税人识别号为450100010142158637，开户银行是工商银行民生街支行，账号是7564520，位于湖北黄石解放大道，电话为027-78563218）2022年12月8日按照2021年第35号合同销售给辽宁明胜公司（纳税人识别号为450100101429988574，开户银行是建设银行新民街支行，账号是46 780，位于辽宁沈阳市府大街，电话为024-65432188）A产品3 000千克，单价为5.80元/千克，总价款合计17 400元，税款合计2 262元；B产品2 000千克，单价为4.90元/千克，总价款合计9 800元，税款合计1 274元，并于同日收到货款，到开户行办理进账手续。该公司开具给明胜公司增值税专用发票一张，并于当天收到银行进账单回单。

**问题**：根据上述业务填写一张增值税专用发票和中国工商银行进账单（回单或收账通知）。

**分析提示**：原始凭证是经济业务的载体，会计人员少不了与各种各样的原始凭证打交道，因此，正确填制原始凭证是对会计人员的一项基本要求。本例中涉及的原始凭证有增值税专用发票和银行进账单（收账通知），其填制内容分别见图4-5和图4-6。

1300164102　　**湖北增值税专用发票**　　№ 00254675　1300164102 00180341

（印章：全国统一发票监制章 湖北 国家税务总局监制）

发票联

校验码 1348 43012 87235 65032　　开票日期：2019年12月8日

| | | | | | | | |
|---|---|---|---|---|---|---|---|
| 购买方 | 名　　　称：辽宁明胜公司<br>纳税人识别号：450100101429988574<br>地址、电话：辽宁沈阳市府大街024-65432188<br>开户行及账号：建行新民街支行46780 | | | | 密码区 | 03/50/*36677-　*8*42<-087*<br>6591*　><360892/+54151*7>5/<br>27/-88036<6985**445810**-+<br>4<-/6+/7+1><8793*6501794+<br>19>51795*+<+ | |

| 货物或应税劳务、服务名称 | 规格型号 | 单位 | 数量 | 单价 | 金额 | 税率 | 税额 |
|---|---|---|---|---|---|---|---|
| A产品 | | 千克 | | 5.80 | 17 400.00 | 13% | 2 262.00 |
| B产品 | | 千克 | | 4.90 | 9 800.00 | 13% | 1 274.00 |
| 合　计 | | | | | ¥27 200.00 | | ¥3 536.00 |

价税合计（大写）ⓧ叁万零柒佰叁拾陆元整　　（小写）¥30 736.00

| | | | |
|---|---|---|---|
| 销售方 | 名　　　称：湖北光华公司<br>纳税人识别号：450100010142158637<br>地址、电话：湖北黄石解放大道027-78563218<br>开户行及账号：工行民生街支行7564520 | 备注 | （印章：湖北光华公司 450100010142158637 发票专用章） |

收款人：田芳　　复核：李丹　　开票人：孙平　　销售方（盖章）：

税总函〔2018〕982号海南华森公司

第三联　发票联　购买方记账凭证

图4-5　增值税专用发票

ICBC 中国工商银行

**进账单**（收账通知）3

2019年12月03日　　№

| | | | | | |
|---|---|---|---|---|---|
| 出票人 | 全　　称 | 辽宁明胜公司 | 收款人 | 全　　称 | 湖北光华公司 |
| | 账　　号 | 46780 | | 账　　号 | 7564520 |
| | 开户银行 | 建行新民街支行 | | 开户银行 | 工行民生街支行 |

| 人民币（大写） | 亿 | 千 | 百 | 十 | 万 | 千 | 百 | 十 | 元 | 角 | 分 |
|---|---|---|---|---|---|---|---|---|---|---|---|
| 叁万零柒佰叁拾陆元整 | | | | ¥ | 3 | 0 | 7 | 3 | 6 | 0 | 0 |

| | | | |
|---|---|---|---|
| 票据种类 | 银行汇票 | 票据张数 | 1张 |
| 票据号码 | | | |

备注：

（印章：中国工商银行民生街支行 业务专用章 （1））

复核：　　记账：　　收款人开户银行签章

175*85mm GH066011

此联是收款人开户银行交给收款人的收账通知

图4-6　银行进账单（收账通知）

学习微平台

随堂测4-1

### 4.2.4  原始凭证的审核

为了准确反映经济业务的执行和完成情况，发挥会计工作的监督作用，财会部门对各种原始凭证要进行严格的审查和核对。只有经过审查合格的原始凭证，才能作为编制记账凭证和登记账簿的依据。

原始凭证的审核，一般应从以下两方面进行。

**1）书面审核**

书面审核的主要内容包括：

（1）审核原始凭证的真实性。包括企业应按实际发生的业务取得和填制原始凭证。

（2）审核原始凭证的完整性。财会部门应审核原始凭证各项要素是否齐全，是否有漏项情况，日期是否完整，数字是否清晰，有关人员签章是否齐全，凭证联次是否齐全等。

（3）审核原始凭证的正确性。财会部门应审核原始凭证各项内容是否正确，包括：接受原始凭证单位名称是否正确；金额的计算和填写是否正确，阿拉伯数字分位填写，不得连写；小写金额前要标明"¥"符号，中间不能留有空位；大写金额前要加"人民币"字样，大写金额与小写金额要相符；更正是否正确，凭证中有书写错误的，应采用正确的方法更正，不能采用涂改、刮擦或挖补等不正确的方法。

**2）实质审核**

实质审核的主要内容包括：

（1）审核原始凭证的合法性。审核原始凭证是否违反国家法律、法规，是否履行了规定的凭证传递和审核程序，是否有贪污腐败等行为。

（2）审核原始凭证的合理性。审核所记录经济业务是否符合企业生产经营活动的需要，是否符合有关的计划和预算等。

（3）审核原始凭证的及时性。原始凭证的及时性是保证会计信息及时性的基础，要求经济业务发生或完成时要及时取得和填制有关原始凭证并及时传递。审核时应注意审查凭证的填制日期。

**3）原始凭证经审核后的处理**

（1）对于完全符合要求的原始凭证，应及时据以编制记账凭证入账。

（2）对于真实、合法、合理，但内容不够完整、填写有错误的原始凭证，应退回给有关经办人员，由其负责将有关凭证补充完整、更正错误或重开后，再办理正式会计手续。

（3）对于不真实、不合法的原始凭证，会计机构、会计人员有权不予接受，并向单位负责人报告。

**课程思政 4-1**

**大肆虚开增值税票　家庭罪案实属罕见**

**背景与情境：**广东省韶关市中级人民法院开庭审理了新丰县物资公司原副总

经理潘光始及其儿子潘英平、儿媳罗媚3人虚开增值税专用发票价税合计4亿多元的案件。这种家庭式虚开增值税发票案实属罕见。

由于担任公职不便出面，潘光始首先借用朋友潘某的身份证开立了新丰县新城物资有限公司，然后又指使自己的儿子潘英平成立新丰县万源有限公司，指使冯泽段等人申请成立了商发、长能贸易有限公司。据公诉人讲，1997年潘光始竟然在一天之内成立了两家所谓的"贸易公司"，而这些公司既无厂房工地，又无贸易往来，唯一的生意就是兜售虚开的增值税专用发票。有时需要出具的虚开发票太多，忙不过来，潘光始就指使自己的儿子和儿媳开票。检察院诉称，潘光始等三人从1996年1月到2000年11月，利用开设5家"皮包公司"的幌子，先后为中国石油物资装备总公司、天津三星电机有限公司、广东湛江制药总厂等100余家单位大肆虚开增值税专用发票。

经查实，被告人潘光始共参与虚开增值税专用发票4亿多元，税额5 900万元。每一次做生意，潘光始都坚持要求按价税总额的1.5%~1.8%收费，如此计算，潘家从中获取的不法之财达数百万元人民币[①]。

（资料来源 佚名. 大肆虚开增值税税票 家庭罪案实属罕见［EB/OL］.（2001-12-17）. http://ppa.sdjues.com/Part4/6-index.html.原文经过整理）

**问题**：从会计角度看，增值税专用发票属于何种会计凭证？虚开增值税专用发票的行为应承担何种法律责任？潘光始的行为给我们什么启示？

**分析提示**：从会计角度看，增值税专用发票属于外来原始凭证。《中华人民共和国刑法》第205条第4款已明确规定，虚开增值税专用发票是指有为他人虚开、为自己虚开、让他人为自己虚开和介绍他人虚开行为之一的。行为人只要实施上述四种行为之一，且达到定罪标准的，即可构成虚开增值税专用发票罪。虚开增值税专用发票的，处三年以下有期徒刑或者拘役，并处2万元以上20万元以下的罚金；如果虚开的税款数额较大或者有其他严重情节的，将处以三年以上十年以下的有期徒刑，并处5万元以上50万元以下的罚金；如果虚开的数额巨大或者有其他特别严重情节的，将处以十年以上有期徒刑或者是无期徒刑，并处5万元以上50万元以下的罚金或者没收财产。如果是单位虚开的，单位支付罚金，并对其直接负责的主管人员和其他直接责任人员，处三年以下有期徒刑或者拘役；虚开的税款数额较大或者有其他严重情节的，处三年以上十年以下有期徒刑；虚开的税款数额巨大或者有其他特别严重情节的，处十年以上有期徒刑或者无期徒刑。潘光始的行为给我们的启示是：一方面潘光始等人为了谋取个人私利，无视国家的法律，必将受到法律的制裁。党的二十大报告要求，"加快建设法治社会，弘扬社会主义法治精神，传承中华优秀传统法律文化，引导全体人民做社会主义法治的忠实崇尚者、自觉遵守者、坚定捍卫者。"另一方面作为会计人员，工作中遇到这类原始凭证时，应当坚持准则，守责敬业，忠于职守，敢

---

① 资源导航：时政要闻感知——国家税务总局关于修订《增值税专用发票使用规定》的通知。

于斗争，自觉抵制会计造假行为，维护国家财经纪律和经济秩序①。

**教学互动4-1**

学习微平台

教学互动4-1

**主题：** 付款凭证是根据有关库存现金和银行存款的付款业务的原始凭证填制的。转账凭证一般是根据转账业务（即不涉及库存现金和银行存款收支的业务）的原始凭证编制的。在业务量少、规模小的单位，可以只使用一种统一格式的通用记账凭证。通用记账凭证的格式与填制方法与转账凭证基本一致。

**问题：** 阅读下列资料，并进行分析和判断，完成填制和审核原始凭证的教学任务。

武汉开明公司材料采购员张红2022年7月25日拟去上海市纺织集团公司采购纺织品，经业务授权人（供应处处长）杨国强签章同意，预借差旅费现金3 000元。张红填制一联借款单，出纳员金夏付给张红现金3 000元。财务稽核人员姜英经稽核，将审核后的借款单交会计于梅编制库存现金付款凭证。财务部门负责人为谢敏。单位负责人是彭明。7月28日，张红完成采购业务回来，经审核各项支出，实际支出差旅费及补助2 960元，并交回剩余现金。

**要求：**

（1）根据上述资料填制差旅费借款单、差旅费报销单。

（2）对填制的差旅费借款单、差旅费报销单进行审核。

## 4.3 记账凭证

### 4.3.1 记账凭证的概念和种类

学习微平台

视频4.3.1

**1）记账凭证的概念**

所谓**记账凭证**，又称记账凭单，是指会计人员根据审核无误的原始凭证按照经济业务事项的内容加以归类，并确定会计分录后填制的会计凭证，是登记会计账簿的直接依据。

**2）记账凭证的种类**

（1）记账凭证按其用途不同，分为专用凭证和通用凭证。

专用凭证是指分类反映经济业务的记账凭证，按其反映的经济业务内容，可分为收款凭证、付款凭证和转账凭证。

①所谓**收款凭证**，是指用于记录库存现金和银行存款收款业务的会计凭证。根据有关库存现金和银行收款业务的原始凭证填制，是登记库存现金日记账、银行存款日记账以及有关明细分类账和总分类账等账簿的依据，也是出纳人员收讫款项的依据。

②所谓**付款凭证**，是指用于记录库存现金和银行存款付款业务的会计凭证。根据有关库存现金和银行付款业务的原始凭证填制，是登记库存现金日记账、银

---

① 资源导航：反面示例警醒——零容忍！国家税务总局曝光五起增值税发票虚开骗税典型案例视频。

行存款日记账以及有关明细分类账和总分类账等账簿的依据，也是出纳人员支付款项的依据。

③所谓**转账凭证**，是指用于记录不涉及库存现金和银行存款业务的会计凭证。转账凭证根据有关转账业务的原始凭证填制，是登记有关明细分类账和总分类账等账簿的依据。

收款凭证、付款凭证和转账凭证的格式分别见表4-4、表4-5、表4-6。

表4-4 收款凭证

借方科目： 　　　年　月　日 　　　字第　号

| 摘要 | 贷方总账科目 | 明细科目 | 记账（√） | 金额 | | | | | | | | | |
|---|---|---|---|---|---|---|---|---|---|---|---|---|---|
| | | | | 千 | 百 | 十 | 万 | 千 | 百 | 十 | 元 | 角 | 分 |
| | | | | | | | | | | | | | |
| | | | | | | | | | | | | | |
| 合计 | | | | | | | | | | | | | |

财务主管： 　记账： 　出纳： 　审核： 　制单：

附件　张

表4-5 付款凭证

贷方科目： 　　　年　月　日 　　　字第　号

| 摘要 | 借方总账科目 | 明细科目 | 记账（√） | 金额 | | | | | | | | | |
|---|---|---|---|---|---|---|---|---|---|---|---|---|---|
| | | | | 千 | 百 | 十 | 万 | 千 | 百 | 十 | 元 | 角 | 分 |
| | | | | | | | | | | | | | |
| | | | | | | | | | | | | | |
| 合计 | | | | | | | | | | | | | |

财务主管： 　记账： 　出纳： 　审核： 　制单：

附件　张

表4-6 转账凭证

　　　年　月　日 　　　字第　号

| 摘要 | 总账科目 | 明细科目 | 记账（√） | 借方金额 | | | | | | | 贷方金额 | | | | | | |
|---|---|---|---|---|---|---|---|---|---|---|---|---|---|---|---|---|---|
| | | | | 万 | 千 | 百 | 十 | 元 | 角 | 分 | 万 | 千 | 百 | 十 | 元 | 角 | 分 |
| | | | | | | | | | | | | | | | | | |
| | | | | | | | | | | | | | | | | | |
| 合计 | | | | | | | | | | | | | | | | | |

财务主管： 　记账： 　审核： 　制单：

附件　张

通用记账凭证是指用来反映所有经济业务的记账凭证，为各类经济业务所共用，其格式与转账凭证基本相同，在经济业务比较简单且经营规模较小的单位，为简化会计凭证，一般采用通用记账凭证来记录所发生的经济业务。通用记账凭证的格式见表4-7。

表4-7

记账凭证

年　月　日　　　　　　　　　　　　　　　　　字第　号

| 摘要 | 总账科目 | 明细科目 | 记账（√） | 借方金额 | | | | | | | 贷方金额 | | | | | | | 附件 |
|------|---------|---------|----------|---|---|---|---|---|---|---|---|---|---|---|---|---|---|------|
| | | | | 万 | 千 | 百 | 十 | 元 | 角 | 分 | 万 | 千 | 百 | 十 | 元 | 角 | 分 | 张 |
| | | | | | | | | | | | | | | | | | | |
| 合计 | | | | | | | | | | | | | | | | | | |

财务主管：　　　　记账：　　　　出纳：　　　　审核：　　　　制单：

**同步思考4-3**

记账凭证与原始凭证之间的关系是什么？如何理解？

**理解要点**：二者之间既有相同点，又有不同点。二者相同点是同属于会计凭证，反映的经济内容相同。二者不同点是：①原始凭证是由经办人员填制的；记账凭证一律由会计人员填制。②原始凭证根据发生或完成的经济业务填制；记账凭证根据审核后的原始凭证填制，依据会计科目对已经发生或完成的经济业务进行归类整理。③原始凭证是填制记账凭证的依据；记账凭证是登记账簿的依据。

（2）记账凭证按照填列方式不同，通常分为复式记账凭证和单式记账凭证。

①所谓**复式记账凭证**，是指将每一笔经济业务事项所涉及的全部会计科目及其发生额在同一张记账凭证中反映的一种凭证。

②所谓**单式记账凭证**，是指每一张记账凭证只填列经济业务事项所涉及的一个会计科目及其金额的记账凭证。填列借方科目的称为借项凭证；填列贷方科目的称为贷项凭证。

记账凭证的分类如图4-7所示。

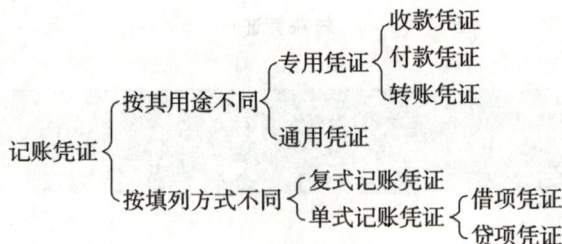

记账凭证 ┬ 按其用途不同 ┬ 专用凭证 ┬ 收款凭证<br>
　　　　　│　　　　　　　│　　　　　├ 付款凭证<br>
　　　　　│　　　　　　　│　　　　　└ 转账凭证<br>
　　　　　│　　　　　　　└ 通用凭证<br>
　　　　　└ 按填列方式不同 ┬ 复式记账凭证<br>
　　　　　　　　　　　　　　└ 单式记账凭证 ┬ 借项凭证<br>
　　　　　　　　　　　　　　　　　　　　　　└ 贷项凭证

图4-7　记账凭证的分类

### 4.3.2　记账凭证的基本内容

记账凭证是登记账簿的依据，为了保证登账的正确和方便，记账凭证必须包括以下基本内容：

（1）记账凭证的名称；

（2）记账凭证的编制日期；

（3）记账凭证的编号；

（4）经济业务摘要；

（5）会计分录的内容，即应借应贷的账户名称及其金额；

（6）填制凭证人员、稽核人员、记账人员、会计机构负责人、会计主管人员签名或者盖章，收款和付款凭证还应当由出纳人员签名或者盖章；

（7）所附原始凭证的张数。

### 4.3.3　记账凭证的填制要求

**1）记账凭证填制的基本要求**

记账凭证根据审核无误的原始凭证或者原始凭证汇总表填制。

（1）记账凭证各项内容必须完整。

（2）记账凭证应连续编号。凭证应由主管该业务的会计人员按业务发生的顺序，按不同种类记账凭证采用"字号编号法"连续编号，如银收字1号、现收字2号、银行付字1号、银付字2号。一笔经济业务需要填制两张以上记账凭证的，可以采用分数编号法编号，如 $3\frac{1}{2}$ 和 $3\frac{2}{2}$ 分别表示第3笔业务中需要填写的两张记账凭证。

（3）记账凭证的书写应清楚、规范，相关要求同原始凭证。

（4）记账凭证可以根据每一张原始凭证填制，或根据若干张同类原始凭证汇总编制，也可以根据原始凭证汇总表填制，但不得将不同内容和类别的原始凭证汇总填制在一张记账凭证上。

①如果记账凭证中附有原始凭证汇总表，则应把所附原始凭证和原始凭证汇总表的张数一起计入附件的张数之内。

②一张原始凭证所列支出需要由几个单位共同负担时，应该由保存该原始凭证的单位开具原始凭证分割单给其他应负担的单位，且原始凭证分割单必须包括原始凭证的基本内容（如凭证的名称、填制凭证的日期、经济业务的事项等）。

（5）除结账和更正错误的记账凭证可以不附原始凭证外，其他记账凭证必须附有原始凭证，并注明所附原始凭证的张数。

（6）填制记账凭证时若发生错误，应当重新填制。对于已经登记入账的记账凭证要进行错误更正。

①已经登记入账的记账凭证，在当年内发现填写错误时，可以用红字填写一张与原内容相同的记账凭证，并在摘要栏内注明"注销某月某日某号凭证"字样，同时用蓝字重新填写一张正确的记账凭证，注明"订正某月某日某号凭证"字样。

②如果会计科目没有错误，只是金额错误，也可将正确数字与错误数字之间的差额，另编一张调整的记账凭证，调增金额用蓝字，调减金额用红字。

③发现以前年度记账凭证有错误的，应当用蓝字填制一张更正的记账凭证。

（7）记账凭证填制完经济业务事项后，如有空行，应当自金额栏最后一笔金额数字下至合计数上的空行处划线注销。

**2）收款凭证的填制要求**

收款凭证是根据有关库存现金和银行存款收入业务的原始凭证填制的。收款凭证左上角"借方科目"应按收款性质填写"库存现金"或"银行存款"；日期填写填制凭证的日期；右上角应填写凭证的分类编号，如"收字第××号"等；"摘要"栏应填写经济业务的简要内容；"贷方总账科目"和"明细科目"栏应填写与库存现金或银行存款收入相对应的一级科目和明细科目；"金额"栏填写与同一行科目相对应的发生额；"合计"栏则填写各发生额的合计数；凭证右边须填写所附原始凭证的张数；凭证下边各处分别由相关人员签章；在记账人员过账后，在"记账"或"账页"栏注明记入账簿的页次或划"√"号。

**业务链接4-1**

### 收款凭证的填制

某企业2022年12月2日向银行借款30 000元存入银行，附原始凭证1张，为本月第5笔收款业务，则填制的收款凭证见表4-8。

表4-8 收款凭证

借方科目：银行存款　　　　　　　2022年12月2日　　　　　　　收字第5号

| 摘要 | 贷方总账科目 | 明细科目 | 记账 | 金额 | | | | | | | | | |
|---|---|---|---|---|---|---|---|---|---|---|---|---|---|
| | | | | 千 | 百 | 十 | 万 | 千 | 百 | 十 | 元 | 角 | 分 |
| 向银行借款 | 短期借款 | | | | | | 3 | 0 | 0 | 0 | 0 | 0 | 0 |
| | | | | | | | | | | | | | |
| | | | | | | | | | | | | | |
| 合计 | | | | | | ¥ | 3 | 0 | 0 | 0 | 0 | 0 | 0 |

财务主管：　　　记账：　　　出纳：　　　审核：　　　制单：

**3）付款凭证的填制要求**

付款凭证是根据审核无误的库存现金和银行存款的付款业务的原始凭证填制的。付款凭证的填制方法与收款凭证基本相同，不同的是在付款凭证的左上角应填列相应的贷方科目，即"库存现金"或"银行存款"，"借方总账科目"和"明细科目"栏应填写与库存现金和银行存款付款业务相对应的一级科目和明细科目。

出纳人员在办理收款或付款业务后，应在原始凭证上加盖"收讫"或"付讫"的戳记，以免重收重付。

对于库存现金和银行存款之间的划转业务，如从银行提取现金，一般只填写银行存款付款凭证；将现金存入银行，一般只填写库存现金付款凭证，以避免重复记账。

**业务链接4-2**

### 付款凭证的填制

某企业职工刘红 2022 年 12 月 4 日预借差旅费 800 元，财会部门以现金给付，附借款单 1 张，为本月第 8 笔付款业务。该笔业务编制的付款凭证见表 4-9。

表 4-9

**付款凭证**

贷方科目：库存现金　　　　　　　　2022 年 12 月 4 日　　　　　　　付字第 8 号

| 摘要 | 借方总账科目 | 明细科目 | 记账 | 金额 |  |  |  |  |  |  |  |  |  |
|---|---|---|---|---|---|---|---|---|---|---|---|---|---|
|  |  |  |  | 千 | 百 | 十 | 万 | 千 | 百 | 十 | 元 | 角 | 分 |
| 预借差旅费 | 其他应收款 | 刘红 |  |  |  |  |  | 8 | 0 | 0 | 0 | 0 | 0 |
|  |  |  |  |  |  |  |  |  |  |  |  |  |  |
| 合计 |  |  |  |  |  |  |  | ¥ | 8 | 0 | 0 | 0 | 0 | 0 |

附件 1 张

财务主管：　　　记账：　　　出纳：　　　审核：　　　制单：

#### 4）转账凭证的填制

转账凭证一般是根据转账业务（即不涉及库存现金和银行存款收支的业务）的原始凭证编制的。与收款凭证、付款凭证不同的是，转账凭证不设主体科目栏，填制转账凭证时，某项业务涉及的会计科目全部登记在会计科目栏内，用借方金额和贷方金额来确定科目的借贷关系。转账凭证中"总账科目"和"明细科目"栏应填写应借、应贷的总账科目和明细科目，借方科目应记金额应在同一行的"借方金额"栏填列，贷方科目应记金额应在同一行的"贷方金额"栏填列，"借方金额"栏合计数与"贷方金额"栏合计数应相等。

**业务链接4-3**

### 转账凭证的填制

某企业 2022 年 12 月 7 日从江山公司购入 A 材料一批，价值 9 000 元，材料已验收入库，货款尚未支付。填制入库单 1 张，为本月第 10 笔转账业务。该笔业务编制的转账凭证见表 4-10（不考虑增值税）。

表 4-10

**转账凭证**

2022 年 12 月 7 日　　　　　　　　　　　　转字第 10 号

| 摘要 | 总账科目 | 明细科目 | 记账 | 借方金额 |  |  |  |  |  |  | 贷方金额 |  |  |  |  |  |  |
|---|---|---|---|---|---|---|---|---|---|---|---|---|---|---|---|---|---|
|  |  |  |  | 万 | 千 | 百 | 十 | 元 | 角 | 分 | 万 | 千 | 百 | 十 | 元 | 角 | 分 |
| 购料 | 原材料 | A材料 |  | 9 | 0 | 0 | 0 | 0 | 0 |  |  |  |  |  |  |  |  |
|  | 应付账款 | 江山公司 |  |  |  |  |  |  |  |  | 9 | 0 | 0 | 0 | 0 | 0 |  |
| 合计 |  |  |  | ¥ | 9 | 0 | 0 | 0 | 0 | 0 | ¥ | 9 | 0 | 0 | 0 | 0 | 0 |

附件 1 张

财务主管：　　　记账：　　　审核：　　　制单：

需要说明的是，有些不反映实际发生业务内容的转账凭证可不附原始凭证，如结转损益、结转本年利润、更正错账等。

某些既涉及收款业务又涉及转账业务的综合性业务，可分开填制不同类型的记账凭证。

**业务链接4-4**

### 多种凭证的填制

某企业于2022年12月9日向明发公司销售产品一批，售价50 000元，已收款30 000元存入银行，余款20 000元尚未收到（不考虑增值税）。分别为第6笔收款业务和第12笔转账业务，该笔业务需编制2张凭证，第1张凭证为收款凭证（见表4-11），第2张凭证为转账凭证（见表4-12）。

表4-11

**收款凭证**

借方科目：银行存款　　　　　　　2022年12月9日　　　　　　　　收字第6号

| 摘要 | 贷方总账科目 | 明细科目 | 记账 | 金额 | | | | | | | | | |
|---|---|---|---|---|---|---|---|---|---|---|---|---|---|
| | | | | 千 | 百 | 十 | 万 | 千 | 百 | 十 | 元 | 角 | 分 |
| 销售收入存入银行 | 主营业务收入 | | | | | | 3 | 0 | 0 | 0 | 0 | 0 | 0 |
| | | | | | | | | | | | | | |
| 合计 | | | | | ¥ | 3 | 0 | 0 | 0 | 0 | 0 | 0 | 0 |

附件1张

财务主管：　　　记账：　　　出纳：　　　审核：　　　制单：

表4-12

**转账凭证**

2022年12月9日　　　　　　　　　转字第12号

| 摘要 | 总账科目 | 明细科目 | 记账 | 借方金额 | | | | | | | | 贷方金额 | | | | | | | |
|---|---|---|---|---|---|---|---|---|---|---|---|---|---|---|---|---|---|---|---|
| | | | | 十 | 万 | 千 | 百 | 十 | 元 | 角 | 分 | 十 | 万 | 千 | 百 | 十 | 元 | 角 | 分 |
| 赊销 | 应收账款 | 明发公司 | | 2 | 0 | 0 | 0 | 0 | 0 | 0 | 0 | | | | | | | | |
| | 主营业务收入 | | | | | | | | | | | 2 | 0 | 0 | 0 | 0 | 0 | 0 | 0 |
| | | | | | | | | | | | | | | | | | | | |
| 合计 | | | | ¥ | 2 | 0 | 0 | 0 | 0 | 0 | 0 | ¥ | 2 | 0 | 0 | 0 | 0 | 0 | 0 |

附件1张

财务主管：　　　记账：　　　审核：　　　制单：

### 5）通用记账凭证的填制

在业务量少、规模小的单位，可以只使用一种统一格式的通用记账凭证。通用记账凭证的格式与填制方法与转账凭证基本一致。

**业务链接4-5**

### 通用记账凭证的填制

某企业2022年12月12日向国发公司购入B材料一批，货款20 000元，以银行存款支付 17 000 元，余款 3 000 元尚未支付，材料已验收入库（不考虑增值税）。原始凭证 3 张，为本月第 2 笔业务。该笔业务编制通用记账凭证（见表4-13）。

表 4-13

**记账凭证**

2022 年 12 月 12 日 记字第 2 号

| 摘要 | 总账科目 | 明细科目 | 记账 | 借方金额 |  |  |  |  |  |  |  | 贷方金额 |  |  |  |  |  |  |  |
|------|---------|---------|------|---|---|---|---|---|---|---|---|---|---|---|---|---|---|---|---|
|  |  |  |  | 十 | 万 | 千 | 百 | 十 | 元 | 角 | 分 | 十 | 万 | 千 | 百 | 十 | 元 | 角 | 分 |
| 购料 | 原材料 | B材料 |  |  | 2 | 0 | 0 | 0 | 0 | 0 | 0 |  |  |  |  |  |  |  |  |
|  | 银行存款 |  |  |  |  |  |  |  |  |  |  |  | 1 | 7 | 0 | 0 | 0 | 0 | 0 |
|  | 应付账款 | 国发公司 |  |  |  |  |  |  |  |  |  |  |  | 3 | 0 | 0 | 0 | 0 | 0 |
| 合计 |  |  |  | ¥ | 2 | 0 | 0 | 0 | 0 | 0 | 0 | ¥ | 2 | 0 | 0 | 0 | 0 | 0 | 0 |

附件 3 张

财务主管： 记账： 审核： 制单：

习微平台
随堂测 4-2

### 4.3.4 记账凭证的审核

记账凭证编制后，必须经过有关稽核人员认真的审核，才能作为登账的依据。记账凭证的审核内容包括以下 6 个方面：

（1）内容是否真实。应审核记账凭证是否附有原始凭证，记账凭证的经济内容与所附的原始凭证的内容是否相符，记账凭证汇总表的内容与其所附的记账凭证的内容是否一致等。

（2）项目是否填制完整。应审核记账凭证的各项目填写是否齐全，如日期、凭证编号、摘要、会计科目、金额、所附原始凭证张数及有关人员的签章等。

（3）应借应贷的会计科目的名称及其金额是否正确。应审核记账凭证的应借、应贷科目是否有明确的账户对应关系，所使用的会计科目是否符合国家统一的会计制度的规定等。另外，还应审核记账凭证的金额与原始凭证的有关金额是否一致，计算是否正确，记账凭证汇总表的金额与记账凭证的金额合计是否相符等。

（4）书写是否正确。审核记账凭证中的记录是否字迹工整、数字是否清晰，是否按规定进行更正等。

（5）手续是否完备。出纳人员在办理收款或付款业务后，是否在原始凭证上加盖"收讫"或"付讫"的戳记。其他签章是否都已完成。

（6）实行会计电算化的单位，对于机制记账凭证，要认真审核，做到会计科目使用正确，数字准确无误。打印出来的机制记账凭证要有制单人员、稽核人员、记账人员及会计主管人员签章。

学习微平台
视频 4.3.4

只有经过审核，确认符合规定要求的记账凭证，才能据以登记账簿。不符合规定要求的记账凭证，应补办手续，更正错误或重新编制。按照《中华人民共和国会计法》规定，任何单位和个人不得伪造、变造会计凭证。伪造、变造会计凭证，授意、指使、强令会计机构、会计人员及其他人员伪造、变造会计凭证的单位和个人，都应承担相应的法律责任。

**同步案例4-2**

### 记账凭证的审核

**背景与情境**：南方股份公司于2022年5月20日收到出借包装物押金500元，其记账凭证和原始凭证如图4-8和图4-9所示。

**收　款　凭　证**

现收　字号 9　　号

借方科目：库存现金　　　　2022 年 5　月 20　日

| 摘　要 | 对方科目 |  | 借或贷 | 金额 |  |  |  |  |  |  |  |  |  | ✓ |
|---|---|---|---|---|---|---|---|---|---|---|---|---|---|---|
|  | 总账科目 | 明细科目 |  | 千 | 百 | 十 | 万 | 千 | 百 | 十 | 元 | 角 | 分 |  |
| 收到出借包装物押金 | 其他业务收入 |  | 贷 |  |  |  |  |  | 5 | 0 | 0 | 0 | 0 | □ |
|  |  |  |  |  |  |  |  |  |  |  |  |  |  | □ |
|  |  |  |  |  |  |  |  |  |  |  |  |  |  | □ |
|  |  |  |  |  |  |  |  |  |  |  |  |  |  | □ |
|  |  |  |  |  |  |  |  |  |  |  |  |  |  | □ |
|  |  |  |  |  |  |  |  |  |  |  |  |  |  | □ |
| 合　计 |  |  |  |  |  |  |  | ¥ | 5 | 0 | 0 | 0 | 0 | □ |

附单据 1 张

会计主管：　记账：　出纳：　复核：　制单：张良　收款人：

图4-8　收款凭证（一）

**收　款　收　据**

NO. 0049002

2022 年 5　月 20　日

今　收　到厦门光华公司

交　来：包装物押金

金额（大写）零　拾零　万零　仟伍　佰零　拾零　元零　角零　分

¥ 500.00　☑现金　□ 支票　□ 信用卡　□ 其他　收款单位（盖章）

第三联交财务

核准 xxx　会计 xxx　记账 xxx　出纳 xxx　经手人 xxx

图4-9　收款收据

**问题**：审核上述凭证，如果发现错误，请填制正确的记账凭证。

分析提示：上述业务是一项收取押金的收款业务，所附原始凭证是一张收款收据，并根据该收款收据填制了一张收款凭证，该收款凭证的会计分录是：

借：库存现金　　　　　　　　　　　　　　　　　　　　　　　　500

　　贷：其他业务收入　　　　　　　　　　　　　　　　　　　　　500

押金的性质是先收后付，不是企业的收入，因此不能记入"其他业务收入"科目，而应当记入"其他应付款"科目。经审核，这张收款凭证是错误的。正确的收款凭证如图4-10所示。

图4-10　收款凭证（二）

### 课程思政 4-2

#### 记账凭证——查账入口

**背景与情境**：诚信会计师事务所的审计人员在审计美达食品有限公司2018年的会计报表时发现了一张记账凭证，见表4-14。

表4-14

**转账凭证**

2018 年 12 月 20 日　　　　　　　　　　　　　　　　　第 650 号

| 摘要 | 总账科目 | 明细科目 | 借方金额 | 贷方金额 |
|---|---|---|---|---|
| 销售甲产品 | 应收账款 | 光明公司 | 160 000.00 | |
| 销售甲产品 | 主营业务收入 | | | 160 000.00 |
| 合计 | | | 160 000.00 | 160 000.00 |

会计主管：　　　　记账：　　　　审核：　　　　制单人：

该记账凭证存在的问题有：

一是没有办理记账、审核等手续并由责任人签章；

二是凭证背面也没有附原始凭证。

这些足以引起审计人员的怀疑：美达公司在虚增2018年的收入。审计人员于是追查了 2019 年应收账款账簿，该公司的会计人员又填制了一张相反的凭证，冲减了 2018 年的上述应收账款和销售收入。最后，审计人员查明，该公司管理人员的奖金与公司利润挂钩，管理人员分配奖金无望，于是管理层就指使会计做了一笔虚构销售的分录，次年又将这笔分录冲销。

审计人员的审计意见是：冲减 2018 年的应收账款和主营业务收入，并相应调整坏账准备。

（资料来源　佚名．审计案例集［EB/OL］．［2019-03-05］．https：//www.docin.com/p-2349003506.html．原文经过整理）

**问题**：美达公司会计人员的上述行为符合职业道德与会计伦理要求吗？该企业会计人员的行为给我们什么启示？

**分析提示**：本案例采取的违法舞弊手法是会计人员按照单位特别是管理人员的需要随意填制记账凭证以达到谋取个人利益的目的。《中华人民共和国会计法》第 43 条规定：伪造、变造会计凭证、会计账簿，编制虚假财务会计报告，构成犯罪的，依法追究刑事责任。有前款行为，尚不构成犯罪的，由县级以上人民政府财政部门予以通报，可以对单位并处五千元以上十万元以下的罚款；对其直接负责的主管人员和其他直接责任人员，可以处三千元以上五万元以下的罚款；属于国家工作人员的，还应当由其所在单位或者有关单位依法给予撤职直至开除的行政处分；对其中的会计人员，五年内不得从事会计工作。

根据《中华人民共和国会计法》第 28 条的规定：单位负责人应当保证会计机构、会计人员依法履行职责，不得授意、指使、强令会计机构、会计人员违法办理会计事项①。会计机构、会计人员对违反本法和国家统一的会计制度规定的会计事项，有权拒绝办理或者按照职权予以纠正。

该会计人员的行为给我们的启示是：一方面，作为一名会计人员，要学法知法守法，增强法制意识，依法依规办事。另一方面，要牢固树立诚信理念，忠于职守、敢于斗争，自觉抵制会计造假行为，对单位负责人做假账要求要坚决拒绝。

学习微平台

随堂测 4-3

**➤ 本章资源导航 ➤**

时政要闻感知——我国在新办纳税人中实行增值税专用发票电子化：https：//www.chinatax.gov.cn/chinatax/n810219/n810724/c5159927/content.html

时政要闻感知——国家税务总局关于修订《增值税专用发票使用规定》的通知（国税发〔2006〕156 号）：https：//www.chinatax.gov.cn/chinatax/n359/c289/content.html#：~：text=

反面示例警醒——零容忍！国家税务总局曝光五起增值税发票虚开骗税典型案例视频：https：//www.ixigua.com/6975387444590051871?wid_try=1

时政要闻感知——《中华人民共和国会计法》：http：//www.npc.gov.cn/npc/c2/c30834/201905/t20190521_278517.html

---

①　时政要闻感知——《中华人民共和国会计法》。

# 第5章
# 会计账簿

## 学习目标

通过本章学习，应该达到以下目标：

**理论目标：** 学习和把握会计账簿的概念与作用，选择会计账簿的类型和登记规则等陈述性知识；能用其指导本章"同步思考""教学互动""随堂测"中的认知活动，正确解答《训练手册》"任务五"中"客观题"和"主观题"的"理论题"各题型问题；体验本章"初级学习"中专业认知的横向正迁移，以及相关胜任力中"认知"要素的阶段性生成。

**实务目标：** 学习和把握会计账簿登记的依据、步骤，对会计账簿进行分类的条件、标准和方法，会计账簿选择与登记的策略、方法与技巧和"业务链接"等程序性知识；并将"4Cs"融入学习过程中；能以其建构"总论"中的规则意识，正确解析本章《训练手册》"任务五"中"实务题"的相关问题；体验本章专业规则与方法"初级学习"中的横向正迁移，以及相关胜任力中"专业规则"要素的阶段性生成。

**案例目标：** 运用所学"会计账簿"的理论与实务知识研究相关同步案例，培养和提高学生在特定业务情境中分析问题与处理问题的能力；能结合本章的"遵纪守法　客观公正"和"'厂长利润'，利用应收账款和假退库虚列营业收入"等课程思政案例，引导学生明辨是非善恶，强化学生客观公正的职业素养，树立正确的法治观念，促进"立德树人"根本任务的落实；正确表征本章《训练手册》"任务五"中"案例题"的相关情境；体验本章"高级学习"中专业知识、通用知识与思政元素的协同性重组迁移，以及相关胜任力中"认知弹性"要素的阶段性生成。

**实训目标：** 引导学生参加《训练手册》"工作任务五"中"'会计账簿的开设与登记'技术应用"的实践训练。在了解和把握本实训所涉及"能力与道德领域"相关技能点的"规范与标准"的基础上，通过切实体验"会计账簿的开设与登记"各实训任务的完成，系列技能操作的实施；《会计账簿登记实训报告》的准备与撰写等有质量、有效率的活动，培养学生相关"技术应用"的专业能力，强化其"与人合作"、"解决问题"和"革新创新"等职业核心能力（中级），并通过"认同级"践行"职业态度"和"职业守则"等行为规范，促进其健全职业人格的塑造；体验本章"实践学习"中"专能""通能""职业道德"元素的协同性"重组-产生"迁移，以及相关胜任力中"求知韧性"和"复合性'技术-技能'"要素的阶段性生成。

### 第5章内容结构

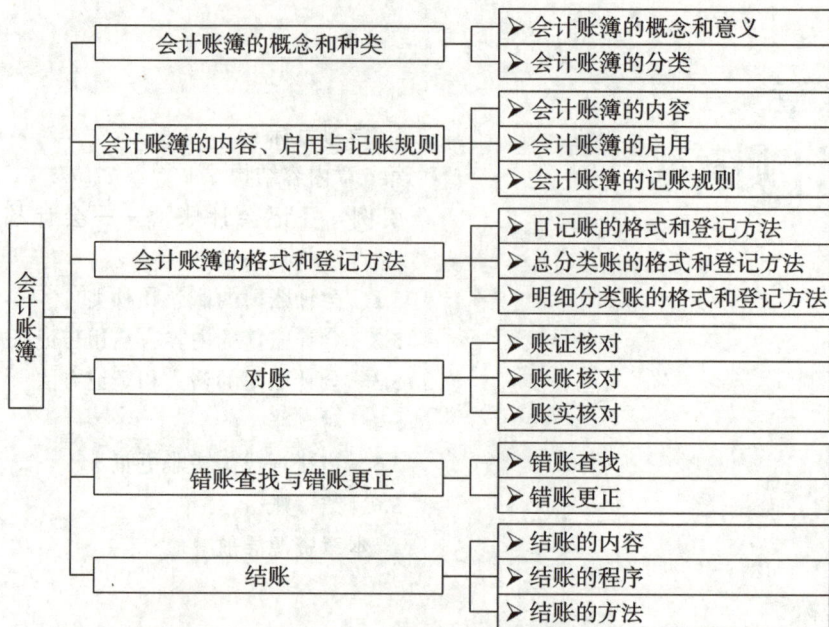

图5-1    第5章思维导图

**引例    登记会计账簿——会计核算的中心环节**

**背景与情境：** 南方化工有限公司十几年前靠2万元的自筹资金起家，经过规范经营及规模化发展，目前成为一家拥有流动资金超过8亿元的大型现代化涂料生产企业。该公司财务制度健全，会计账簿设置既符合国家统一会计制度的规定，又满足公司生产经营管理的需要，设置有总分类账、明细分类账、日记账和备查账。其中，日记账和总分类账采用三栏式结构，用订本式账册。明细分类账根据账户核算要求的不同，分别采用三栏式、数量金额式和多栏式等结构，用活页账册。对租入固定资产、发出商品、应收票据和应付票据等业务，还设置了备查账簿进行补充登记。公司账簿的设置、登记、更正均合法合规，全面、系统、连续、真实地反映了公司的各项经济活动，为经营管理及时提供了会计信息，保证了公司财产物资的安全和完整。

该引例中，提到了一个关键词——会计账簿，那么，什么是会计账簿？它有什么意义？该如何登记账簿？

## 5.1　会计账簿的概念和种类

### 5.1.1　会计账簿的概念和意义

**会计账簿**，简称账簿，是指由一定格式的账页组成的，以经过审核的会计凭证为依据，全面、系统、连续和分类地记录各项经济业务的簿籍。登记账簿是会计核算的一种专门方法。

会计账簿的概念可以从两方面理解：一是从外表形式看，账簿是由具有一定

格式的账页联结而成的簿籍；二是从记录的内容看，账簿是对各项经济业务进行分类和序时记录的簿籍。

会计账簿和会计凭证都是记录经济业务的会计资料，但二者的记录方式不同。在会计核算中，通过会计凭证的填制和审核，可以反映和监督每项经济业务的完成情况。但会计凭证的数量繁多，对经济业务的记录是零星、分散的，且每一张凭证只能就个别的经济业务进行详细的记录和反映，不能把某一时期的全部经济业务活动情况完整地反映出来。而会计账簿对经济业务的记录是分类、序时、全面、连续的，能够把分散在会计凭证中的大量核算资料加以集中，为经营管理提供系统、完整的核算资料。各单位应当按照国家统一的会计制度的规定和会计业务的需要设置会计账簿。

设置会计账簿是编制会计报表的基础，是连接会计账簿与会计报表的中心环节，在会计核算中具有重要意义，具体表现为：

（1）可以记载、存储会计信息。将会计凭证所记录的经济业务逐笔逐项记入有关账簿，既可以提供总括的核算资料，又可以提供明细的核算资料，从而可以全面反映一定时期发生的各项经济活动，及时存储所需要的各项会计信息。

（2）可以分类、汇总会计信息。通过账簿记录，可以将分散在会计凭证中的大量的核算资料，按其不同性质加以归类、整理和汇总，以便全面、系统、连续和分类地提供企业资产、负债和所有者权益的增减变动，收入和费用的发生，利润的实现和分配情况，及时提供各方面所需要的会计信息，为管理决策提供依据。

（3）可以检查和校正会计信息。将账簿上已有的数据与实存数据进行核对，可以检查财产物资是否妥善保管、账务数据与实物数据是否相符。

（4）可以编报和输出会计信息。会计账簿中全面的会计信息，可以为会计报表的编制提供系统的数据来源，并可根据需要编制符合各种要求的会计报表。

**同步思考 5-1**

会计凭证与会计账簿都可以反映经济业务的发生及变化情况，对经济业务已有会计凭证进行反映，是否还需要采用会计账簿进行反映？为什么？

**理解要点**：会计凭证和会计账簿都是反映经济业务的会计资料，但二者的记录方式不同。每一张会计凭证只能就个别的业务进行反映，其记录是零星、分散的。而会计账簿能把分散在会计凭证中的大量的核算资料加以集中，为经营管理提供系统、完整的核算资料。

因此，会计凭证与会计账簿是会计核算中的两个重要环节，缺一不可。前者是会计核算的最初环节，后者是会计核算的中心环节，并为编制会计报表最终环节提供依据。

### 5.1.2　会计账簿的分类

会计账簿按不同的标准可作如下分类。

### 1) 按用途分类

账簿按用途分类，可以分为序时账簿、分类账簿和备查账簿。

（1）所谓**序时账簿**，也称**日记账**，是指按照经济业务发生的时间先后顺序，逐日逐笔登记经济业务的簿籍。序时账簿有两种：一种是用来登记全部经济业务的；另一种是用来登记某一类经济业务的。在实际工作中，由于经济业务的复杂性，用一本账簿登记企业的全部经济业务比较困难，也不便于分工记账，因而其在实际工作中已很少使用。在我国企业、行政事业单位中使用比较广泛的是记录某一类经济业务的账簿，如库存现金日记账和银行存款日记账等。

（2）所谓**分类账簿**，也称**分类账**，是指对各项经济业务按照会计要素的具体类别而设置的分类账簿。按其反映内容详细程度的不同，又可以分为总分类账（简称总账）和明细分类账（简称明细账）。总分类账簿是根据一级会计科目开设账户，用来分类登记全部经济业务，提供各种资产、负债、所有者权益、收入、费用和利润总括核算资料的分类账簿，通常采用三栏式。明细分类账簿通常是根据一级科目所属的二级科目或明细科目开设账户，用来分类登记某一类经济业务，提供明细核算资料的分类账簿。明细分类账可采用的格式主要有三栏式明细账、多栏式明细账和数量金额式明细账。明细分类账是对总分类账的补充和具体化，并受总账的控制和统驭。分类账簿提供的核算信息是编制会计报表的主要依据。

（3）所谓**备查账簿**，也称**备查簿**、**辅助登记账簿**，是指对某些在日记账和分类账等主要账簿中未能记载或登记不够详细的事项进行补充登记的账簿。如租入固定资产登记簿、受托加工材料登记簿、代销商品登记簿等。备查账簿只是对账簿记录的一种补充，它与其他账簿之间不存在严密的依存和勾稽关系。备查账簿根据企业的实际需要设置，没有固定的格式要求。

### 2) 按其外表形式分类

账簿按其外表形式分类，可以分为订本式账簿、活页式账簿和卡片式账簿。

（1）所谓**订本式账簿**，简称**订本账**，是在启用前进行顺序编号并固定装订成册的账簿。这种账簿的优点是，可以避免账页散失，防止账页被人为地抽换。但订本账也有其缺陷，不能准确地为各种账户预留账页，同一本账簿在同一期间内只能由一人登记，不能分工记账。其缺点是，订本账账页固定，不能根据需要增减，因而必须预先估计每一个账户需要的页数，保留空白账页，如保留的空白账页不够，就要影响账户登记的连续性；如保留空白账页太多，又会造成不必要的浪费。在实际工作中，订本式账页一般适用于重要的和具有统驭性的总分类账、库存现金日记账和银行存款日记账。

（2）所谓**活页式账簿**，简称**活页账**，是在启用前由许多分散账页所组成的账簿。使用前可活动地装订在一起，可以随时增页和减页。在一个会计年度结束之后，才将账页予以装订，加具封面，并给各账页连续编号。其优点是便于分工记账，可以根据记账的需要随时增减账页，或抽去不需用的账页，便于同时分工记账。其缺点是账页容易散失和被抽换。活页式账簿一般适用于明细分类账。

（3）所谓**卡片式账簿**，又称**卡片账**，是由许多分散的、具有账户格式的卡片，存放在卡片箱中所组成的账簿。使用时按类别排列，按顺序编号，并加盖有关人员的印章。卡片账簿应由专人保管，以保证其安全。卡片式账簿的优缺点与活页式账簿大体相同。在我国，一般只对固定资产明细账采用卡片账，也有少数企业在材料核算中使用材料卡片。

### 3）按账页格式分类

账簿按账页格式的不同，可以分为三栏式账簿、多栏式账簿、数量金额式账簿和横线登记式账簿四种。

（1）所谓**三栏式账簿**，是指由借方、贷方和余额三个金额栏的账页组成的账簿。各种日记账、总分类账以及资本、债权、债务明细账都可采用三栏式账簿。三栏式账簿又分为设对方科目的三栏式账簿和不设对方科目的三栏式账簿两种。它们的区别在于在摘要栏和借方科目栏之间是否设置"对方科目"栏。

（2）所谓**多栏式账簿**，是指在账簿的借方或贷方按需要分设若干专栏的账簿。其专栏设置在借方还是设置在贷方，或是两方同时设置，均应根据需要确定。收入、成本、费用明细账一般采用多栏式账簿。

（3）所谓**数量金额式账簿**设借方、贷方和余额三个栏目，每个栏目再分设数量、单价和金额三小栏，借以反映财产物资的实物数量和价值量的账簿，如原材料、库存商品和产成品等明细账一般采用数量金额式账簿。

（4）所谓**横线登记式账簿**，是指利用平行式账页，将同一经济业务的若干内容在同一行进行登记的账簿，可以反映同一经济业务的完成及变动情况，如在途物资明细账一般采用横线登记式账簿。

会计账簿的分类如图 5-2 所示。

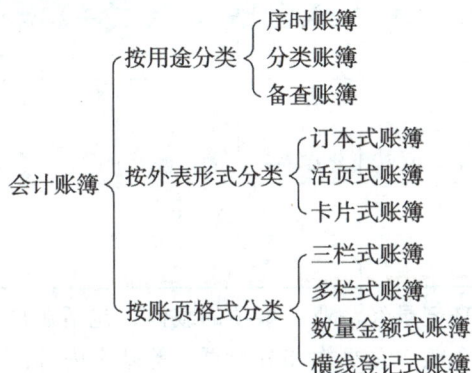

**图5-2　会计账簿的分类**

## 5.2　会计账簿的内容、启用与记账规则

### 5.2.1　会计账簿的内容

在实际工作中，由于各种账簿所记录的经济业务不同，账簿的格式也多种多样，但各种账簿都应具备以下基本内容：

学习微平台

视频 5.2.1

（1）封面，主要用来标明账簿的名称，如总分类账、各种明细分类账、库存现金日记账、银行存款日记账等。

（2）扉页，主要列明科目索引（目录）、账簿启用和经管人员一览表（活页账、卡片账在装订成册后，填列账簿启用和经管人员一览表），"账簿启用和经管人员一览表"和"科目索引（目录）"格式分别见表5-1和表5-2。

表5-1　　　　　　　　　　**账簿启用和经管人员一览表**

账簿名称：_____　　　　　单位名称：_____

账簿编号：_____　　　　　账簿册数：_____

账簿页数：_____　　　　　启用日期：_____

会计主管：_____　　　　　记账人员：_____

| 移交日期 | | | 移交人 | | 接管日期 | | | 接管人 | | 会计主管 | |
|---|---|---|---|---|---|---|---|---|---|---|---|
| 年 | 月 | 日 | 姓名 | 签章 | 年 | 月 | 日 | 姓名 | 签章 | 姓名 | 签章 |
|  |  |  |  |  |  |  |  |  |  |  |  |
|  |  |  |  |  |  |  |  |  |  |  |  |
|  |  |  |  |  |  |  |  |  |  |  |  |
|  |  |  |  |  |  |  |  |  |  |  |  |

表5-2　　　　　　　　　　　　**科目索引（目录）**

| 科目代号 | 总账科目 | 明细科目 | 账页起页 | 科目代号 | 总账科目 | 明细科目 | 账页起页 |
|---|---|---|---|---|---|---|---|
|  |  |  |  |  |  |  |  |
|  |  |  |  |  |  |  |  |
|  |  |  |  |  |  |  |  |
|  |  |  |  |  |  |  |  |

（3）账页，是用来记录经济业务事项的载体，包括账户的名称、日期、凭证种类和号数、摘要、金额、总页次和分户页次等基本内容。

### 5.2.2　会计账簿的启用

账簿是重要的会计档案。为了确保账簿记录的合法性和完整性，明确记账责任，在启用会计账簿时，应当在账簿封面上写明单位名称和账簿名称，并在账簿扉页上附启用表，表内应详细载明：单位名称、账簿名称、账簿编号、账簿页数、账簿册数、启用日期、记账人员和会计主管人员姓名，并加盖有关人员的签章和单位公章。更换记账人员时，应办理交接手续，在交接记录内填写交接日期和交接人员姓名并签章，具体格式见表5-1。启用订本式账簿，应当从第一页到最后一页按顺序编定页码，不得跳页、缺号。使用活页式账簿，应当按账户顺序编号，并须定期装订成册，装订后再按实际使用的账页顺序编定页码，另加目录，便于记录每个账户的名称和页次。

### 5.2.3　会计账簿的记账规则

为了保证会计账簿记录的准确性，应当根据审核无误的会计凭证登记会计账簿，而且应当符合有关法律、法规和国家统一的会计制度的规定。

（1）登记会计账簿时，应当将会计凭证日期、编号、业务内容摘要、金额和其他有关资料逐项记入账内，做到数字准确、摘要清楚、登记及时、字迹工整。每一项会计事项，一方面要记入有关的总账，另一方面要记入该总账所属的明细账。账簿记录的日期，应该填写记账凭证上的日期；以自制原始凭证（如收料单、领料单等）作为记账依据的，账簿记录中的日期应按有关自制凭证上的日期填列。

（2）账簿登记完毕后，要在记账凭证上签名或者盖章，并在记账凭证的"过账"栏内注明账簿页数或者画记账符号"√"，表示已经过账完毕，避免重记、漏记。

（3）账簿中书写的文字和数字上面要留有适当的空格，不要写满格，一般应占格距的1/2。一旦发生登记错误时，能比较容易地进行更正，同时也方便进行查账。

（4）正常情况下使用蓝黑墨水笔。为了保证账簿记录的持久性，防止涂改，登记账簿必须使用蓝黑墨水笔或碳素墨水笔书写，不得使用圆珠笔（银行的复写账簿除外）或者铅笔书写。

（5）特殊记账使用红色墨水笔。在下列情况下，可以使用红色墨水笔记账：

①按照红字冲账的记账凭证，冲销错误记录；

②在不设借贷等栏的多栏式账页中，登记减少数；

③在三栏式账簿的余额栏前，如未印明余额方向的，在余额栏内登记负数余额；

④根据国家统一的会计制度的规定可以用红字登记的其他会计记录。

（6）在登记各种账簿时，应当按页次顺序连续登记，不得隔页、跳行，如记账时发生错误或者发生隔页、跳行现象，应在空页、空行处用红色墨水笔画对角线注销，或者注明"此页空白"或"此行空白"字样，并由记账人员和会计机构负责人（会计主管人员）签名或者盖章。

（7）凡需要结出余额的账户，结出余额后，应当在"借或贷"栏内注明"借"或"贷"字样，以示余额的方向；对于没有余额的账户，应在"借或贷"栏内写"平"字，并在"余额"栏内用"∅"表示。库存现金日记账和银行存款日记账必须逐日结出余额。

（8）每一账页登记完毕结转下页时，应当结出本页发生额合计数及余额，在该账页最末一行摘要栏注明"转次页"或"过次页"字样；将本页发生额合计数及余额记入下页第一行有关金额栏内，并在该行摘要栏内注明"承前页"字样，以保持账簿记录的连续性，便于对账和结账。

对需要结出本月发生额的账户，结计"过次页"的本页合计数应当为自本月初起至本页末止的发生额合计数；对需要结出本年累计发生额的账户，结计"过次页"的本页合计数应当为自年初起至本页末止的累计数；对既不需要结出本月发生额也不需要结出本年累计发生额的账户，可以只将每页末的余额结转次页。

（9）实行会计电算化的单位，总账和明细账应当定期打印。发生收款和付款业务的，在输入收款凭证和付款凭证的当天必须打印出库存现金日记账和银行存款日记账，并与库存现金核对无误。

### 课程思政 5-1

#### 遵纪守法 客观公正

**背景与情境：** YDS公司是YD公司的子公司，为了逃税，将300多万元的销售收入记录在"其他应付款"和"应付账款"账户中，通过变相登记收入到往来账户的方法，达到少缴税的目的。2017年8月，母公司YD准备上市，聘请会计师事务所对其连续三年的财务状况进行审计，发现子公司YDS应付给YD公司的货款找不到任何记录，后经质询，会计科长承认了隐匿收入的事实，会计师事务所要求子公司YDS据实调整账项，从而延误了母公司YD上市的良机。

（资料来源 乔世震. 会计案例 [M]. 北京：中国财政经济出版社，1999. 对原文进行整理改编）

**问题：** 本案例中，该公司的违法行为应承担什么后果？该案例给我们什么启示？

**分析提示：** 本案例中，会计科长通过变相登记收入到往来账户的方法，想达到偷逃税款的目的。根据《中华人民共和国会计法》第43条的规定：伪造、变造会计凭证、会计账簿，编制虚假财务会计报告，构成犯罪的，依法追究刑事责任。有前款行为，尚不构成犯罪的，由县级以上人民政府财政部门予以通报，可以对单位并处五千元以上十万元以下的罚款；对其直接负责的主管人员和其他直接责任人员，可以处三千元以上五万元以下的罚款；属于国家工作人员的，还应当由其所在单位或者有关单位依法给予撤职直至开除的行政处分；对其中的会计人员，五年内不得从事会计工作。

根据《中华人民共和国刑法》第201条的规定：纳税人采取欺骗、隐瞒手段进行虚假纳税申报或者不申报，逃避缴纳税款数额较大并且占应纳税额百分之十以上的，处三年以下有期徒刑或者拘役，并处罚金；数额巨大并且占应纳税额百分之三十以上的，处三年以上七年以下有期徒刑，并处罚金。

本案例给我们的启示是[①]：作为会计人员，应当自觉带头遵纪守法、守住底

---

① 资源导航：时政要闻感知——高举中国特色社会主义伟大旗帜 为全面建设社会主义现代化国家而团结奋斗——在中国共产党第二十次全国代表大会上的报告（2022年10月16日）习近平。

线、不越红线，依法依规开展会计工作，坚决维护国家财经纪律和市场经济秩序，为实现党的二十大报告中提出的，"坚持全面依法治国，推进法治中国建设"贡献出会计人的力量！

## 5.3　会计账簿的格式和登记方法

### 5.3.1　日记账的格式和登记方法

日记账，是按照经济业务发生或完成的时间先后顺序逐日逐笔进行登记的账簿。其目的是为了将经济业务按时间顺序清晰地反映在账簿中。我国大多数企事业等单位一般只设置库存现金日记账和银行存款日记账，以加强对货币资金的管理。

#### 1）库存现金日记账的格式和登记方法

（1）库存现金日记账的格式

库存现金日记账是用来核算和监督库存现金每天的收入、支出和结存情况的账簿，其格式主要为三栏式。从其外表来看，为了保证库存现金日记账的安全和完整，应采用订本账。三栏式库存现金日记账设借方、贷方和结余三个基本栏目。三栏式库存现金日记账的格式见表5-3。

表5-3　　　　　　　　　　　　库存现金日记账

| 年 | | 凭证 | | 摘要 | 对应科目 | 借方 | 贷方 | 结余 |
|---|---|---|---|---|---|---|---|---|
| 月 | 日 | 种类 | 号数 | | | | | |
| | | | | | | | | |
| | | | | | | | | |
| | | | | | | | | |
| | | | | | | | | |

（2）库存现金日记账的登记方法

库存现金日记账通常是由出纳人员根据审核后的库存现金收付款凭证、银行存款收付款凭证逐日逐笔按照经济业务发生的顺序登记的。在登记三栏式库存现金日记账的过程中，当库存现金有收入（或支出）时，不仅要将收入（或支出）的金额记入收入（或支出）栏内，还要将对应的会计账户记入"对应科目"栏内。每天库存现金收付款业务登记完毕后，应在余额栏内结出库存现金余额。

其登记方法为：

①日期栏：登记记账凭证的日期，应与库存现金实际收付的日期保持一致。

②凭证种类、号数栏：分别登记所依据的库存现金收付款凭证的种类和号数。对于从银行提取库存现金的业务，涉及库存现金的收入，由于已填制银行存款付款凭证，为避免重复记账，不再填制库存现金收款凭证，这部分库存现金收入业务应直接根据银行存款付款凭证进行登记。对于所依据的库存现金收付款凭证、银行存款付款凭证，则可分别简写为"现收"、"现付"和"银付"字样。

③摘要栏：登记入账的经济业务的简要说明。

④对应科目栏：登记库存现金收入的来源科目和库存现金支出的用途科目。

⑤借方、贷方、结余栏：登记库存现金实际收付的金额。每日终了，应分别计算库存现金收入、支出金额的合计数，余额结出后，出纳人员应盘点库存现金，核对账实是否相符，如果账实不符应查明原因，并记录备案。月终同样要计算库存现金的收入、付出和结存的合计数，即"月结"。

**业务链接5-1**

某企业在2022年2月1日库存现金余额为500元，发生以下3笔经济业务：

（1）2月2日，从银行提取现金700元；

（2）2月8日，用现金支付购买原材料运费800元；

（3）2月15日，业务员张三出差回来报销差旅费，交回多余现金120元。

根据以上资料，编制库存现金日记账见表5-4。

表5-4                                                库存现金日记账                                            单位：元

| 2022年 | | 凭证 | | 摘要 | 对应科目 | 借方 | 贷方 | 结余 |
|---|---|---|---|---|---|---|---|---|
| 月 | 日 | 种类 | 号数 | | | | | |
| 2 | 1 | | | 上月结余 | | | | 500 |
| | 2 | 银付 | 1 | 提取现金 | 银行存款 | 700 | | 1 200 |
| | 8 | 现付 | 1 | 支付购料运费 | 在途物资 | | 800 | 400 |
| | 15 | 现收 | 1 | 张三报销差旅费 | 其他应收款 | 120 | | 520 |
| | | | | （以下内容略） | | | | |
| | 28 | | | 本月合计 | | 15 300 | 15 100 | 700 |

**2）银行存款日记账的格式和登记方法**

银行存款日记账是用来登记银行存款每日的收入、支出和结余情况的账簿。银行存款日记账应按企业在银行开立的账户和币种分别设置。每个银行账户须设置一本日记账。银行存款日记账的格式和登记方法与库存现金日记账的格式和登记方法基本相同，通常是由出纳员根据银行存款收款凭证、库存现金付款凭证登记银行存款的收入栏，根据银行存款付款凭证登记其支出栏，按时间先后顺序逐日逐笔进行登记，每日结出余额。与库存现金日记账不同的是，由于银行存款的收付都是根据特定的银行结算凭证进行的，因此银行存款日记账在适当位置增加一栏"结算凭证——种类、号数"，以便记账时标明每笔业务的结算凭证及编号，也便于与银行核对账目。

### 5.3.2　总分类账的格式和登记方法

**1）总分类账的格式**

总分类账是按照总分类账户登记以提供总括会计信息的账簿。每一个企业都应设置总分类账。总分类账一般采用订本账形式，其账页格式最常用的为三栏式账页，有的单位也采用多栏式账页。在账簿中，按规定的会计科目编号顺序设立账户，每一个账户预留若干空白账页，以登记一定时期（一年）内该账户的全部经济业务。

学习微平台

视频 5.3.2

**2）总分类账的登记方法**

总分类账的登记方法因登记的依据不同而有所不同。经济业务少的单位直接根据记账凭证逐笔登记总账；经济业务多的单位，可采用汇总登记方式，即根据记账凭证汇总表（又称科目汇总表）、汇总记账凭证等定期汇总登记总账。

**同步案例 5-1**

#### 总分类账的登记

**背景与情境**：某企业 2022 年 6 月有关资料如下：

1）2022 年 6 月 1 日有关总分类账、明细分类账余额见表 5-5 和表 5-6。

表 5-5　　　　　　　　　　　　　　**总分类账余额表**　　　　　　　　　　　　单位：元

| 会计科目 | 借方 | 贷方 | 会计科目 | 借方 | 贷方 |
|---|---|---|---|---|---|
| 库存现金 | 3 500 | | 短期借款 | | 1 570 000 |
| 银行存款 | 400 000 | | 应付账款 | | 400 000 |
| 应收账款 | 100 000 | | 应交税费 | | 50 000 |
| 其他应收款 | 10 000 | | 应付股利 | | 70 000 |
| 预付账款 | 12 000 | | 其他应付款 | | 15 500 |
| 原材料 | 900 000 | | 应付利息 | | 20 000 |
| 库存商品 | 600 000 | | 实收资本 | | 2 000 000 |
| 生产成本 | 300 000 | | 盈余公积 | | 150 000 |
| 固定资产 | 3 000 000 | | 本年利润 | | 300 000 |
| 利润分配 | 250 000 | | 累计折旧 | | 1 000 000 |
| 合计 | 5 575 500 | | 合计 | | 5 575 500 |

表 5-6　　　　　　　　　　　　　　**明细分类账余额表**

| 材料名称 | 计量单位 | 数量 | 单价（元/千克） | 金额（元） |
|---|---|---|---|---|
| 甲材料 | 千克 | 1 500 | 400 | 600 000 |
| 乙材料 | 千克 | 2 000 | 150 | 300 000 |

2）该企业 6 月份发生下列业务：

（1）2 日购进甲材料 100 千克，单价 400 元/千克，材料验收入库，货款由银行支付。

（2）5日购进乙材料400千克，单价150元/千克，材料验收入库，货款未付。

（3）15日仓库发出材料，发料汇总表见表5-7。

表5-7 发料汇总表

| 项目 | 甲材料 | | 乙材料 | | 合计 | |
|---|---|---|---|---|---|---|
| | 数量（千克） | 金额（元） | 数量（千克） | 金额（元） | 数量（千克） | 金额（元） |
| 制造产品耗用 | 120 | 48 000 | 450 | 67 500 | | 115 500 |
| 其中：A产品 | 70 | 28 000 | 200 | 30 000 | | 58 000 |
| B产品 | 50 | 20 000 | 250 | 37 500 | | 57 500 |
| 行政管理部门耗用 | 10 | 4 000 | — | — | | 4 000 |
| 合计 | 130 | 52 000 | 450 | 67 500 | | 119 500 |

（4）17日用银行存款支付已预提利息12 000元。

（5）20日从银行提取现金60 000元以备发放工资。

（6）20日用现金60 000元发放工资。

（7）25日销售A产品100件，货款180 000元存入银行。

（8）26日销售B产品200件，货款100 000元，收回60 000元存入银行，其余部分尚未收回。

（9）28日用银行存款支付销售费用3 000元。

（10）30日分配本月工资，其中A产品生产工人工资30 000元，B产品生产工人工资15 000元，行政管理人员工资15 000元。

（11）30日计提由行政管理部门负担的固定资产折旧1 000元。

（12）30日结转本月完工产品成本，其中A产品完工180件，总成本216 000元，B产品完工300件，总成本120 000元。

（13）30日计算本月应缴纳的销售税金28 000元。

问题：

1）根据以上经济业务编制会计分录（不考虑增值税）。

2）根据记账凭证逐笔登记原材料、库存商品、生产成本、应付账款和应付利息总分类账（其他总分类账略）。

分析提示：

1）以上各业务的会计分录如下：

（1）借：原材料——甲材料　　　　　　　　　　　　　40 000

　　　　贷：银行存款　　　　　　　　　　　　　　　　　　40 000

（2）借：原材料——乙材料　　　　　　　　　　　　　60 000

　　　　贷：应付账款　　　　　　　　　　　　　　　　　　60 000

（3）借：生产成本——A产品　　　　　　　　　　　　58 000

　　　　　　　　　——B产品　　　　　　　　　　　　57 500

借：管理费用　　　　　　　　　　　　　　4 000
　　贷：原材料——甲材料　　　　　　　　　　　　52 000
　　　　　　　——乙材料　　　　　　　　　　　　67 500

（4）借：应付利息　　　　　　　　　　　　12 000
　　贷：银行存款　　　　　　　　　　　　　　　　12 000

（5）借：库存现金　　　　　　　　　　　　60 000
　　贷：银行存款　　　　　　　　　　　　　　　　60 000

（6）借：应付职工薪酬——工资　　　　　　60 000
　　贷：库存现金　　　　　　　　　　　　　　　　60 000

（7）借：银行存款　　　　　　　　　　　180 000
　　贷：主营业务收入——A 产品　　　　　　　　180 000

（8）借：银行存款　　　　　　　　　　　　60 000
　　　　应收账款　　　　　　　　　　　　40 000
　　贷：主营业务收入——B 产品　　　　　　　　100 000

（9）借：销售费用　　　　　　　　　　　　3 000
　　贷：银行存款　　　　　　　　　　　　　　　　3 000

（10）借：生产成本——A 产品　　　　　　30 000
　　　　　　　——B 产品　　　　　　　　15 000
　　　　管理费用　　　　　　　　　　　　15 000
　　贷：应付职工薪酬——工资　　　　　　　　　　60 000

（11）借：管理费用——折旧费　　　　　　1 000
　　贷：累计折旧　　　　　　　　　　　　　　　　1 000

（12）借：库存商品——A 产品　　　　　　216 000
　　　　　　　——B 产品　　　　　　　　120 000
　　贷：生产成本——A 产品　　　　　　　　　　216 000
　　　　　　　——B 产品　　　　　　　　　　　120 000

（13）借：税金及附加　　　　　　　　　　28 000
　　贷：应交税费　　　　　　　　　　　　　　　　28 000

2）总分类账见表 5-8 至表 5-12。

表 5-8　　　　　　　　　　　　　　　　**总分类账**

会计科目：原材料　　　　　　　　　　　　　　　　　　　　　　　　　第 × 页

| 2022 年 | | 凭证号 | 摘要 | 借方 | 贷方 | 借或贷 | 余额 |
|---|---|---|---|---|---|---|---|
| 月 | 日 | | | | | | |
| 6 | 1 | | 期初余额 | | | 借 | 900 000 |
| | 2 | 记字 1 | 购进甲材料 | 40 000 | | 借 | 940 000 |
| | 5 | 记字 2 | 购进乙材料 | 60 000 | | 借 | 1 000 000 |
| | 15 | 记字 3 | 生产领料 | | 119 500 | 借 | 880 500 |

表5-9 　　　　　　　　　　　　　　　　**总分类账**

会计科目：库存商品 　　　　　　　　　　　　　　　　　　　　　　　　　　　第×页

| 2022年 | | 凭证号 | 摘要 | 借方 | 贷方 | 借或贷 | 余额 |
|---|---|---|---|---|---|---|---|
| 月 | 日 | | | | | | |
| 6 | 1 | | 期初余额 | | | 借 | 600 000 |
| | 30 | 记字12 | 结转产品成本 | 336 000 | | 借 | 936 000 |

表5-10 　　　　　　　　　　　　　　　　**总分类账**

会计科目：生产成本 　　　　　　　　　　　　　　　　　　　　　　　　　　　第×页

| 2022年 | | 凭证号 | 摘要 | 借方 | 贷方 | 借或贷 | 余额 |
|---|---|---|---|---|---|---|---|
| 月 | 日 | | | | | | |
| 6 | 1 | | 期初余额 | | | 借 | 300 000 |
| | 15 | 记字3 | 材料耗用 | 115 500 | | 借 | 415 500 |
| | 30 | 记字10 | 工资分配 | 45 000 | | 借 | 460 500 |
| | 30 | 记字12 | 结转产品成本 | | 336 000 | 借 | 124 500 |

表5-11 　　　　　　　　　　　　　　　　**总分类账**

会计科目：应付账款 　　　　　　　　　　　　　　　　　　　　　　　　　　　第×页

| 2022年 | | 凭证号 | 摘要 | 借方 | 贷方 | 借或贷 | 余额 |
|---|---|---|---|---|---|---|---|
| 月 | 日 | | | | | | |
| 6 | 1 | | 期初余额 | | | 贷 | 400 000 |
| | 5 | 记字2 | 购料款未付 | | 60 000 | 贷 | 460 000 |

表5-12 　　　　　　　　　　　　　　　　**总分类账**

会计科目：应付利息 　　　　　　　　　　　　　　　　　　　　　　　　　　　第×页

| 2022年 | | 凭证号 | 摘要 | 借方 | 贷方 | 借或贷 | 余额 |
|---|---|---|---|---|---|---|---|
| 月 | 日 | | | | | | |
| 6 | 1 | | 期初余额 | | | 贷 | 20 000 |
| | 17 | 记字4 | 付已提利息 | 12 000 | | 贷 | 8 000 |

**教学互动5-1**

　　**主题**：总分类账簿是根据一级会计科目开设账户，用来分类登记全部经济业务，提供各种资产、负债、所有者权益、收入、费用和利润总括核算资料的分类账簿。经济业务少的单位直接根据记账凭证逐笔登记总账。

　　**问题**：阅读下列资料，并进行分析判断，完成设置和登记总分类账的任务。

飞升公司 2019 年 9 月 1 日，各原材料期初资料如下：直径为 5 厘米的合金钢，10 000 千克，价值 350 000 元；周长为 18 厘米的等边三角钢，30 000 千克，价值 150 000 元。发生原材料进出库业务如下：

（1）入库业务：

9 月 3 日，购入直径为 5 厘米的合金钢 5 000 千克，价值 175 000 元，增值税税率为 13%，价税款用转账支票支付。

9 月 12 日，购入周长为 18 厘米的等边三角钢 20 000 千克，价值 100 000 元。增值税税率为 13%，价税款尚未支付。

（2）出库业务：

9 月 8 日，领用直径为 5 厘米的合金钢 8 000 千克，价值 280 000 元。

9 月 25 日，领用周长为 18 厘米的等边三角钢 40 000 千克，价值 200 000 元。

**要求：**

（1）根据上述资料确定所需采用的相关总账。

（2）根据上述资料设置和登记总账。

学习微平台

教学互动 5-1

### 5.3.3　明细分类账的格式和登记方法

**1）明细分类账的格式**

明细分类账是根据二级账户或明细账户开设账页，分类、连续地登记经济业务以提供详细核算资料的账簿。明细分类账是总分类账的明细记录，对总分类账起补充说明的作用，它所提供的资料也是编制会计报表的重要依据，因此，企事业单位在设置总账的同时，还应设置必要的明细账。明细分类账一般采用活页式账簿，其格式有三栏式、多栏式、数量金额式和横线登记式四种。

（1）三栏式明细分类账

三栏式明细分类账是设有借方、贷方和余额三个栏目，用以分类核算各项经济业务，提供详细核算资料的账簿，其格式与三栏式总账相同。三栏式明细账适用于只需要金额核算的账户，如应收账款、应付账款、应交税费等往来结算账户。三栏式明细分类账的格式见表 5-13。

表 5-13　　　　　　　　　　　　三栏式明细分类账　　　　　　　　　　明细科目：第　页

| 年 | | 凭证号 | 摘要 | 借方 | 贷方 | 借或贷 | 余额 |
|---|---|---|---|---|---|---|---|
| 月 | 日 | | | | | | |
| | | | | | | | |
| | | | | | | | |

（2）多栏式明细分类账

多栏式明细分类账是将属于同一个总分类账科目的各个明细科目合并在一张账页上进行登记，在账页的借方或贷方金额栏内按照明细项目设若干专栏。多栏式明细账一般适用于收入、成本、费用类明细账户，如"制造费用""管理费用""营业外收入""利润分配"等明细账。

在实际工作中，它有两种格式：一种是只设借方栏，不设贷方栏。按借方发生额设置专栏，贷方发生额表示转出业务，由于每月业务很少，可以在借方用红字转出。另一种是还可以在贷方设置总的金额栏，再设置余额栏。其格式分别见表5-14和表5-15。

表5-14　　　　　　　　　　　　　　　　管理费用明细分类账（一）　　　　　　　　　　　第　页

| 年 | | 凭证号 | 摘要 | 借方 | | | | | | | |
| 月 | 日 | | | 工资及福利费 | 办公费 | 差旅费 | 折旧费 | 修理费 | 工会经费 | … | 合计 |
| --- | --- | --- | --- | --- | --- | --- | --- | --- | --- | --- | --- |
|  |  |  |  |  |  |  |  |  |  |  |  |
|  |  |  |  |  |  |  |  |  |  |  |  |
|  |  |  |  |  |  |  |  |  |  |  |  |

表5-15　　　　　　　　　　　　　　　　管理费用明细分类账（二）　　　　　　　　　　　第　页

| 年 | | 凭证号 | 摘要 | 借方 | | | | | | | 贷方 | 余额 |
| 月 | 日 | | | 工资及福利费 | 办公费 | 差旅费 | 折旧费 | 修理费 | 工会经费 | … | | |
| --- | --- | --- | --- | --- | --- | --- | --- | --- | --- | --- | --- | --- |
|  |  |  |  |  |  |  |  |  |  |  |  |  |
|  |  |  |  |  |  |  |  |  |  |  |  |  |

（3）数量金额式明细分类账

数量金额式明细分类账是在借方（收入）、贷方（发出）和余额（结存）三个栏目内均设有数量、单价和金额三个专栏。该明细账适用于既要进行金额核算又要进行数量核算的账户，如"原材料""库存商品""周转材料"等存货类账户。其格式见表5-16。

（4）横线登记式明细分类账

横线登记式明细分类账采用横线登记，即将密切相关的业务登记在一行，从而可依据每一行各个栏目的登记是否齐全来判断该项业务的进展情况。这种明细账实际上也是一种多栏式明细账，适用于登记材料采购、在途物资、应收票据和一次性备用金业务。其格式见表5-17。

**2）明细分类账的登记方法**

明细分类账一般根据记账凭证和相应的汇总原始凭证填制。登记时，可以根据这些凭证或汇总原始凭证逐笔或逐日、定期汇总登记。固定资产、债权债务等明细账应逐日逐笔登记；原材料、库存商品、在途物资明细分类账，收入、费用类明细账可以逐笔登记，也可以逐日或定期汇总登记。

表 5-16　　　　　　　　　　　**原材料明细分类账**

类别：　　　　　　　　　　　　　　　　　计划单价：

品名或规格：　　　　　　　　　　　　　　储备定额：

存放地点：　　　　　　　　　　　　　　　计量单位：

| 年 | | 凭证号 | 摘要 | 收入 | | | 发出 | | | 结存 | | |
|---|---|---|---|---|---|---|---|---|---|---|---|---|
| 月 | 日 | | | 数量 | 单价 | 金额 | 数量 | 单价 | 金额 | 数量 | 单价 | 金额 |
| | | | | | | | | | | | | |
| | | | | | | | | | | | | |
| | | | | | | | | | | | | |

表 5-17　　　　　　　　　　　**在途物资明细账**

| 年 | | 凭证号 | 摘要 | 借方 | | | 年 | | 凭证号 | 摘要 | 贷方 | | | 余额 |
|---|---|---|---|---|---|---|---|---|---|---|---|---|---|---|
| 月 | 日 | | | 买价 | 运费 | 合计 | 月 | 日 | | | 验收 | 退货 | 合计 | |
| | | | | | | | | | | | | | | |
| | | | | | | | | | | | | | | |
| | | | | | | | | | | | | | | |

## 同步案例 5-2

### 明细分类账的登记

**背景与情境**：与【同步案例 5-1】相同。

**问题**：如何根据上述资料逐笔登记原材料所属的明细账。

**分析提示**：原材料所属的甲、乙材料明细分类账分别见表 5-18 和表 5-19。

表 5-18　　　　　　　　**原材料明细分类账（1）**　　　　　明细科目：甲材料

| 年 | | 凭证号 | 摘要 | 收入 | | | 发出 | | | 结存 | | |
|---|---|---|---|---|---|---|---|---|---|---|---|---|
| 月 | 日 | | | 数量 | 单价 | 金额 | 数量 | 单价 | 金额 | 数量 | 单价 | 金额 |
| 6 | 1 | | 期初余额 | | | | | | | 1 500 | 400 | 600 000 |
| | 2 | 记字1 | 购料 | 100 | 400 | 40 000 | | | | 1 600 | 400 | 640 000 |

表 5-19　　　　　　　　**原材料明细分类账（2）**　　　　　明细科目：乙材料

| 年 | | 凭证号 | 摘要 | 收入 | | | 发出 | | | 结存 | | |
|---|---|---|---|---|---|---|---|---|---|---|---|---|
| 月 | 日 | | | 数量 | 单价 | 金额 | 数量 | 单价 | 金额 | 数量 | 单价 | 金额 |
| 6 | 1 | | 期初余额 | | | | | | | 2 000 | 150 | 300 000 |
| | 5 | 记字2 | 购料 | 400 | 150 | 60 000 | | | | 2 400 | 150 | 360 000 |

**同步思考 5-2**

不同的账簿其格式有不同的要求，既有外表的要求，又有内在的账页格式要求，这个说法正确吗？为什么？

**理解要点：**这个说法是正确的。例如，库存现金日记账，其外表形式是订本式，其内在账页格式是三栏式；又如原材料明细分类账，其外表形式是活页式，其内在账页格式是数量金额式；再如生产成本明细账，其外表形式是活页式，其内在账页格式是多栏式，等等。

## 5.4 对　账

所谓**对账**，就是核对账目，是对账簿记录所进行的核对工作。

在实际工作中，在填制凭证、记账、过账、算账、结账和计算的过程中，难免会发生差错，出现账账不符、账实不符的情况。因而，对账工作一般在记账之后，结账之前，即在月末进行，将有关账簿记录进行核对，确保会计核算资料的正确性和完整性，为编制会计报表提供真实可靠的数据资料。对账的内容一般包括账证核对、账账核对、账实核对三个方面。

### 5.4.1 账证核对

所谓**账证核对**，是指将账簿记录与有关会计凭证相核对，查看会计账簿记录与原始凭证、记账凭证的时间、凭证字号、内容、金额是否一致，记账方向是否相符。一般来说，日记账应与收、付款凭证相核对，总账应与明细账相核对，明细账应与记账凭证或原始凭证相核对。通常这些核对工作是在日常制证和记账工作中进行的。

### 5.4.2 账账核对

所谓**账账核对**，是指核对不同的账簿记录是否相符。为了保证账账相符，必须将各种账簿之间的有关数据相核对。具体核对的内容包括：

（1）总分类账簿有关账户的余额核对。按照"资产=负债+所有者权益"这一会计等式和"有借必有贷，借贷必相等"的记账规则，资产类账户的余额应等于权益类账户的余额，或总账账户的借方期末余额合计数应等于贷方期末余额合计数。通过这种等式和平衡关系，可以检查总账记录是否正确、完整。

（2）总分类账簿与所属明细分类账簿核对。总账账户的期末余额应与所属明细分类账期末余额之和相等。

（3）总分类账簿与序时账簿核对。库存现金日记账和银行存款日记账期末余额应分别同有关总分类账户的期末余额相符。

（4）明细分类账簿之间的核对。会计部门有关实物资产的明细账应与财产物资保管部门或使用部门的明细账定期核对，以检查其余额是否相符。

### 5.4.3  账实核对

所谓**账实核对**，是指各项财产物资、债权债务等账面余额与实有数额的核对。具体核对内容包括：

（1）库存现金日记账账面余额与库存现金额是否相符。库存现金日记账账面余额与库存现金实际库存数逐日核对是否相符。

（2）银行存款日记账账面余额与银行对账单的余额定期核对是否相符。

（3）各项财产物资明细账账面余额与财产物资的实有数额定期核对是否相符。

（4）有关债权债务明细账账面余额与对方单位的账面记录核对是否相符。

课程思政 5-2

#### "厂长利润"，利用应收账款和假退库虚列营业收入

**背景与情境**：审计人员在查阅 U 企业 2014 年 10 月份的会计报表时，发现利润表中"主营业务收入"项目较以前月份的发生额有较大幅度的增加，资产负债表中的"应收账款"项目本期与前几期比较也发生了较大变动。于是，审计人员查阅该企业的账簿，发现"应收账款"总账与明细账金额之和不相等，总账所记载的一些"应收账款"数额，明细账中并未作登记。审计人员根据账簿记录调阅有关记账凭证，发现 3 张记账凭证后未附原始凭证。其中，10 月 12 日第 9 号凭证上编制的会计分录是：

借：应收账款                                                565 000
　　贷：主营业务收入                                        500 000
　　　　应交税费——应交增值税（销项税额）                     65 000

10 月 17 日第 15 号凭证上编制的会计分录是：

借：应收账款                                                113 000
　　贷：主营业务收入                                        100 000
　　　　应交税费——应交增值税（销项税额）                     13 000

10 月 23 日第 20 号凭证上编制的会计分录是：

借：应交税费——应交增值税（销项税额）                        78 000
　　贷：应收账款                                             78 000

经审查，U 企业在上述 10 月份的 3 张会计凭证中虚列当期收入 60 万元，3 笔业务在"库存商品"明细账和"主营业务成本"明细账中均未登记，准备于下年年初作销货退回处理。

（资料来源　佚名."厂长利润"，利用应收账款和假退库虚列营业收入［EB/OL］.（2014-10-23）. http://ppa.sdjues.com/Part4/6/8.html. 原文经过整理）

**问题**：

1）U 企业此举的目的是什么？说明企业这样做的原因。

2）上述问题在年终结账前发现，U 企业应如何调账？

3）该案例给我们的启示是什么？

**分析提示：**

1）U企业此举的目的是：虚构几笔收入业务，进而虚增利润，夸大企业业绩。这样做一方面虚增企业资产，使应收账款增加60万元；另一方面增加了企业应交税费7.8万元，因此又产生一笔"红字"业务来冲减税金7.8万元。但是由于这些业务都没有原始凭证作为依据，总账与明细账没有平行登记，"库存商品"和"主营业务成本"明细账也均未作登记，因此最终露出了马脚。

2）上述问题在年终结账前发现，U企业应作调整分录如下：

借：主营业务收入　　　　　　　　　　　　　　　　　600 000

　　贷：应收账款　　　　　　　　　　　　　　　　　　　600 000

3）该案例给我们的启示是：会计人员要坚持客观公正的职业素养、树立正确的法治观念。党的二十大报告指出，"全面依法治国是国家治理的一场深刻革命，关系党执政兴国，关系人民幸福安康，关系党和国家长治久安"[①]。《会计改革与发展"十四五"规划纲要》提出"会计法治更具约束刚性"的总目标，明确加快完善会计法治体系、切实加强会计执法检查、持续推进会计诚信建设等重点任务。会计凭证与账簿之间、账簿与账簿之间、账簿与报表之间都是相互关联，一切作假的行为均会留下漏洞，终将受到法律的制裁。作为企业的管理人员与其绞尽脑汁粉饰业绩，不如在企业的经营管理上下功夫，增收节支，提质增效。

## 5.5　错账查找与错账更正

### 5.5.1　错账查找

**1）全面检查**

学习微平台

视频5.5.1

按查账的程序不同，错账查找方法分为顺查法和逆查法两种。

（1）顺查法：又称为正查法，是按照会计核算的处理顺序，依次对证、账、表各个环节进行审查的一种方法。其主要特征：一是从审查原始凭证入手，着重审查和分析经济业务是否真实、正确、合法；二是审查记账凭证，查明会计科目处理、数额计算是否正确、合规；三是审查会计账簿，查明记账、过账是否正确，核对账证、账账是否相符；四是审查会计报表，查明会计报表各项目是否正确完整，核对账表、表表是否相符。

（2）逆查法：又称为倒查法或溯源法，是按照与会计核算相反的处理程序，依次对表、账、证各个环节进行审查的一种方法。其主要特征：一是从审查被审计单位会计报表出发，从中发现和找出异常和有错弊的项目，据此确定下一步审查的重点；二是根据确定的可疑项目，追溯审查会计账簿，进行账表、账账核对；三是进一步追查记账凭证和原始凭证，进行证证核对，以便查明主要问题的真相和原因。

---

① 资源导航：时政要闻感知——贯彻落实全面依法治国新理念新思想新战略　扎实推进会计法治建设——《会计改革与发展"十四五"规划纲要》系列解读之七。

#### 2）局部抽查

局部抽查的方法主要有以下几种：

（1）差数法

差数法是指按照错账的差数查找错账的方法。

（2）尾数法

尾数法是指对于发生的差错只查找末位数，以提高查错效率的方法。这种方法适合于借贷方金额其他位数都一致，而只有末位数出现差错的情况。

（3）除2法

除2法是指以差数除以2来查找错账的方法。当某个借方金额错记入贷方（或相反）时，出现错账的差数表现为错误的2倍，将此差数用2去除，得出的商即是反向的金额。

（4）除9法

除9法是指以差数除以9来查找错账的方法。该方法适用于以下三种情况：①将数字写小；②将数字写大；③邻数颠倒。

### 5.5.2　错账更正

记账过程中由于各种原因使账簿发生的错误，不能用刮擦、挖补和涂抹等方法进行更正，而应根据记账错误的性质按正确、规范的方法进行更正。错账的更正方法有三种：划线更正法、红字更正法和补充登记法。本节所讲方法只限本年错账更正。

#### 1）划线更正法

在结账以前，如果发现账簿记录中有数字或文字错误，过账笔误或数字计算错误，而记账凭证没有错误，可用划线更正法。

更正时，先在错误的数字或文字上划一条红线加以注销（必须保证划去的字迹仍可清晰辨认），然后在红线上面空白处用蓝字写上正确的文字或数字，并由记账人员和会计机构负责人在更正处盖章，以明确责任。需要注意的是，对于错误的数字要整笔划掉，不能只划去其中一个或几个记错的数字，并保持原有数字清晰可查。例如，将记账凭证登记账簿时，将数字5 170误记为5 710，不能只划去其中"71"改为"17"，而是要把"5 710"全部用红线划去，并在其上方写上"5 170"。示例如下：

5 170

5 710　王某

#### 2）补充登记法

记账以后，发现记账凭证中应借应贷的会计科目正确，但所记金额小于应记金额时，可采用补充登记法更正。更正时，按少记的金额用蓝字填制一张与原记账凭证应借应贷科目相同的记账凭证，摘要栏注明"补记×月×日×号凭证少记部分"，补充少记金额，并据以用蓝字登记入账。

### 业务链接5-2

#### 补充登记法

某企业对外销售产品一批，收到货款30 000元存入银行，原记账凭证误记为3 000元，并已登记入账（税金因素略）。

原记错的会计分录为：

（1）借：银行存款　　　　　　　　　　　　　　　　3 000

　　　　贷：主营业务收入　　　　　　　　　　　　　　　3 000

当发现上述记账错误时，可将少记的金额27 000元，用蓝字再编制一张与错误的原记账凭证所记的会计科目、记账方向相同的记账凭证，并据以用蓝字登记入账，用以补充少记的金额，会计分录为：

（2）借：银行存款　　　　　　　　　　　　　　　　27 000

　　　　贷：主营业务收入　　　　　　　　　　　　　　　27 000

有关账簿记录如图5-3所示。

| 主营业务收入 | 银行存款 |
|---|---|
| （1）3 000 ← → （1）3 000 | |
| （2）27 000 ← → （2）27 000 | |

图5-3　补充登记法下的改账

### 3）红字更正法

红字更正法一般适用于以下两种情况：

（1）在记账以后，发现记账凭证中应借应贷符号、科目有错误时，可采用红字更正法进行更正。更正时应用红字填写一张与原记账凭证的科目、记账方向和金额完全相同的记账凭证，摘要栏注明"冲销×月×日×号凭证"，并据以用红字登记入账，注销原来错误的记录；然后再用蓝字重新填制一份正确的记账凭证，摘要栏注明"更正×月×日×号凭证"，并用蓝字登记入账。

### 业务链接5-3

#### 红字更正法（一）

某企业购入原材料5 000元，货款尚未支付。编制记账凭证时，错误地编制如下会计分录并已经登记入账（税金因素略）：

（1）借：库存商品　　　　　　　　　　　　　　　　5 000

　　　　贷：应付账款　　　　　　　　　　　　　　　　5 000

当发现记账凭证错误时，先用红字更正，其会计分录如下：

（2）借：库存商品　　　　　　　　　　　　　　　　5 000

　　　　贷：应付账款　　　　　　　　　　　　　　　　5 000

然后再用蓝字填制一张正确的记账凭证，其会计分录如下：

（3）借：原材料　　　　　　　　　　　　　　　　　　　　5 000
　　　　贷：应付账款　　　　　　　　　　　　　　　　　　　　5 000
　　将上述更正错误的记录记入有关账户后，则有关账户的错误记录得到更正，如图5-4所示。

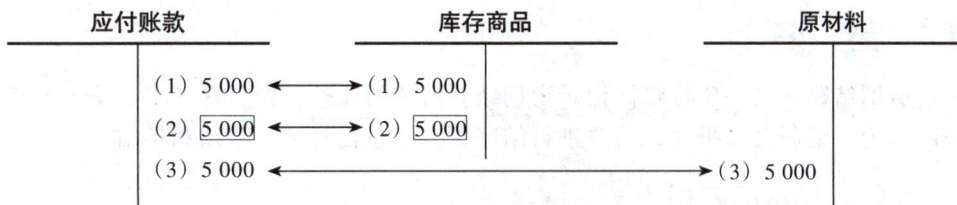

| 应付账款 | 库存商品 | 原材料 |
|---|---|---|
| （1）5 000 ← | → （1）5 000 | |
| （2）5 000 ← | → （2）5 000 | |
| （3）5 000 ← | | → （3）5 000 |

图5-4　红字更正法下的改账（一）

（2）在记账后，发现记账凭证中应借应贷会计科目正确，但所记金额大于应记金额所引起的记账错误时，可将多记的金额用红字填写一张记账凭证，摘要栏注明"冲销××凭证多记金额"，并据以用红字登记入账，用以注销多记的金额。

**业务链接5-4**

### 红字更正法（二）

　　某企业用银行存款归还前面业务所欠货款6 000元，但错误地编制下列会计分录并已经登记入账：
（1）借：应付账款　　　　　　　　　　　　　　　　　　60 000
　　　　贷：银行存款　　　　　　　　　　　　　　　　　　　　60 000
发现错误以后更正，其会计分录如下：
（2）借：应付账款　　　　　　　　　　　　　　　　　54 000
　　　　贷：银行存款　　　　　　　　　　　　　　　　　　　54 000
　　将上述更正错误的记录记入有关账户后，则有关账户的错误记录得到更正，如图5-5所示。

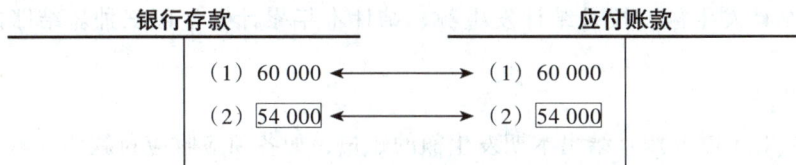

| 银行存款 | 应付账款 |
|---|---|
| （1）60 000 ← | → （1）60 000 |
| （2）54 000 ← | → （2）54 000 |

图5-5　红字更正法下的改账（二）

**同步思考5-3**

　　采用红字更正法进行错账更正时，还可以用蓝字金额填制与原错误记账凭证记账方向相反的记账凭证去冲销错误记录或冲销错误金额，这个观点正确吗？为什么？

　　**理解要点**：这个观点是错误的。因为蓝字记账凭证反映的是特定的特殊经济业务，而不反映错账更正内容，如在【业务链接5-3】中，若用蓝字借记"应付账款"，贷记"库存商品"，金额为 5 000 元，反映的是用库存商品来还债；又如在【业务链接5-4】中，若用蓝字借记"银行存款"，贷记"应付账款"，金额为 54 000 元，反映的是将欠款存入银行，这种业务使人费解。这样的分录也无法附上相吻合的原始凭证。

## 5.6 结 账

所谓**结账**，是一项将账簿记录定期结算清楚的账务工作。在月末、季末或年末时，为了编制会计报表，需要进行结账，具体包括月结、季结和年结。

### 5.6.1 结账的内容

结账的内容通常包括：结算收入和费用类账户，并据以计算确定本期利润；结算资产、负债和所有者权益类账户，分别结出本期发生额合计和期末余额。

### 5.6.2 结账的程序

（1）结账前将本期发生的经济业务全部登记入账，并保证其正确性，对于发现的错误，应采用适当的方法进行更正；

（2）根据权责发生制的要求，调整有关账项，合理确定本期应计的收入和应计的费用；

（3）将有关收入、费用类账户转入"本年利润"账户，结平所有损益类账户；

（4）结算出资产、负债和所有者权益类账户的本期发生额和余额，并转入下期。

### 5.6.3 结账的方法

根据结账时期的不同，结账的方法至少包括月结和年结两种。根据结账类型的不同，结账分为对总账的结账和对明细账的结账两种，而明细账的结账又分为不按月结计发生额、按月结计发生额、结计本年累计发生额三种。结账的要点如下：

**1）月结**

（1）对不需要按月结出本期发生额的账户，如各项应收应付款明细账，每次记账以后，都要随时结出余额，每月最后一笔余额即为月末余额。月末结账时，只需要在最后一笔经济业务记录之下通栏划单红线，不需要再结出一次余额。

（2）库存现金、银行存款日记账和需要按月计算发生额的收入、费用等明细账，每月结账时，要在最后一笔经济业务记录下面通栏划单红线，结出本月发生额和余额，在摘要栏内注明"本月合计"字样，在下面通栏划单红线。

**2）年结**

（1）需要结计本年累计发生额的某些明细账户，如主营业务收入明细账，每月结账时，应在"本月合计"行下结出自年初起至本月末止的累计发生额，登记在月份发生额下面，在摘要栏内注明"本年累计"字样，并在下面通栏划单红线。12月末的"本年累计"即为全年累计发生额，并在下面通栏划双红线。

（2）总账账户平时只需要结出月末余额。年终结账时，为了总括反映全年各项资金运动情况的全貌，要将所有总账账户结出全年发生额和年末余额，在摘要栏内注明"本年合计"字样，并在合计数下通栏划双红线。

（3）年度终了结账时，有余额的账户，要将其余额结转下年，并在摘要栏注明"结转下年"，即将有余额的账户余额直接记入新账余额栏内，不需要编制记账凭证，也无须将余额再记入本年账户的借方或贷方。

在下一会计年度新建有关账户的第一行摘要栏内填写"上年结转"字样，使年末有余额的账户的余额如实地在账户中加以反映，以免混淆有余额的账户和无余额的账户。其格式见表5-20。

表5-20　　　　　　　　　　　　　　总分类账

会计科目：原材料　　　　　　　　　　　　　　　　　　　　　　　　　　第　页

| 2022年 | | 凭证号 | 摘要 | 借方 | 贷方 | 借或贷 | 余额 |
|---|---|---|---|---|---|---|---|
| 月 | 日 | | | | | | |
| 1 | 1 | | 年初余额 | | | 借 | 6 500 |
| | | | | | | | |
| 12 | 31 | | 本月合计 | 25 000 | 15 000 | 借 | 16 500 |
| | 31 | | 本年累计 | 250 000 | 230 000 | 借 | 26 500 |
| | | | 结转下年 | | | | |

**同步思考 5-4**

为了提前结账，企业不需要等到会计期间的所有业务登记完毕后就可以结账了，这个观点正确吗？为什么？

**理解要点**：这个观点是错误的。结账必须采用规定的程序，即4个步骤：一是将本期发生的全部经济业务登记入账；二是根据权责发生制的要求，调整有关账项，合理确定本期应计的收入和应计的费用；三是将有关收入、费用（损失）转入"本年利润"账户，结平所有损益类账户；四是结算出资产、负债和所有者权益类账户的本期发生额和余额。

学习微平台

随堂测 5-3

**本章资源导航**

时政要闻感知——高举中国特色社会主义伟大旗帜　为全面建设社会主义现代化国家而团结奋斗——在中国共产党第二十次全国代表大会上的报告（2022年10月16日）习近平：http://cpc.people.com.cn/n1/2022/1026/c64094-32551700.html.

时政要闻感知——贯彻落实全面依法治国新理念新思想新战略扎实推进会计法治建设——《会计改革与发展"十四五"规划纲要》系列解读之七：http://kjs.mof.gov.cn/zhengcejiedu/202202/t20220223_3789420.htm.

# 第6章
# 账务处理程序

## 学习目标

通过本章学习，应该达到以下目标：

**理论目标：** 学习和把握账务处理程序的概念、作用、类型和适用范围等陈述性知识；能用其指导本章"同步思考""教学互动""随堂测"中的认知活动，正确解答《训练手册》"任务六"中"客观题"和"主观题"的"理论题"各题型问题；体验本章"初级学习"中专业认知的横向正迁移，以及相关胜任力中"认知"要素的阶段性生成。

**实务目标：** 学习和把握账务处理程序的步骤、方法与技巧，相关业务链接等程序性知识；并将"4Cs"融入学习过程中；能以其建构"总论"中的规则意识，正确解析本章《训练手册》"任务六"中"实务题"的相关问题；体验本章专业规则与方法"初级学习"中的横向正迁移，以及相关胜任力中"专业规则"要素的阶段性生成。

**案例目标：** 运用本章所学账务处理程序的理论与实务知识研究相关案例，培养和提高学生在特定业务情境中分析问题与解决问题的能力；能结合本章所选取的"淡泊名利忠于职守的劳模精神"和"走'捷径'，少纳税"等课程思政案例，培养新时代年轻一代的会计人员，崇尚淡泊名利、甘于奉献、爱岗敬业、忠于职守的劳模精神，坚决摒弃投机取巧的意识，促进"立德树人"根本任务的落实；正确表征本章《训练手册》"任务六"中"案例题"的相关情境；体验本章"高级学习"中专业知识、通用知识与思政元素的协同性重组迁移，以及相关胜任力中"认知弹性"要素的阶段性生成。

**实训目标：** 引导学生参加《训练手册》"工作任务六"中"'科目汇总表账务处理程序'技术应用"的实践训练。在其了解和把握本实训所及"能力与道德领域"相关技能点的"规范与标准"的基础上，通过各实训任务的完成，系列技能操作的实施，《"'科目汇总表处理程序'技术应用"实训报告》的准备与撰写等有质量、有效率的活动，培养相关"技术应用"的专业能力，强化其"数字应用"、"解决问题"和"革新创新"等职业核心能力（中级），并通过"认同级"践行"职业态度"和"职业守则"等行为规范，促进其健全职业人格的塑造；体验本章"实践学习"中"专能""通能""职业道德"元素的协同性"重组–产生"迁移，以及相关胜任力中"求知韧性"和"复合性'技术–技能'"要素的阶段性生成。

第6章内容结构

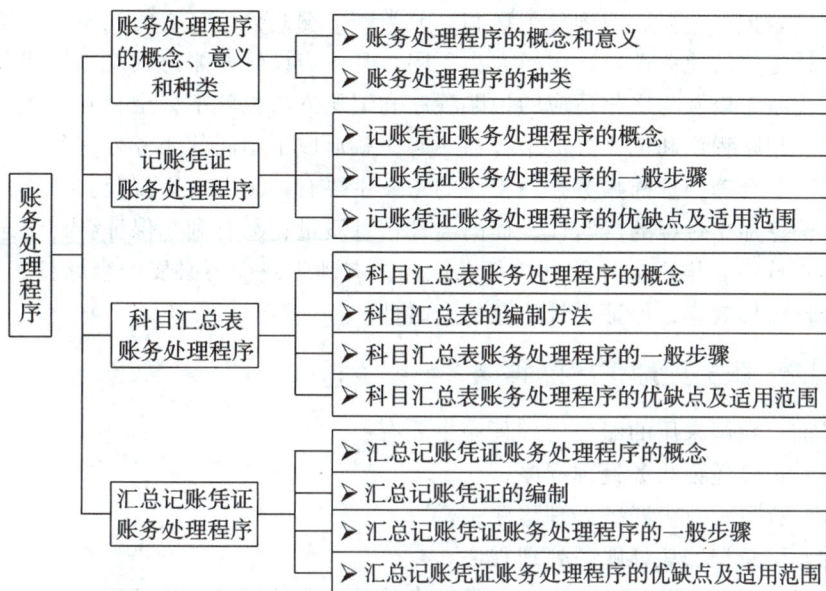

```
                    ┌─────────────────────────┐
        ┌───────────┤ ➤ 账务处理程序的概念和意义 │
        │ 账务处理程序 ├─────────────────────────┤
        │ 的概念、意义 │ ➤ 账务处理程序的种类     │
        │  和种类    └─────────────────────────┘
        ├───────────┬─────────────────────────┐
        │           │ ➤ 记账凭证账务处理程序的概念│
        │ 记账凭证    ├─────────────────────────┤
        │ 账务处理程序 │ ➤ 记账凭证账务处理程序的一般步骤│
        │           ├─────────────────────────┤
  账务  │           │ ➤ 记账凭证账务处理程序的优缺点及适用范围│
  处理  │           └─────────────────────────┘
  程序  ├───────────┬─────────────────────────┐
        │           │ ➤ 科目汇总表账务处理程序的概念│
        │           ├─────────────────────────┤
        │ 科目汇总表   │ ➤ 科目汇总表的编制方法   │
        │ 账务处理程序 ├─────────────────────────┤
        │           │ ➤ 科目汇总表账务处理程序的一般步骤│
        │           ├─────────────────────────┤
        │           │ ➤ 科目汇总表账务处理程序的优缺点及适用范围│
        │           └─────────────────────────┘
        ├───────────┬─────────────────────────┐
        │           │ ➤ 汇总记账凭证账务处理程序的概念│
        │           ├─────────────────────────┤
        │ 汇总记账凭证 │ ➤ 汇总记账凭证的编制    │
        │ 账务处理程序 ├─────────────────────────┤
        │           │ ➤ 汇总记账凭证账务处理程序的一般步骤│
        │           ├─────────────────────────┤
        │           │ ➤ 汇总记账凭证账务处理程序的优缺点及适用范围│
        └───────────┴─────────────────────────┘
```

图6-1　第6章思维导图

**引例　账务处理程序的选择**

**背景与情境**：张强先生1996年创办了光华商贸股份有限公司，开始规模较小，注册资本为30万元，主要从事商品批发与零售业务，记账一直采用记账凭证账务处理程序。随着经济业务的发展，到2019年公司注册资本已经扩大到2 000万元，每年销售额达到2亿元，这时会计人员提出采用汇总记账凭证账务处理程序记账。

引例中该公司现在使用记账凭证账务处理程序，准备更换为汇总记账凭证账务处理程序。那么记账凭证账务处理程序是怎样的？汇总记账凭证账务处理程序又是怎样的？

## 6.1　账务处理程序的概念、意义和种类

### 6.1.1　账务处理程序的概念和意义

在会计工作中，会计凭证、会计账簿和会计报表三者之间不是彼此孤立、互不联系的，而是按照一定的形式相互结合，形成一个完整的体系。为了使记账工作有条不紊地进行，就有必要明确各种会计凭证、会计账簿和会计报表之间的联系，并把它们有机地结合起来。

所谓**账务处理程序**，又称**会计核算组织程序**或**会计核算形式**，是指在会计核算中，以账簿体系为核心，把会计凭证、会计账簿、记账程序和记账方法有机地结合起来的技术组织方式。账务处理程序包括账簿组织、记账程序和记账方法。所谓**账簿组织**，是指会计凭证和会计账簿的种类、格式，会计凭证与账簿之间的

相互关系。所谓**记账程序**和**记账方法**，是指填制、审核原始凭证，填制、审核记账凭证，登记日记账、明细分类账和总分类账，编制会计报表的程序和方法。由于各会计主体的业务性质、规模大小不同，其应当设置的账簿种类、格式和账簿的相互关系，以及与之相适应的记账程序和记账方法也就不完全相同。不同的账簿组织、记账程序和记账方法结合在一起，就形成了不同的账务处理程序。

科学、合理地选择账务处理程序的意义主要有：①有利于规范会计工作，保证会计信息加工过程的严密性，提高会计信息质量；②有利于保证会计记录的完整性和正确性，增强会计信息的可靠性；③有利于减少不必要的会计核算环节，提高会计工作效率，保证会计信息的及时性。

### 6.1.2　账务处理程序的种类

目前，我国采用的账务处理程序主要有：

（1）记账凭证账务处理程序；

（2）科目汇总表账务处理程序；

（3）汇总记账凭证账务处理程序。

在以上三种账务处理程序中，最基本的是记账凭证账务处理程序，其余两种都是在记账凭证账务处理程序的基础上发展起来的。它们之间有许多相同点，根本区别在于登记总分类账的依据和方法不同。

**同步思考 6-1**

在记账凭证账务处理程序、科目汇总表账务处理程序和汇总记账凭证账务处理程序中，为什么说记账凭证账务处理程序是最基本的账务处理程序？

**理解要点**：因为科目汇总表账务处理程序和汇总记账凭证账务处理程序是在记账凭证账务处理程序的基础上发展起来的，它们之间的区别表现在登记总分类账的依据不同，其他如填制记账凭证，登记日记账、明细分类账和编制会计报表的依据都是相同的。

## 6.2　记账凭证账务处理程序

### 6.2.1　记账凭证账务处理程序的概念

记账凭证账务处理程序是指对发生的经济业务先根据原始凭证或汇总原始凭证填制记账凭证，再直接根据记账凭证逐笔登记总分类账的一种账务处理程序。

在记账凭证账务处理程序下，记账凭证一般采用收款凭证、付款凭证和转账凭证三种格式，分别用以反映单位日常发生的各种收、付款和转账经济业务。账簿的设置一般包括日记账、总分类账和明细分类账。日记账包括库存现金日记账和银行存款日记账，分别序时记录库存现金、银行存款收付业务，其格式一般采用三栏式。总分类账应按总分类科目设置，格式可采用三栏式。明细分类账可根据经济管理的需要设置，采用三栏式、多栏式或数量金额式。

### 6.2.2　记账凭证账务处理程序的一般步骤

（1）根据原始凭证填制汇总原始凭证。

（2）根据原始凭证或汇总原始凭证填制收款凭证、付款凭证或转账凭证，也可填制通用记账凭证。

（3）根据收、付款凭证，逐笔登记库存现金日记账和银行存款日记账。

（4）根据原始凭证、汇总原始凭证和记账凭证，逐笔登记各种明细分类账。

（5）根据记账凭证逐笔登记总分类账。

（6）期末，将库存现金日记账、银行存款日记账和各明细分类账的余额之和与总分类账的有关账户的余额核对相符。

（7）期末，根据核对无误的总分类账和有关明细分类账的记录，编制会计报表。

记账凭证账务处理程序如图6-2所示。

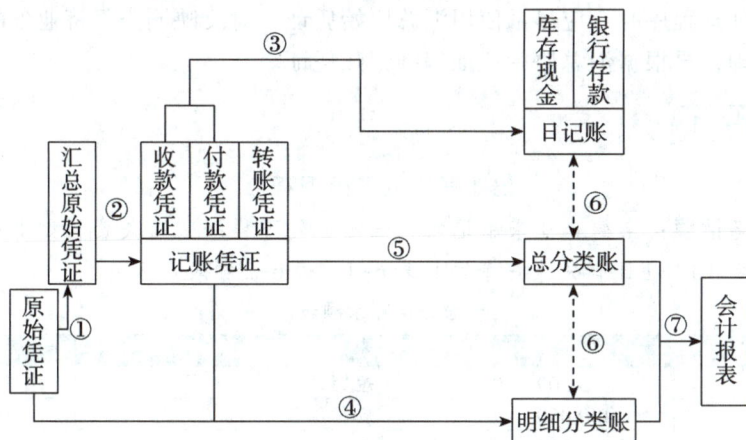

图6-2　记账凭证账务处理程序

**课程思政6-1**

#### 淡泊名利忠于职守的劳模精神

**背景与情境：**某公司因业务发展需要，从人才市场招聘了具有中专学历的张兵担任会计。刚开始，他勤恳敬业，公司领导和同事都对他的工作很满意。看到同事在股市赚到钱，张兵也开始涉足股市，甚至在上班时间都想着自己的股票，根本无心工作。到月末要编制会计报表时，由于时间紧迫，直接以会计凭证为依据编制会计报表，根本不做账。

**问题：**本案例的账务处理程序正确吗？张兵的行为带给我们什么启示？

**分析提示：**本案例的账务处理程序不正确，会计账簿是编制会计报表的依据，不能直接以原始凭证为依据编制会计报表，这种"捷径"是不允许的。张兵违反了会计人员坚持准则、守责敬业的职业道德规范要求。

张兵的行为给我们的启示是：作为一名年轻的会计人员，一方面应当崇尚淡泊名利、甘于奉献、爱岗敬业、忠于职守的劳模精神，坚决摒弃投机取巧的意识。党的二十大报告提出，"在全社会弘扬劳动精神、奋斗精神、奉献精神、创造精神、勤俭节约精神，培育时代新风新貌。"另一方面，要安心本职工作，严格执行准则制度，刻苦钻研业务，要有加快提高专业技能的紧迫感，不断进取，提高业务水平，而不应该利用上班时间炒股，只有这样才能既有利于工作，又有利于自己今后职业的发展。

### 6.2.3  记账凭证账务处理程序的优缺点及适用范围

记账凭证账务处理程序的主要优点是比较简单明了，易于理解，并且由于总分类账是根据记账凭证逐笔登记的，因而总分类账能够详细反映各项经济业务的内容，便于使用者了解经济业务的动态变化。缺点是这种账务处理程序登记总分类账的工作量比较大，因此，记账凭证账务处理程序一般适用于规模小、经济业务少的单位。为了减少记账凭证的数量，进而减少登记总分类账的工作量，采用这种账务处理程序时，应尽量使用汇总原始凭证，对反映同类经济业务的原始凭证进行整理，再根据汇总原始凭证编制记账凭证。

**同步案例6-1**

#### 记账凭证账务处理程序

**背景与情境：**宝德企业采用记账凭证账务处理程序，有关资料如下：

2022年10月1日有关账户余额见表6-1、表6-2和表6-3。

表6-1    **总分类账余额表**    单位：元

| 会计科目 | 借方 | 贷方 | 会计科目 | 借方 | 贷方 |
|---|---|---|---|---|---|
| 库存现金 | 3 500 | | 短期借款 | | 1 570 000 |
| 银行存款 | 400 000 | | 应付账款 | | 400 000 |
| 应收账款 | 200 000 | | 应交税费 | | 50 000 |
| 其他应收款 | 10 000 | | 应付股利 | | 70 000 |
| 预付账款 | 12 000 | | 其他应付款 | | 15 500 |
| 原材料 | 900 000 | | 应付利息 | | 20 000 |
| 库存商品 | 600 000 | | 实收资本 | | 2 000 000 |
| 固定资产 | 3 000 000 | | 盈余公积 | | 150 000 |
| 利润分配 | 250 000 | | 本年利润 | | 400 000 |
| 生产成本 | 300 000 | | 累计折旧 | | 1 000 000 |
| 合计 | 5 675 500 | | 合计 | | 5 675 500 |

表6-2    **原材料明细账余额表**    金额单位：元

| 材料名称 | 计量单位 | 数量 | 单价 | 金额 |
|---|---|---|---|---|
| 甲材料 | 千克 | 1 500 | 400 | 600 000 |
| 乙材料 | 千克 | 2 000 | 150 | 300 000 |

表6-3    **生产成本明细账余额表**    单位：元

| 账户名称 | 直接材料 | 直接人工 | 制造费用 | 其他 | 合计 |
|---|---|---|---|---|---|
| 生产成本——A产品 | 略 | | | | 180 000 |
| 生产成本——B产品 | 略 | | | | 120 000 |

该企业10月份发生下列业务：

（1）2日，购进甲材料100千克，单价400元/千克，价款40 000元，增值税税率13%，材料验收入库，价税款由银行支付。

（2）5日，购进乙材料400千克，单价150元/千克，价款60 000元，增值税税率13%，材料验收入库，价税款尚未支付。

（3）15日，仓库发出材料，发料汇总表见表6-4。

表6-4　　　　　　　　　　　　发料汇总表　　　　　　　　金额单位：元

| 项目 | 甲材料 | | 乙材料 | | 合计 | |
|---|---|---|---|---|---|---|
| | 数量（千克） | 金额 | 数量（千克） | 金额 | 数量（千克） | 金额 |
| 制造产品耗用 | 120 | 48 000 | 450 | 67 500 | | 115 500 |
| A产品 | 70 | 28 000 | 200 | 30 000 | | 58 000 |
| B产品 | 50 | 20 000 | 250 | 37 500 | | 57 500 |
| 行政管理部门耗用 | 10 | 4 000 | | | | 4 000 |
| 合计 | 130 | 52 000 | 450 | 67 500 | | 119 500 |

（4）16日，用现金支付行政管理部门日常的零星开支2 000元。

（5）17日，用银行存款支付利息12 000元（前已预提）。

（6）20日，从银行提取现金60 000元以备发放工资。

（7）20日，用现金60 000元发放工资。

（8）25日，用银行存款8 000元支付水电费，其中A产品耗用4 000元，B产品耗用2 500元，车间管理耗用1 500元。

（9）25日，销售A产品100件，货款180 000元，增值税税率13%，价税款全部存入银行。

（10）26日，销售B产品200件，货款100 000元，增值税税率13%，收回60 000元存入银行，其余部分尚未收回。

（11）28日，用银行存款支付销售费用3 000元。

（12）30日，分配本月工资，其中A产品生产工人工资20 000元，B产品生产工人工资15 000元，车间管理人员工资10 000元，行政管理人员工资15 000元。

（13）30日，计提由行政管理部门负担的固定资产折旧1 000元。

（14）30日，按生产工人工资结转分配制造费用。

（15）30日，结转本月完工产品成本，其中A产品完工180件，总成本216 000元，B产品完工300件，总成本120 000元。

（16）30日，计算本月应缴纳的车船税28 000元。（提示：车船税应记入"税金及附加"科目）

（17）30日，计算产品销售成本，其中A产品销售成本120 000元，B产品销售成本80 000元。

（18）30日，结转本月的销售收入。

（19）30日，结转本月的销售成本，其中A产品销售成本120 000元，B产品销售成本80 000元。

（20）30日，结转本月各项成本与费用。

（21）31日，计算本月所得税费用。

（22）31日，结转所得税费用。

问题：

1）根据以上经济业务编制记账凭证，需要考虑增值税，计算结果仅保留整数。（凭证按通用记账凭证统一编号）

2）根据收、付款凭证逐日逐笔登记库存现金、银行存款日记账。

3）根据原始凭证、记账凭证登记原材料、生产成本明细账。

4）根据记账凭证逐笔登记总分类账。

分析提示：

1）用会计分录代替记账凭证，见表6-5。

表6-5 　　　　　　　　　　　　　　会计分录簿 　　　　　　　　　　　　单位：元

| 业务号 | 摘　　要 | 总账科目 | 明细科目 | 借方金额 | 贷方金额 |
|---|---|---|---|---|---|
| 1 | 购进甲材料，价款已付 | 原材料 | 甲材料 | 40 000 | |
| | | 应交税费 | 应交增值税（进项税额） | 5 200 | |
| | | 银行存款 | | | 45 200 |
| 2 | 购进乙材料，价款未付 | 原材料 | 乙材料 | 60 000 | |
| | | 应交税费 | 应交增值税（进项税额） | 7 800 | |
| | | 应付账款 | | | 67 800 |
| 3 | 发出材料 | 生产成本 | A产品 | 58 000 | |
| | | | B产品 | 57 500 | |
| | | 管理费用 | | 4 000 | |
| | | 原材料 | 甲材料 | | 52 000 |
| | | | 乙材料 | | 67 500 |
| 4 | 支付零星开支 | 管理费用 | | 2 000 | |
| | | 库存现金 | | | 2 000 |
| 5 | 支付预提利息 | 应付利息 | | 12 000 | |
| | | 银行存款 | | | 12 000 |
| 6 | 提取现金 | 库存现金 | | 60 000 | |
| | | 银行存款 | | | 60 000 |
| 7 | 发放工资 | 应付职工薪酬 | | 60 000 | |
| | | 库存现金 | | | 60 000 |
| 8 | 用银行存款支付水电费 | 生产成本 | A产品 | 4 000 | |
| | | | B产品 | 2 500 | |
| | | 制造费用 | | 1 500 | |
| | | 银行存款 | | | 8 000 |

续表

| 业务号 | 摘　要 | 总账科目 | 明细科目 | 借方金额 | 贷方金额 |
|---|---|---|---|---|---|
| 9 | 销售 A 产品 | 银行存款 | | 203 400 | |
| | | 主营业务收入 | | | 180 000 |
| | | 应交税费 | 应交增值税（销项税额） | | 23 400 |
| 10 | 销售 B 产品 | 银行存款 | | 60 000 | |
| | | 应收账款 | | 53 000 | |
| | | 主营业务收入 | | | 100 000 |
| | | 应交税费 | 应交增值税（销项税额） | | 13 000 |
| 11 | 用银行存款支付销售费用 | 销售费用 | | 3 000 | |
| | | 银行存款 | | | 3 000 |
| 12 | 工资分配 | 生产成本 | A 产品 | 20 000 | |
| | | | B 产品 | 15 000 | |
| | | 制造费用 | | 10 000 | |
| | | 管理费用 | | 15 000 | |
| | | 应付职工薪酬 | | | 60 000 |
| 13 | 计提折旧 | 管理费用 | 折旧费 | 1 000 | |
| | | 累计折旧 | | | 1 000 |
| 14 | 结转分配制造费用 | 生产成本 | A 产品 | 6 571 | |
| | | | B 产品 | 4 929 | |
| | | 制造费用 | | | 11 500 |
| 15 | 结转完工产品成本 | 库存商品 | A 产品 | 216 000 | |
| | | | B 产品 | 120 000 | |
| | | 生产成本 | A 产品 | | 216 000 |
| | | | B 产品 | | 120 000 |
| 16 | 计算应交车船税 | 税金及附加 | | 28 000 | |
| | | 应交税费 | 应交车船税 | | 28 000 |
| 17 | 结转销售成本 | 主营业务成本 | A 产品 | 120 000 | |
| | | | B 产品 | 80 000 | |
| | | 库存商品 | A 产品 | | 120 000 |
| | | | B 产品 | | 80 000 |
| 18 | 结转本月销售收入 | 主营业务收入 | A 产品 | 180 000 | |
| | | | B 产品 | 100 000 | |
| | | 本年利润 | | | 280 000 |

续表

| 业务号 | 摘　要 | 总账科目 | 明细科目 | 借方金额 | 贷方金额 |
|---|---|---|---|---|---|
| 19 | 结转本月销售成本 | 本年利润 | | 200 000 | |
| | | 主营业务成本 | A产品 | | 120 000 |
| | | | B产品 | | 80 000 |
| 20 | 结转本月各项成本与费用 | 本年利润 | | 53 000 | |
| | | 税金及附加 | | | 28 000 |
| | | 管理费用 | | | 22 000 |
| | | 销售费用 | | | 3 000 |
| 21 | 计算所得税费用 | 所得税费用 | | 6 750 | |
| | | 应交税费 | 应交所得税 | | 6 750 |
| 22 | 结转所得税费用 | 本年利润 | | 6 750 | |
| | | 所得税费用 | | | 6 750 |

2）库存现金日记账和银行存款日记账分别见表6-6和表6-7。

表6-6　　　　　　　　　　　**库存现金日记账**　　　　　　　　　　单位：元

| 2022年 | | 凭证 | | 摘　要 | 对应科目 | 收入 | 支出 | 结存 |
|---|---|---|---|---|---|---|---|---|
| 月 | 日 | 种类 | 号数 | | | | | |
| 10 | 1 | | | 期初余额 | | | | 3 500 |
| | 16 | | 4# | 支付零星开支 | | | 2 000 | 1 500 |
| | 20 | | 6# | 提取现金 | | 60 000 | | 61 500 |
| | 20 | | 7# | 发放工资 | | | 60 000 | 1 500 |
| | 31 | | | 本月合计 | | 60 000 | 62 000 | 1 500 |

表6-7　　　　　　　　　　　**银行存款日记账**　　　　　　　　　　单位：元

| 2022年 | | 凭证 | | 摘　要 | 对应科目 | 收入 | 支出 | 结存 |
|---|---|---|---|---|---|---|---|---|
| 月 | 日 | 种类 | 号数 | | | | | |
| 10 | 1 | | | 期初余额 | | | | 400 000 |
| | 2 | | 1# | 购进甲材料款已付 | | | 45 200 | 354 800 |
| | 17 | | 5# | 支付预提利息 | | | 12 000 | 342 800 |
| | 20 | | 6# | 提取现金 | | | 60 000 | 282 800 |
| | 25 | | 8# | 支付水电费 | | | 8 000 | 274 800 |
| | 25 | | 9# | 销售A产品 | | 203 400 | | 478 200 |
| | 26 | | 10# | 销售B产品 | | 60 000 | | 538 200 |
| | 28 | | 11# | 支付销售费用 | | | 3 000 | 535 200 |
| | 31 | | | 本月合计 | | 263 400 | 128 200 | 535 200 |

3）登记原材料——甲材料明细账、原材料——乙材料明细账、生产成本——A 产品明细账、生产成本——B 产品明细账，分别见表 6-8、表 6-9、表 6-10 和表 6-11。

表 6-8　　　　　　　　　　　　　　　　**原材料明细账**

类别：　　　　　　　　　　　　　　　　　　　　　计划单价：

品名或规格：甲材料　　　　　　　　　　　　　　　储备定额：

存放地点：　　　　　　　　　　　　　　　　　　　计量单位：千克　金额单位：元

| 2022年 | | 凭证号 | 摘　要 | 收　入 | | | 发　出 | | | 结　存 | | |
|---|---|---|---|---|---|---|---|---|---|---|---|---|
| 月 | 日 | | | 数量 | 单价 | 金额 | 数量 | 单价 | 金额 | 数量 | 单价 | 金额 |
| 10 | 1 | | 期初结存 | | | | | | | 1 500 | 400 | 600 000 |
| | 2 | 1# | 购进甲材料 | 100 | 400 | 40 000 | | | | 1 600 | 400 | 640 000 |
| | 15 | 3# | 领用甲材料 | | | | 130 | 400 | 52 000 | 1 470 | 400 | 588 000 |

表 6-9　　　　　　　　　　　　　　　　**原材料明细账**

类别：　　　　　　　　　　　　　　　　　　　　　计划单价：

品名或规格：乙材料　　　　　　　　　　　　　　　储备定额：

存放地点：　　　　　　　　　　　　　　　　　　　计量单位：千克　金额单位：元

| 2022年 | | 凭证号 | 摘　要 | 收　入 | | | 发　出 | | | 结　存 | | |
|---|---|---|---|---|---|---|---|---|---|---|---|---|
| 月 | 日 | | | 数量 | 单价 | 金额 | 数量 | 单价 | 金额 | 数量 | 单价 | 金额 |
| 10 | 1 | | 期初结存 | | | | | | | 2 000 | 150 | 300 000 |
| | 5 | 2# | 购进乙材料 | 400 | 150 | 60 000 | | | | 2 400 | 150 | 360 000 |
| | 15 | 3# | 领用乙材料 | | | | 450 | 150 | 67 500 | 1 950 | 150 | 292 500 |

表 6-10　　　　　　　　　　　　　　**生产成本明细账**　　　　　　　　　　　　　　单位：元

会计科目：生产成本——A 产品　　　　　　　　　　　　　　　　　　　　　　　　　第 1 页

| 2019年 | | 凭证号 | 摘　要 | 借　方 | | | | |
|---|---|---|---|---|---|---|---|---|
| 月 | 日 | | | 直接材料 | 直接人工 | 制造费用 | 其他 | 合计 |
| 10 | 1 | | 期初结存 | | | | | 180 000 |
| | 15 | 3# | 领用原材料 | 58 000 | | | | 58 000 |
| | 25 | 8# | 支付水电费 | | | | 4 000 | 4 000 |
| | 30 | 12# | 工资分配 | | 20 000 | | | 20 000 |
| | 30 | 14# | 结转分配制造费用 | | | 6 571 | | 6 571 |
| | 31 | | 本月合计 | 58 000 | 20 000 | 6 571 | 4 000 | 268 571 |
| | 30 | 15# | 结转完工产品成本 | | | | | 216 000 |
| | 31 | | 期末结存 | | | | | 52 571 |

表6-11 　　　　　　　　　　　　生产成本明细账 　　　　　　　　　　　　单位：元

会计科目：生产成本——B产品　　　　　　　　　　　　　　　　　　　　　　第2页

| 2022年 | | 凭证号 | 摘　要 | 借　方 | | | | |
|---|---|---|---|---|---|---|---|---|
| 月 | 日 | | | 直接材料 | 直接人工 | 制造费用 | 其他 | 合计 |
| 10 | 1 | | 期初结存 | | | | | 120 000 |
| | 15 | 3# | 领用原材料 | 57 500 | | | | 57 500 |
| | 25 | 8# | 支付水电费 | | | | 2 500 | 2 500 |
| | 30 | 12# | 工资分配 | | 15 000 | | | 15 000 |
| | 30 | 14# | 结转分配制造费用 | | | 4 929 | | 4 929 |
| | 31 | | 本月合计 | 57 500 | 15 000 | 4 929 | 2 500 | 199 929 |
| | 30 | 15# | 结转完工产品成本 | | | | | 120 000 |
| | 31 | | 期末结存 | | | | | 79 929 |

4）根据记账凭证逐笔登记总分类账，见表6-12至表6-39。

表6-12 　　　　　　　　　　　　　　总分类账 　　　　　　　　　　　　　单位：元

会计科目：库存现金　　　　　　　　　　　　　　　　　　　　　　　　　　　第1页

| 2022年 | | 凭证 | | 摘　要 | 对应科目 | 借方 | 贷方 | 余额 |
|---|---|---|---|---|---|---|---|---|
| 月 | 日 | 种类 | 号数 | | | | | |
| 10 | 1 | | | 期初余额 | | | | 3 500 |
| | 16 | | 4# | 支付零星开支 | | | 2 000 | 1 500 |
| | 20 | | 6# | 提取现金 | | 60 000 | | 61 500 |
| | 20 | | 7# | 发放工资 | | | 60 000 | 1 500 |
| | 31 | | | 本月合计 | | 60 000 | 62 000 | 1 500 |

表6-13 　　　　　　　　　　　　　　总分类账 　　　　　　　　　　　　　单位：元

会计科目：银行存款　　　　　　　　　　　　　　　　　　　　　　　　　　　第2页

| 2022年 | | 凭证 | | 摘　要 | 对应科目 | 收入 | 支出 | 结存 |
|---|---|---|---|---|---|---|---|---|
| 月 | 日 | 种类 | 号数 | | | | | |
| 10 | 1 | | | 期初余额 | | | | 400 000 |
| | 2 | | 1# | 购进甲材料款已付 | | | 45 200 | 354 800 |
| | 17 | | 5# | 支付预提利息 | | | 12 000 | 342 800 |
| | 20 | | 6# | 提取现金 | | | 60 000 | 282 800 |
| | 25 | | 8# | 支付水电费 | | | 8 000 | 274 800 |
| | 25 | | 9# | 销售A产品 | | 203 400 | | 478 200 |
| | 26 | | 10# | 销售B产品 | | 60 000 | | 538 200 |
| | 28 | | 11# | 支付销售费用 | | | 3 000 | 535 200 |
| | 31 | | | 本月合计 | | 263 400 | 128 200 | 535 200 |

表 6-14                         **总分类账**                        单位：元

会计科目：应收账款                       第 3 页

| 2022 年 月 | 日 | 凭证号 | 摘 要 | 借方 | 贷方 | 借或贷 | 余额 |
|---|---|---|---|---|---|---|---|
| 10 | 1 | | 期初余额 | | | 借 | 200 000 |
| | 26 | 10# | 销售 B 产品 | 53 000 | | 借 | 253 000 |
| | 31 | | 本月合计 | 53 000 | | 借 | 253 000 |

表 6-15                         **总分类账**                        单位：元

会计科目：其他应收款                     第 4 页

| 2022 年 月 | 日 | 凭证号 | 摘 要 | 借方 | 贷方 | 借或贷 | 余额 |
|---|---|---|---|---|---|---|---|
| 10 | 1 | | 期初余额 | | | 借 | 10 000 |
| | 31 | | 本月合计 | | | 借 | 10 000 |

表 6-16                         **总分类账**                        单位：元

会计科目：预付账款                       第 5 页

| 2022 年 月 | 日 | 凭证号 | 摘 要 | 借方 | 贷方 | 借或贷 | 余额 |
|---|---|---|---|---|---|---|---|
| 10 | 1 | | 期初余额 | | | 借 | 12 000 |
| | 31 | | 本月合计 | | | 借 | 12 000 |

表 6-17                         **总分类账**                        单位：元

会计科目：原材料                       第 6 页

| 2022 年 月 | 日 | 凭证号 | 摘 要 | 借方 | 贷方 | 借或贷 | 余额 |
|---|---|---|---|---|---|---|---|
| 10 | 1 | | 期初余额 | | | 借 | 900 000 |
| | 2 | 1# | 购进原材料 | 40 000 | | 借 | 940 000 |
| | 5 | 2# | 购进原材料 | 60 000 | | 借 | 1 000 000 |
| | 15 | 3# | 发出原材料 | | 119 500 | 借 | 880 500 |
| | 31 | | 本月合计 | 100 000 | 119 500 | 借 | 880 500 |

表 6-18                         **总分类账**                        单位：元

会计科目：库存商品                       第 7 页

| 2022 年 月 | 日 | 凭证号 | 摘 要 | 借方 | 贷方 | 借或贷 | 余额 |
|---|---|---|---|---|---|---|---|
| 10 | 1 | | 期初余额 | | | 借 | 600 000 |
| | 30 | 15# | 结转完工产品成本 | 336 000 | | 借 | 936 000 |
| | 30 | 17# | 结转销售成本 | | 200 000 | 借 | 736 000 |
| | 31 | | 本月合计 | 336 000 | 200 000 | 借 | 736 000 |

表6-19                 **总分类账**            单位：元

会计科目：固定资产                                         第8页

| 2022年 月 | 2022年 日 | 凭证号 | 摘　要 | 借方 | 贷方 | 借或贷 | 余额 |
|---|---|---|---|---|---|---|---|
| 10 | 1 | | 期初余额 | | | 借 | 3 000 000 |
| | 31 | | 本月合计 | | | 借 | 3 000 000 |

表6-20                 **总分类账**            单位：元

会计科目：累计折旧                                         第9页

| 2022年 月 | 2022年 日 | 凭证号 | 摘　要 | 借方 | 贷方 | 借或贷 | 余额 |
|---|---|---|---|---|---|---|---|
| 10 | 1 | | 期初余额 | | | 贷 | 1 000 000 |
| | 30 | 13# | 计提折旧 | | 1 000 | 贷 | 1 001 000 |
| | 31 | | 本月合计 | | 1 000 | 贷 | 1 001 000 |

表6-21                **总分类账**            单位：元

会计科目：生产成本                                         第10页

| 2022年 月 | 2022年 日 | 凭证号 | 摘　要 | 借方 | 贷方 | 借或贷 | 余额 |
|---|---|---|---|---|---|---|---|
| 10 | 1 | | 期初余额 | | | 借 | 300 000 |
| | 15 | 3# | 发出材料 | 115 500 | | 借 | 415 500 |
| | 25 | 8# | 支付水电费 | 6 500 | | 借 | 422 000 |
| | 30 | 12# | 工资分配 | 35 000 | | 借 | 457 000 |
| | 30 | 14# | 制造费用分配 | 11 500 | | 借 | 468 500 |
| | 30 | 15# | 结转完工产品成本 | | 336 000 | 借 | 132 500 |
| | 31 | | 本月合计 | 168 500 | 336 000 | 借 | 132 500 |

表6-22                **总分类账**            单位：元

会计科目：短期借款                                         第11页

| 2022年 月 | 2022年 日 | 凭证号 | 摘　要 | 借方 | 贷方 | 借或贷 | 余额 |
|---|---|---|---|---|---|---|---|
| 10 | 1 | | 期初余额 | | | 贷 | 1 570 000 |
| | 31 | | 本月合计 | | | 贷 | 1 570 000 |

表6-23                   **总分类账**                 单位：元

会计科目：应付账款                                          第12页

| 2022年 月 | 日 | 凭证号 | 摘 要 | 借方 | 贷方 | 借或贷 | 余额 |
|---|---|---|---|---|---|---|---|
| 10 | 1 | | 期初余额 | | | 贷 | 400 000 |
| | 5 | 2# | 购进乙材料款未付 | | 67 800 | 贷 | 467 800 |
| | 31 | | 本月合计 | | 67 800 | 贷 | 467 800 |

表6-24                   **总分类账**                   单位：元

会计科目：应交税费                                        第13页

| 2022年 月 | 日 | 凭证号 | 摘 要 | 借方 | 贷方 | 借或贷 | 余额 |
|---|---|---|---|---|---|---|---|
| 10 | 1 | | 期初余额 | | | 贷 | 50 000 |
| | 2 | 1# | 购进甲材料款已付 | 5 200 | | 贷 | 44 800 |
| | 5 | 2# | 购进乙材料款未付 | 7 800 | | 贷 | 37 000 |
| | 25 | 9# | 销售A产品 | | 23 400 | 贷 | 60 400 |
| | 26 | 10# | 销售B产品 | | 13 000 | 贷 | 73 400 |
| | 30 | 16# | 计算应交车船税 | | 28 000 | 贷 | 101 400 |
| | 31 | 21# | 计算所得税费用 | | 6 750 | 贷 | 108 150 |
| | 31 | | 本月合计 | 13 000 | 71 150 | 贷 | 108 150 |

表6-25                   **总分类账**                   单位：元

会计科目：应付股利                                        第14页

| 2022年 月 | 日 | 凭证号 | 摘 要 | 借方 | 贷方 | 借或贷 | 余额 |
|---|---|---|---|---|---|---|---|
| 10 | 1 | | 期初余额 | | | 贷 | 70 000 |
| | 31 | | 本月合计 | | | 贷 | 70 000 |

表6-26                   **总分类账**                   单位：元

会计科目：其他应付款                                   第15页

| 2022年 月 | 日 | 凭证号 | 摘 要 | 借方 | 贷方 | 借或贷 | 余额 |
|---|---|---|---|---|---|---|---|
| 10 | 1 | | 期初余额 | | | 贷 | 15 500 |
| | 31 | | 本月合计 | | | 贷 | 15 500 |

表6-27 　　　　　　　　　　　**总分类账**　　　　　　　　　　　单位：元

会计科目：应付利息　　　　　　　　　　　　　　　　　　　　第16页

| 2022年 | | 凭证号 | 摘　要 | 借方 | 贷方 | 借或贷 | 余额 |
|---|---|---|---|---|---|---|---|
| 月 | 日 | | | | | | |
| 10 | 1 | | 期初余额 | | | 贷 | 20 000 |
| | 17 | 5# | 支付已计提利息 | 12 000 | | 贷 | 8 000 |
| | 31 | | 本月合计 | 12 000 | | 贷 | 8 000 |

表6-28 　　　　　　　　　　　**总分类账**　　　　　　　　　　　单位：元

会计科目：实收资本　　　　　　　　　　　　　　　　　　　　第17页

| 2022年 | | 凭证号 | 摘　要 | 借方 | 贷方 | 借或贷 | 余额 |
|---|---|---|---|---|---|---|---|
| 月 | 日 | | | | | | |
| 10 | 1 | | 期初余额 | | | 贷 | 2 000 000 |
| | 31 | | 本月合计 | | | 贷 | 2 000 000 |

表6-29 　　　　　　　　　　　**总分类账**　　　　　　　　　　　单位：元

会计科目：盈余公积　　　　　　　　　　　　　　　　　　　　第18页

| 2022年 | | 凭证号 | 摘　要 | 借方 | 贷方 | 借或贷 | 余额 |
|---|---|---|---|---|---|---|---|
| 月 | 日 | | | | | | |
| 10 | 1 | | 期初余额 | | | 贷 | 150 000 |
| | 31 | | 本月合计 | | | 贷 | 150 000 |

表6-30 　　　　　　　　　　　**总分类账**　　　　　　　　　　　单位：元

会计科目：本年利润　　　　　　　　　　　　　　　　　　　　第19页

| 2022年 | | 凭证号 | 摘　要 | 借方 | 贷方 | 借或贷 | 余额 |
|---|---|---|---|---|---|---|---|
| 月 | 日 | | | | | | |
| 10 | 1 | | 期初余额 | | | 贷 | 400 000 |
| | 30 | 18# | 结转本月销售收入 | | 280 000 | 贷 | 680 000 |
| | 30 | 19# | 结转本月销售成本 | 200 000 | | 贷 | 480 000 |
| | 30 | 20# | 结转本月各项费用 | 53 000 | | 贷 | 427 000 |
| | 31 | 22# | 结转所得税费用 | 6 750 | | 贷 | 420 250 |
| | 31 | | 本月合计 | 259 750 | 280 000 | 贷 | 420 250 |

表6-31 　　　　　　　　　　　**总分类账**　　　　　　　　　　　单位：元

会计科目：利润分配　　　　　　　　　　　　　　　　　　　　第20页

| 2022年 | | 凭证号 | 摘　要 | 借方 | 贷方 | 借或贷 | 余额 |
|---|---|---|---|---|---|---|---|
| 月 | 日 | | | | | | |
| 10 | 1 | | 期初余额 | | | 借 | 250 000 |
| | 31 | | 本月合计 | | | 借 | 250 000 |

表6-32          **总分类账**          单位：元

会计科目：管理费用          第21页

| 2022年 | | 凭证号 | 摘　要 | 借方 | 贷方 | 借或贷 | 余额 |
|---|---|---|---|---|---|---|---|
| 月 | 日 | | | | | | |
| 10 | 15 | 3# | 发出材料 | 4 000 | | 借 | 4 000 |
| | 16 | 4# | 支付零星开支 | 2 000 | | 借 | 6 000 |
| | 30 | 12# | 工资分配 | 15 000 | | 借 | 21 000 |
| | 30 | 13# | 计提折旧 | 1 000 | | 借 | 22 000 |
| | 30 | 20# | 结转本月各项费用 | | 22 000 | 平 | 0 |
| | 31 | | 本月合计 | 22 000 | 22 000 | 平 | 0 |

表6-33          **总分类账**          单位：元

会计科目：应付职工薪酬          第22页

| 2022年 | | 凭证号 | 摘　要 | 借方 | 贷方 | 借或贷 | 余额 |
|---|---|---|---|---|---|---|---|
| 月 | 日 | | | | | | |
| 10 | 20 | 7# | 发放工资 | 60 000 | | 借 | 60 000 |
| | 30 | 12# | 工资分配 | | 60 000 | 平 | 0 |
| | 31 | | 本月合计 | 60 000 | 60 000 | 平 | 0 |

表6-34          **总分类账**          单位：元

会计科目：制造费用          第23页

| 2022年 | | 凭证号 | 摘　要 | 借方 | 贷方 | 借或贷 | 余额 |
|---|---|---|---|---|---|---|---|
| 月 | 日 | | | | | | |
| 10 | 25 | 8# | 支付水电费 | 1 500 | | 借 | 1 500 |
| | 30 | 12# | 工资分配 | 10 000 | | 借 | 11 500 |
| | 30 | 14# | 制造费用分配 | | 11 500 | 平 | 0 |
| | 31 | | 本月合计 | 11 500 | 11 500 | 平 | 0 |

表6-35          **总分类账**          单位：元

会计科目：主营业务收入          第24页

| 2022年 | | 凭证号 | 摘　要 | 借方 | 贷方 | 借或贷 | 余额 |
|---|---|---|---|---|---|---|---|
| 月 | 日 | | | | | | |
| 10 | 25 | 9# | 销售A产品 | | 180 000 | 贷 | 180 000 |
| | 26 | 10# | 销售B产品 | | 100 000 | 贷 | 280 000 |
| | 30 | 18# | 结转本月销售收入 | 280 000 | | 平 | 0 |
| | 31 | | 本月合计 | 280 000 | 280 000 | 平 | 0 |

表6-36                           总分类账                           单位：元

会计科目：销售费用                                                   第25页

| 2022年 | | 凭证号 | 摘　要 | 借方 | 贷方 | 借或贷 | 余额 |
|---|---|---|---|---|---|---|---|
| 月 | 日 | | | | | | |
| 10 | 28 | 11# | 支付销售费用 | 3 000 | | 借 | 3 000 |
| | 30 | 20# | 结转本月各项费用 | | 3 000 | 平 | 0 |
| | 31 | | 本月合计 | 3 000 | 3 000 | 平 | 0 |

表6-37                           总分类账                           单位：元

会计科目：税金及附加                                                 第26页

| 2022年 | | 凭证号 | 摘　要 | 借方 | 贷方 | 借或贷 | 余额 |
|---|---|---|---|---|---|---|---|
| 月 | 日 | | | | | | |
| 10 | 30 | 16# | 计算应交车船税 | 28 000 | | 借 | 28 000 |
| | 30 | 20# | 结转本月各项费用 | | 28 000 | 平 | 0 |
| | 31 | | 本月合计 | 28 000 | 28 000 | 平 | 0 |

表6-38                           总分类账                           单位：元

会计科目：主营业务成本                                               第27页

| 2022年 | | 凭证号 | 摘　要 | 借方 | 贷方 | 借或贷 | 余额 |
|---|---|---|---|---|---|---|---|
| 月 | 日 | | | | | | |
| 10 | 30 | 17# | 结转销售成本 | 200 000 | | 借 | 200 000 |
| | 30 | 19# | 结转本月销售成本 | | 200 000 | 平 | 0 |
| | 31 | | 本月合计 | 200 000 | 200 000 | 平 | 0 |

表6-39                           总分类账                           单位：元

会计科目：所得税费用                                                 第28页

| 2022年 | | 凭证号 | 摘　要 | 借方 | 贷方 | 借或贷 | 余额 |
|---|---|---|---|---|---|---|---|
| 月 | 日 | | | | | | |
| 10 | 31 | 21# | 计算所得税费用 | 6 750 | | 借 | 6 750 |
| | 31 | 22# | 结转所得税费用 | | 6 750 | 平 | 0 |
| | 31 | | 本月合计 | 6 750 | 6 750 | 平 | 0 |

教学互动6-1

**主题**：记账凭证账务处理程序的特点是直接根据各种记账凭证逐笔登记总分类账。

**问题**：根据下述资料运用记账凭证账务处理程序登记库存现金、银行存款、库存商品、本年利润、利润分配总账。

（1）某企业2019年12月1日有关总分类账户期初余额见表6-40。

表6-40　　　　　　　　　　**总分类账户期初余额表**　　　　　　　　　单位：元

| 账户名称 | 借方余额 | 账户名称 | 贷方余额 |
|---|---|---|---|
| 库存现金 | 2 000 | 应交税费 | 1 000 |
| 银行存款 | 200 000 | 短期借款 | 80 000 |
| 库存商品 | 100 000 | 长期借款 | 200 000 |
| 固定资产 | 100 000 | 实收资本 | 101 000 |
| | | 利润分配 | 20 000 |
| 合计 | 402 000 | 合计 | 402 000 |

（2）该企业2019年12月份发生如下业务：

① 12月2日，提现1 000元备用。

② 12月10日，提现15 000元备发工资。

③ 12月10日，以现金发放工资。

④ 12月30日，销售商品价款40 000元，增值税税率为13%，价税款均已收到。

⑤ 12月30日，银行代交水电费1 000元。

⑥ 12月31日，结转商品销售成本10 000元。

⑦ 12月31日，计提所得税费用10 000元。

⑧ 12月31日，结转收入40 000元。

⑨ 12月31日，结转费用类账户。

⑩ 12月31日，结转本年利润账户。

**要求**：同"教学互动1-1"的"要求"。

学习微平台

教学互动6-1

学习微平台

随堂测6-1

## 6.3　科目汇总表账务处理程序

### 6.3.1　科目汇总表账务处理程序的概念

科目汇总表账务处理程序又称记账凭证汇总表账务处理程序，是先根据原始凭证或汇总原始凭证填制记账凭证，然后定期根据记账凭证分类编制科目汇总表，最后再根据科目汇总表登记总分类账的一种账务处理程序。

在科目汇总表账务处理程序下，记账凭证、库存现金日记账、银行存款日记账、各种总分类账和明细分类账的设置与记账凭证账务处理程序基本相同。同时为了将记账凭证定期地进行汇总，还需设置科目汇总表（又称记账凭证汇总表）。

### 6.3.2　科目汇总表的编制方法

科目汇总表的编制方法是根据一定时期内的全部记账凭证，按各个账户的借、贷方进行归类，计算出每一总分类账户的本期借方发生额和贷方发生额，并填写在科目汇总表的相关栏内。对于库存现金、银行存款账户的借方发生额和贷方发生额，也可直接根据库存现金、银行存款日记账的收支合计数填列，而不再根据收、付款凭证归类汇总填列。科目汇总表可以每月汇总一次、编制一张，也可以按旬汇总一次，按月编制一张。业务量较多的单位也可每日进行汇总。按月编制的科目汇总表的格式见表6-41。

表6-41 科目汇总表

年　　月　　日至　　日　　　　　　　　　　　　　　　　字第　　号

| 会计科目 | 本期发生额 | | 记账凭证起讫号码 |
|---|---|---|---|
| | 借方 | 贷方 | |
| | | | |
| | | | |

### 6.3.3　科目汇总表账务处理程序的一般步骤

（1）根据原始凭证编制汇总原始凭证。

（2）根据原始凭证或汇总原始凭证填制记账凭证。

（3）根据收、付款凭证逐笔登记库存现金日记账和银行存款日记账。

（4）根据原始凭证、汇总原始凭证和记账凭证逐笔登记各明细分类账。

（5）根据记账凭证编制科目汇总表。

（6）根据科目汇总表登记总分类账。

（7）期末，将库存现金日记账和银行存款日记账和明细分类账余额与有关总分类账余额进行核对相符。

（8）期末，根据总分类账和明细分类账记录，编制会计报表。

科目汇总表账务处理程序如图6-3所示。

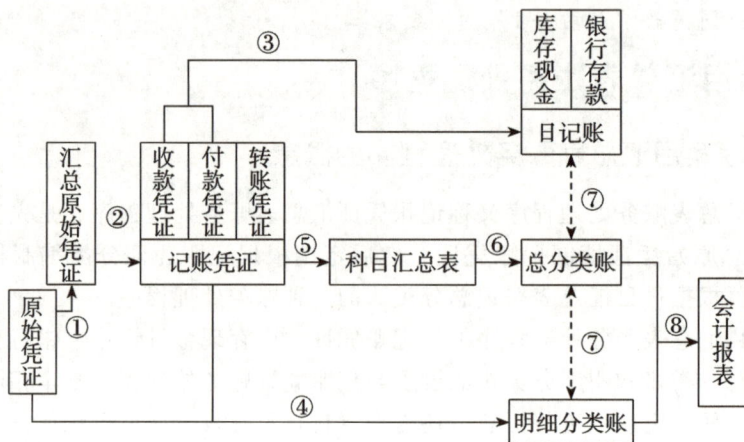

图6-3　科目汇总表账务处理程序

### 6.3.4　科目汇总表账务处理程序的优缺点和适用范围

科目汇总表账务处理程序由于采取了汇总登记总分类账的方式，因而简化了总分类账的登记工作，并且科目汇总表的编制比较容易、简便。通过编制科目汇总表，可以进行总分类账户本期借、贷方发生额的试算平衡，保证记账工作的质量。但是，科目汇总表和总分类账不能明确反映有关账户之间的对应关系，所以不便于分析经济活动情况，不便于核对账目。科目汇总表账务处理程序适用于经济业务量较多的单位。

### 同步案例6-2

#### 科目汇总表账务处理程序举例

**背景与情境**：宝德企业采用科目汇总表账务处理程序，有关资料与【同步案例6-1】相同。

**问题**：

1）根据以上经济业务编制通用记账凭证，需要考虑增值税。

2）根据收、付款凭证逐日逐笔登记库存现金、银行存款日记账。

3）根据原始凭证、记账凭证登记原材料、生产成本明细账。

4）根据记账凭证编制本月1—31日科目汇总表。

5）根据科目汇总表登记总分类账。

**分析提示**：

1）至3）与【同步案例6-1】相同。

4）科目汇总表见表6-42。

5）根据科目汇总表登记总分类账，见表6-43至表6-70。

表6-42　　　　　　　　　　**科目汇总表**

2022年10月1日至31日　　　　　　　　　　　　单位：元

| 会计科目 | 借方发生额 | 贷方发生额 |
|---|---|---|
| 库存现金 | 60 000 | 62 000 |
| 银行存款 | 263 400 | 128 200 |
| 应收账款 | 53 000 | |
| 原材料 | 100 000 | 119 500 |
| 库存商品 | 336 000 | 200 000 |
| 累计折旧 | | 1 000 |
| 生产成本 | 168 500 | 336 000 |
| 应付账款 | | 67 800 |
| 应交税费 | 13 000 | 71 150 |
| 应付利息 | 12 000 | |
| 本年利润 | 259 750 | 280 000 |

续表

| 会计科目 | 借方发生额 | 贷方发生额 |
|---|---|---|
| 管理费用 | 22 000 | 22 000 |
| 应付职工薪酬 | 60 000 | 60 000 |
| 制造费用 | 11 500 | 11 500 |
| 主营业务收入 | 280 000 | 280 000 |
| 销售费用 | 3 000 | 3 000 |
| 税金及附加 | 28 000 | 28 000 |
| 主营业务成本 | 200 000 | 200 000 |
| 所得税费用 | 6 750 | 6 750 |
| 合　计 | 1 876 900 | 1 876 900 |

表6-43　　　　　　　　　　　　　　**总分类账**　　　　　　　　　　　　单位：元

会计科目：库存现金　　　　　　　　　　　　　　　　　　　　　　　　　第1页

| 2022年 | | 凭证号 | 摘　　要 | 借方 | 贷方 | 借或贷 | 余额 |
|---|---|---|---|---|---|---|---|
| 月 | 日 | | | | | | |
| 10 | 1 | | 期初余额 | | | 借 | 3 500 |
| | 31 | | 科汇1 | 60 000 | 62 000 | 借 | 1 500 |
| | 31 | | 本月合计 | 60 000 | 62 000 | 借 | 1 500 |

表6-44　　　　　　　　　　　　　　**总分类账**　　　　　　　　　　　　单位：元

会计科目：银行存款　　　　　　　　　　　　　　　　　　　　　　　　　第2页

| 2022年 | | 凭证号 | 摘　　要 | 借方 | 贷方 | 借或贷 | 余额 |
|---|---|---|---|---|---|---|---|
| 月 | 日 | | | | | | |
| 10 | 1 | | 期初余额 | | | 借 | 400 000 |
| | 31 | | 科汇1 | 263 400 | 128 200 | 借 | 535 200 |
| | 31 | | 本月合计 | 263 400 | 128 200 | 借 | 535 200 |

表6-45　　　　　　　　　　　　　　**总分类账**　　　　　　　　　　　　单位：元

会计科目：应收账款　　　　　　　　　　　　　　　　　　　　　　　　　第3页

| 2022年 | | 凭证号 | 摘　　要 | 借方 | 贷方 | 借或贷 | 余额 |
|---|---|---|---|---|---|---|---|
| 月 | 日 | | | | | | |
| 10 | 1 | | 期初余额 | | | 借 | 200 000 |
| | 31 | | 科汇1 | 53 000 | | 借 | 253 000 |
| | 31 | | 本月合计 | 53 000 | | 借 | 253 000 |

表 6-46　　　　　　　　　　　　　　**总分类账**　　　　　　　　　　　　　单位：元

会计科目：其他应收款　　　　　　　　　　　　　　　　　　　　　　　　　第 4 页

| 2022年 | | 凭证号 | 摘　要 | 借方 | 贷方 | 借或贷 | 余额 |
|---|---|---|---|---|---|---|---|
| 月 | 日 | | | | | | |
| 10 | 1 | | 期 初 余 额 | | | 借 | 10 000 |
| | 31 | | 本 月 合 计 | | | 借 | 10 000 |

表 6-47　　　　　　　　　　　　　　**总分类账**　　　　　　　　　　　　　单位：元

会计科目：预付账款　　　　　　　　　　　　　　　　　　　　　　　　　　第 5 页

| 2022年 | | 凭证号 | 摘　要 | 借方 | 贷方 | 借或贷 | 余额 |
|---|---|---|---|---|---|---|---|
| 月 | 日 | | | | | | |
| 10 | 1 | | 期 初 余 额 | | | 借 | 12 000 |
| | 31 | | 本 月 合 计 | | | 借 | 12 000 |

表 6-48　　　　　　　　　　　　　　**总分类账**　　　　　　　　　　　　　单位：元

会计科目：原材料　　　　　　　　　　　　　　　　　　　　　　　　　　　第 6 页

| 2022年 | | 凭证号 | 摘　要 | 借方 | 贷方 | 借或贷 | 余额 |
|---|---|---|---|---|---|---|---|
| 月 | 日 | | | | | | |
| 10 | 1 | | 期 初 余 额 | | | 借 | 900 000 |
| | 31 | | 科 汇 1 | 100 000 | 119 500 | 借 | 880 500 |
| | 31 | | 本 月 合 计 | 100 000 | 119 500 | 借 | 880 500 |

表 6-49　　　　　　　　　　　　　　**总分类账**　　　　　　　　　　　　　单位：元

会计科目：库存商品　　　　　　　　　　　　　　　　　　　　　　　　　　第 7 页

| 2022年 | | 凭证号 | 摘　要 | 借方 | 贷方 | 借或贷 | 余额 |
|---|---|---|---|---|---|---|---|
| 月 | 日 | | | | | | |
| 10 | 1 | | 期 初 余 额 | | | 借 | 600 000 |
| | 31 | | 科 汇 1 | 336 000 | 200 000 | 借 | 736 000 |
| | 31 | | 本 月 合 计 | 336 000 | 200 000 | 借 | 736 000 |

表 6-50　　　　　　　　　　　　　　**总分类账**　　　　　　　　　　　　　单位：元

会计科目：固定资产　　　　　　　　　　　　　　　　　　　　　　　　　　第 8 页

| 2022年 | | 凭证号 | 摘　要 | 借方 | 贷方 | 借或贷 | 余额 |
|---|---|---|---|---|---|---|---|
| 月 | 日 | | | | | | |
| 10 | 1 | | 期 初 余 额 | | | 借 | 3 000 000 |
| | 31 | | 本 月 合 计 | | | 借 | 3 000 000 |

表6-51　　　　　　　　　　　　　　**总分类账**　　　　　　　　　　　　单位：元

会计科目：累计折旧　　　　　　　　　　　　　　　　　　　　　　　第9页

| 2022年 | | 凭证号 | 摘　　要 | 借方 | 贷方 | 借或贷 | 余额 |
|---|---|---|---|---|---|---|---|
| 月 | 日 | | | | | | |
| 10 | 1 | | 期初余额 | | | 贷 | 1 000 000 |
| | 31 | | 科汇1 | | 1 000 | 贷 | 1 001 000 |
| | 31 | | 本月合计 | | 1 000 | 贷 | 1 001 000 |

表6-52　　　　　　　　　　　　　　**总分类账**　　　　　　　　　　　　单位：元

会计科目：生产成本　　　　　　　　　　　　　　　　　　　　　　　第10页

| 2022年 | | 凭证号 | 摘　　要 | 借方 | 贷方 | 借或贷 | 余额 |
|---|---|---|---|---|---|---|---|
| 月 | 日 | | | | | | |
| 10 | 1 | | 期初余额 | | | 借 | 300 000 |
| | 31 | | 科汇1 | 168 500 | 336 000 | 借 | 132 500 |
| | 31 | | 本月合计 | 168 500 | 336 000 | 借 | 132 500 |

表6-53　　　　　　　　　　　　　　**总分类账**　　　　　　　　　　　　单位：元

会计科目：短期借款　　　　　　　　　　　　　　　　　　　　　　　第11页

| 2022年 | | 凭证号 | 摘　　要 | 借方 | 贷方 | 借或贷 | 余额 |
|---|---|---|---|---|---|---|---|
| 月 | 日 | | | | | | |
| 10 | 1 | | 期初余额 | | | 贷 | 1 570 000 |
| | 31 | | 本月合计 | | | 贷 | 1 570 000 |

表6-54　　　　　　　　　　　　　　**总分类账**　　　　　　　　　　　　单位：元

会计科目：应付账款　　　　　　　　　　　　　　　　　　　　　　　第12页

| 2022年 | | 凭证号 | 摘　　要 | 借方 | 贷方 | 借或贷 | 余额 |
|---|---|---|---|---|---|---|---|
| 月 | 日 | | | | | | |
| 10 | 1 | | 期初余额 | | | 贷 | 400 000 |
| | 31 | | 科汇1 | | 67 800 | 贷 | 467 800 |
| | 31 | | 本月合计 | | 67 800 | 贷 | 467 800 |

表6-55　　　　　　　　　　　　　　**总分类账**　　　　　　　　　　　　单位：元

会计科目：应交税费　　　　　　　　　　　　　　　　　　　　　　　第13页

| 2022年 | | 凭证号 | 摘　　要 | 借方 | 贷方 | 借或贷 | 余额 |
|---|---|---|---|---|---|---|---|
| 月 | 日 | | | | | | |
| 10 | 1 | | 期初余额 | | | 贷 | 50 000 |
| | 31 | | 科汇1 | 13 000 | 71 150 | 贷 | 108 150 |
| | 31 | | 本月合计 | 13 000 | 71 150 | 贷 | 108 150 |

表6-56　　　　　　　　　　　　**总分类账**　　　　　　　　　　单位：元

会计科目：应付股利　　　　　　　　　　　　　　　　　　　第14页

| 2022年 | | 凭证号 | 摘　要 | 借方 | 贷方 | 借或贷 | 余额 |
|---|---|---|---|---|---|---|---|
| 月 | 日 | | | | | | |
| 10 | 1 | | 期初余额 | | | 贷 | 70 000 |
| | 31 | | 本月合计 | | | 贷 | 70 000 |

表6-57　　　　　　　　　　　　**总分类账**　　　　　　　　　　单位：元

会计科目：其他应付款　　　　　　　　　　　　　　　　　　第15页

| 2022年 | | 凭证号 | 摘　要 | 借方 | 贷方 | 借或贷 | 余额 |
|---|---|---|---|---|---|---|---|
| 月 | 日 | | | | | | |
| 10 | 1 | | 期初余额 | | | 贷 | 15 500 |
| | 31 | | 本月合计 | | | 贷 | 15 500 |

表6-58　　　　　　　　　　　　**总分类账**　　　　　　　　　　单位：元

会计科目：应付利息　　　　　　　　　　　　　　　　　　　第16页

| 2022年 | | 凭证号 | 摘　要 | 借方 | 贷方 | 借或贷 | 余额 |
|---|---|---|---|---|---|---|---|
| 月 | 日 | | | | | | |
| 10 | 1 | | 期初余额 | | | 贷 | 20 000 |
| | 31 | | 科汇1 | 12 000 | | 贷 | 8 000 |
| | 31 | | 本月合计 | 12 000 | | 贷 | 8 000 |

表6-59　　　　　　　　　　　　**总分类账**　　　　　　　　　　单位：元

会计科目：实收资本　　　　　　　　　　　　　　　　　　　第17页

| 2022年 | | 凭证号 | 摘　要 | 借方 | 贷方 | 借或贷 | 余额 |
|---|---|---|---|---|---|---|---|
| 月 | 日 | | | | | | |
| 10 | 1 | | 期初余额 | | | 贷 | 2 000 000 |
| | 31 | | 本月合计 | | | 贷 | 2 000 000 |

表6-60　　　　　　　　　　　　**总分类账**　　　　　　　　　　单位：元

会计科目：盈余公积　　　　　　　　　　　　　　　　　　　第18页

| 2022年 | | 凭证号 | 摘　要 | 借方 | 贷方 | 借或贷 | 余额 |
|---|---|---|---|---|---|---|---|
| 月 | 日 | | | | | | |
| 10 | 1 | | 期初余额 | | | 贷 | 150 000 |
| | 31 | | 本月合计 | | | 贷 | 150 000 |

表6-61　　　　　　　　　　　　**总分类账**　　　　　　　　　　单位：元

会计科目：本年利润　　　　　　　　　　　　　　　　　　第19页

| 2022年 | | 凭证号 | 摘　　要 | 借方 | 贷方 | 借或贷 | 余额 |
|---|---|---|---|---|---|---|---|
| 月 | 日 | | | | | | |
| 10 | 1 | | 期初余额 | | | 贷 | 400 000 |
| | 31 | | 科汇1 | 259 750 | 280 000 | 贷 | 420 250 |
| | 31 | | 本月合计 | 259 750 | 280 000 | 贷 | 420 250 |

表6-62　　　　　　　　　　　　**总分类账**　　　　　　　　　　单位：元

会计科目：利润分配　　　　　　　　　　　　　　　　　　第20页

| 2022年 | | 凭证号 | 摘　　要 | 借方 | 贷方 | 借或贷 | 余额 |
|---|---|---|---|---|---|---|---|
| 月 | 日 | | | | | | |
| 10 | 1 | | 期初余额 | | | 借 | 250 000 |
| | 31 | | 本月合计 | | | 借 | 250 000 |

表6-63　　　　　　　　　　　　**总分类账**　　　　　　　　　　单位：元

会计科目：管理费用　　　　　　　　　　　　　　　　　　第21页

| 2022年 | | 凭证号 | 摘　　要 | 借方 | 贷方 | 借或贷 | 余额 |
|---|---|---|---|---|---|---|---|
| 月 | 日 | | | | | | |
| 10 | 31 | | 科汇1 | 22 000 | 22 000 | 平 | 0 |
| | 31 | | 本月合计 | 22 000 | 22 000 | 平 | 0 |

表6-64　　　　　　　　　　　　**总分类账**　　　　　　　　　　单位：元

会计科目：应付职工薪酬　　　　　　　　　　　　　　　　第22页

| 2022年 | | 凭证号 | 摘　　要 | 借方 | 贷方 | 借或贷 | 余额 |
|---|---|---|---|---|---|---|---|
| 月 | 日 | | | | | | |
| 10 | 31 | | 科汇1 | 60 000 | 60 000 | 平 | 0 |
| | 31 | | 本月合计 | 60 000 | 60 000 | 平 | 0 |

表6-65　　　　　　　　　　　　**总分类账**　　　　　　　　　　单位：元

会计科目：制造费用　　　　　　　　　　　　　　　　　　第23页

| 2022年 | | 凭证号 | 摘　　要 | 借方 | 贷方 | 借或贷 | 余额 |
|---|---|---|---|---|---|---|---|
| 月 | 日 | | | | | | |
| 10 | 31 | | 科汇1 | 11 500 | 11 500 | 平 | 0 |
| | 31 | | 本月合计 | 11 500 | 11 500 | 平 | 0 |

表6-66 　　　　　　　　　　　　　　　　 **总分类账** 　　　　　　　　　　　　　　　　单位：元

会计科目：主营业务收入 　　　　　　　　　　　　　　　　　　　　　　　　　　　第24页

| 2022年 | | 凭证号 | 摘　　要 | 借方 | 贷方 | 借或贷 | 余额 |
|---|---|---|---|---|---|---|---|
| 月 | 日 | | | | | | |
| 10 | 31 | | 科汇1 | 280 000 | 280 000 | 平 | 0 |
| | 31 | | 本月合计 | 280 000 | 280 000 | 平 | 0 |

表6-67 　　　　　　　　　　　　　　　　 **总分类账** 　　　　　　　　　　　　　　　　单位：元

会计科目：销售费用 　　　　　　　　　　　　　　　　　　　　　　　　　　　　第25页

| 2022年 | | 凭证号 | 摘　　要 | 借方 | 贷方 | 借或贷 | 余额 |
|---|---|---|---|---|---|---|---|
| 月 | 日 | | | | | | |
| 10 | 31 | | 科汇1 | 3 000 | 3 000 | 平 | 0 |
| | 31 | | 本月合计 | 3 000 | 3 000 | 平 | 0 |

表6-68 　　　　　　　　　　　　　　　　 **总分类账** 　　　　　　　　　　　　　　　　单位：元

会计科目：税金及附加 　　　　　　　　　　　　　　　　　　　　　　　　　　第26页

| 2022年 | | 凭证号 | 摘　　要 | 借方 | 贷方 | 借或贷 | 余额 |
|---|---|---|---|---|---|---|---|
| 月 | 日 | | | | | | |
| 10 | 31 | | 科汇1 | 28 000 | 28 000 | 平 | 0 |
| | 31 | | 本月合计 | 28 000 | 28 000 | 平 | 0 |

表6-69 　　　　　　　　　　　　　　　　 **总分类账** 　　　　　　　　　　　　　　　　单位：元

会计科目：主营业务成本 　　　　　　　　　　　　　　　　　　　　　　　　第27页

| 2022年 | | 凭证号 | 摘　　要 | 借方 | 贷方 | 借或贷 | 余额 |
|---|---|---|---|---|---|---|---|
| 月 | 日 | | | | | | |
| 10 | 31 | | 科汇1 | 200 000 | 200 000 | 平 | 0 |
| | 31 | | 本月合计 | 200 000 | 200 000 | 平 | 0 |

表6-70 　　　　　　　　　　　　　　　　 **总分类账** 　　　　　　　　　　　　　　　　单位：元

会计科目：所得税费用 　　　　　　　　　　　　　　　　　　　　　　　　　第28页

| 2022年 | | 凭证号 | 摘　　要 | 借方 | 贷方 | 借或贷 | 余额 |
|---|---|---|---|---|---|---|---|
| 月 | 日 | | | | | | |
| 10 | 31 | | 科汇1 | 6 750 | 6 750 | 平 | 0 |
| | 31 | | 本月合计 | 6 750 | 6 750 | 平 | 0 |

学习微平台

随堂测 6-2

## 6.4  汇总记账凭证账务处理程序

### 6.4.1  汇总记账凭证账务处理程序的概念

汇总记账凭证账务处理程序是先根据原始凭证或汇总原始凭证编制记账凭证，根据记账凭证定期分类编制汇总收款凭证、汇总付款凭证和汇总转账凭证，再根据汇总记账凭证登记总分类账的一种账务处理程序。

各种记账凭证、账簿的设置种类、格式与记账凭证账务处理程序基本相同。但总分类账需设"对应账户"栏，此外还需设置汇总记账凭证。

汇总记账凭证是根据记账凭证汇总填制的，汇总的期间一般不超过10天，以便登记总分类账。其种类可分为汇总收款凭证、汇总付款凭证和汇总转账凭证。

### 6.4.2  汇总记账凭证的编制

汇总收款凭证是根据库存现金、银行存款收款凭证，分别按库存现金、银行存款账户的借方科目设置，并按对应的贷方科目归类，月末结计其合计数，分别记入库存现金、银行存款总账的借方及各对应总账的贷方。

汇总付款凭证是根据库存现金、银行存款付款凭证，分别按库存现金、银行存款账户的贷方科目设置，并按对应的借方科目归类，月末结计其合计数，分别记入库存现金、银行存款总账的贷方及各对应总账的借方。

汇总转账凭证既可按借方科目设置，也可按贷方科目设置，但在会计实务惯例中一般按贷方科目分别设置，并按借方科目归类，月末结计其合计数，分别根据汇总转账凭证应贷账户的贷方及借方合计数记入总账。为了便于编制汇总转账凭证，转账凭证应填制一借一贷或多借一贷的会计分录，尽量不编制一借多贷的会计分录。当然，如果在月份内某一贷方科目的转账凭证不多，可直接根据转账凭证登记总分类账，而不编制汇总转账凭证。汇总记账凭证的格式见表6-71、表6-72和表6-73。

表6-71 　　　　　　　　　　**汇总收款凭证**

| 借方科目： | | 年　月　日—　月　日 ____字第____号 | |
|---|---|---|---|
| 贷方科目 | 金额 | 总账页数 | |
| | | 借方 | 贷方 |
| | | | |
| | | | |
| 合　计 | | | |

附注：收款凭证自　　　号至　　　号共　　　张
会计主管：　　　记账：　　　复核：　　　制单：

表6-72　　　　　　　　　　　　汇总付款凭证

| 贷方科目： | | 年　月　日一　月　日 ＿＿＿字第＿＿＿号 | |
|---|---|---|---|
| 借方科目 | 金额 | 总账页数 | |
| | | 借方 | 贷方 |
| | | | |
| | | | |
| 合　计 | | | |

附注：付款凭证自　　　　号至　　　　号共　　　张
会计主管：　　　　记账：　　　　复核：　　　　制单：

表6-73　　　　　　　　　　　　汇总转账凭证

| 贷方科目： | | 年　月　日一　月　日 ＿＿＿字第＿＿＿号 | |
|---|---|---|---|
| 借方科目 | 金额 | 总账页数 | |
| | | 借方 | 贷方 |
| | | | |
| | | | |
| 合　计 | | | |

附注：转账凭证自　　　　号至　　　　号共　　　张
会计主管：　　　　记账：　　　　复核：　　　　制单：

### 6.4.3　汇总记账凭证账务处理程序的一般步骤

（1）根据原始凭证编制汇总原始凭证。

（2）根据原始凭证或汇总原始凭证编制收款凭证、付款凭证和转账凭证，也可以填制通用记账凭证。

（3）根据收、付款凭证，每日逐笔登记库存现金日记账和银行存款日记账。

（4）根据原始凭证、汇总原始凭证或记账凭证，逐笔登记各明细分类账。

（5）根据收、付款凭证和转账凭证，定期编制汇总收款凭证、汇总付款凭证和汇总转账凭证。

（6）期末，根据汇总记账凭证登记总分类账。

（7）期末，将库存现金日记账、银行存款日记账的余额和各明细分类账的余额，与有关总分类账的余额进行核对相符。

（8）期末，根据核对无误的总分类账和明细分类账的记录，编制会计报表。

汇总记账凭证账务处理程序如图6-4所示。

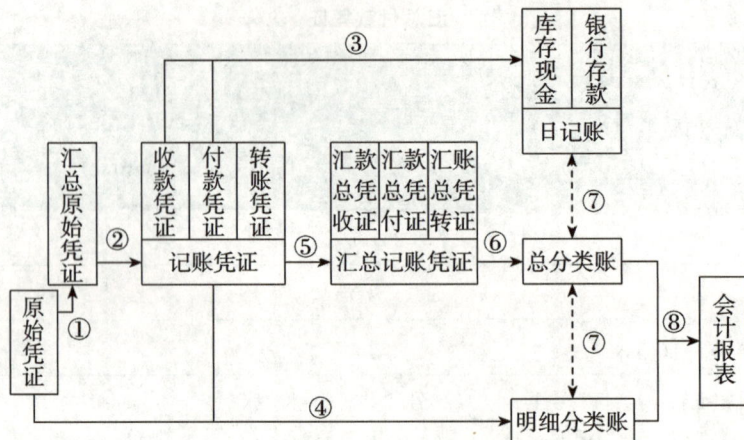

图6-4 汇总记账凭证账务处理程序

🔑 课程思政6-2

## 走"捷径"，少纳税

**背景与情境：** 审计组在对某公司的会计报表进行检查时，发现该公司的财务报表上没有库存商品的科目。于是审计人员顺藤摸瓜，从会计报表查到会计账簿，却发现公司财务人员将生产成本账户直接结转到主营业务成本账户，然后找到相应的会计凭证，发现有一笔这样的分录：借记"主营业务成本"，贷记"生产成本"，金额是512 000元。询问该公司的财务人员，其承认了这一做法。

（资料来源 申先菊，等. 会计错弊的甄别与防范［M］. 北京：北京工业大学出版社，2007：388. 原文经过整理）

**问题：**

1）该公司财务人员的行为是否符合账务处理程序？这样做的目的是什么？

2）如何进行正确的账务处理？

3）该案例给我们的启示是什么？

**分析提示：**

1）不符合账务处理程序。这样做是为了增加企业的主营业务成本，以达到虚减利润从而少交所得税的目的。会计人员在实际工作中，应当以会计准则作为行动指南，在发生道德与利益的冲突时，应坚持准则，维护国家利益、社会公众利益和正常的经济秩序。

2）正确的账务处理是，首先调增库存商品，其会计处理如下：

借：库存商品　　　　　　　　　　　　　　　　　512 000

　贷：主营业务成本　　　　　　　　　　　　　　　　　512 000

然后计算应补交的所得税费用，其会计处理如下：

借：所得税费用　　　　　　　　　　　　　　　　　128 000

　贷：应交税费——应交所得税　　　　　　　　　　　　128 000

3）该案例给我们的启示是：《关于印发〈会计改革与发展"十四五"规划纲

要〉的通知》（财会〔2021〕27号）指出："深入开展会计诚信教育，将会计职业道德作为会计人才培养、评价、继续教育的重要内容，推动财会类专业教育，加强职业道德课程建设，不断提升会计人员诚信素养。"作为一名会计人员，在工作中，既要有吃苦耐劳的劳模精神、严谨细致的工作作风，还要有提高技能遵守准则的职业操守。[①]

### 6.4.4　汇总记账凭证账务处理程序的优缺点及适用范围

汇总记账凭证是根据记账凭证，按照会计科目对应关系进行归类、汇总而编制的。汇总记账凭证账务处理程序克服了科目汇总表账务处理程序的缺点，便于了解有关会计科目之间的对应关系，便于核对和分析账目。总分类账根据汇总记账凭证登记，优点是简化了总分类账的登记工作，缺点是，由于汇总转账凭证是根据每一贷方会计科目归类、汇总的，所以它不便于日常核算工作的合理分工，并且编制汇总记账凭证的工作量也较大。汇总记账凭证账务处理程序一般适用于规模大、经济业务较多的单位。

**同步思考6-2**

与【同步案例6-1】相同的资料，如果采用汇总记账凭证账务处理程序，其不同之处是什么？

**理解要点**：汇总记账凭证账务处理程序与以上两种程序的不同之处在于，登记总分类账的依据是汇总记账凭证，汇总记账凭证又可分为三种：汇总收款凭证、汇总付款凭证和汇总转账凭证。这三种凭证的格式参见表6-71至表6-73。该程序可以将日常业务产生的大量记账凭证分散在平时整理，通过汇总归类，月末时一次登入总分类账，减小登记总账的工作量，为及时编制会计报表提供方便。汇总记账凭证是按照科目对应关系归类、汇总编制的，能够明确地反映账户之间的对应关系，便于经常分析检查经济活动的发生情况。但是，汇总记账凭证按每一贷方科目归类汇总，不考虑经济业务的性质，不利于会计核算工作的分工，而且编制汇总记账凭证的工作量也较大。

学习微平台

随堂测6-3

**本章资源导航**

时政要闻感知——加强新时代会计人才队伍建设 为高质量发展提供有力支撑——《会计改革与发展"十四五"规划纲要》系列解读五：http：//kjs.mof.gov.cn/zhengcejiedu/202201/t20220127_3785471.htm.

---

① 资源导航：时政要闻感知——加强新时代会计人才队伍建设 为高质量发展提供有力支撑——《会计改革与发展"十四五"规划纲要》系列解读五。

# 第7章
# 财产清查

---

## 学习目标

通过本章学习，应该达到以下目标：

**理论目标：** 学习和把握财产清查的意义、种类和一般程序；掌握财产清查的主要方法；掌握财产清查结果的账务处理等陈述性知识，能用其指导本章"同步思考""教学互动""随堂测"中的认知活动，正确解答《训练手册》"任务七"中"客观题"和"主观题"的"理论题"各题型问题，体验本章"初级学习"中专业认知的横向正迁移，以及相关胜任力中"认知"要素的阶段性生成。

**实务目标：** 学习和把握库存现金清查、银行存款清查和固定资产清查等程序性知识，并将"4Cs"融入学习过程中；能以其建构"财产清查"中的规则意识，正确解析本章《训练手册》"任务七"中"实务题"的相关问题，体验本章专业规则与方法"初级学习"中的横向正迁移和"高级学习"中的重组性迁移，以及相关胜任力中"专业规则"要素的阶段性生成。

**案例目标：** 运用本章所学财产清查的理论与实务知识研究相关案例，培养和提高学生在特定业务情境中分析问题与解决问题的能力；能结合本章所选取的"知法守法、公私分明"和"公私不分，企业财产受损失"等课程思政案例，强化学生坚持诚信、守法奉公的会计职业素养，促进"立德树人"根本任务的落实；正确表征本章《训练手册》"任务七"中"案例题"的相关情境；体验本章"高级学习"中专业知识、通用知识与思政元素的协同性重组迁移，以及相关胜任力中"认知弹性"要素的阶段性生成。

**实训目标：** 引导学生参加《训练手册》"工作任务七"中"'财产清查'技术应用"的实践训练。在其了解和把握本实训所涉及"能力与道德领域"相关技能点的"规范与标准"的基础上，通过切实体验"财产清查"各实训任务的完成，系列技能操作的实施，《"'财产清查'技术应用"实训报告》的准备与撰写等有质量、有效率的活动，培养其相关"技术应用"的专业能力，强化其"与人交流"、"解决问题"和"革新创新"等职业核心能力（中级），并通过"认同级"践行"职业作风"和"职业守则"等行为规范，促进其健全职业人格的塑造，体验本章"实践学习"中"专能""通能""职业道德"元素的协同性"重组-产生"迁移，以及相关胜任力中"求知韧性"和"复合性'技术-技能'"要素的阶段性生成。

## 第7章内容结构

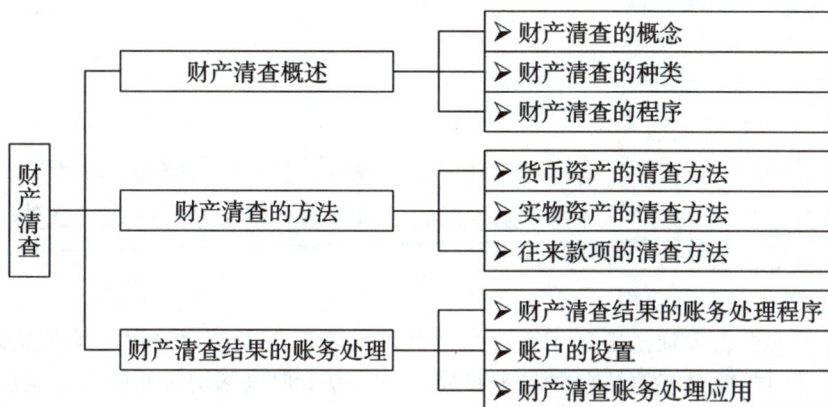

图7-1　第7章思维导图

引例　财产清查与账实相符

**背景与情境**：星海公司出纳员小王由于刚参加工作不久，对货币资金业务管理和核算的相关规定不甚了解，所以工作中出现了一些失误。有两件事情让他印象深刻，至今记忆犹新。

第一件事是，他在2012年6月8日和10日两天现金业务结束后的例行库存现金清查中，分别发现现金短缺50元和现金溢余20元的情况，对此他反复思考也弄不明白原因。为了保全自己的面子和息事宁人，同时考虑到两次账实不符的金额很小，他决定采取下列办法进行处理：现金短缺50元，自掏腰包补齐；现金溢余20元，暂时收起。

第二件事是，星海公司不掌握银行存款的实有金额信息，这甚至影响到公司日常业务的核算。公司经理因此指派有关人员检查小王的工作，结果发现，每次编制银行存款余额调节表时，公司只根据银行存款日记账余额加减对账单中企业未入账款项来确定公司银行存款实有数，而且每次做完此项工作以后，小王就立即将这些未入账的款项登记入账。

（资料来源　佚名．财产清查与账实相符［EB/OL］．（2012-12-21）．http：//bbs.chinaacc.com/forum-2-41/topic-160811.html．原文经过整理）

从引例可见，小王对库存现金及银行存款清查结果的处理欠妥，他的处理方法掩盖了单位在资产管理中的问题，也不符合资产管理的基本要求。

对货币资金的清查及正确的账务处理是保证货币资金安全及"账实相符"的有效途径。除货币资金外，对存货、固定资产和往来款项均应进行清查，以确定账面记载与实际情况是否相符，同时也可及时发现并处理已无使用价值的各项资产，使财务信息更加真实有用。

# 7.1  财产清查概述

## 7.1.1  财产清查的概念

### 1）财产清查的概念

所谓**财产清查**，是指通过对库存现金、银行存款等货币资金、存货、固定资产等实物资产和应收账款等往来款项的盘点或核对，确定其实有数、核对账存数与实有数是否相符的一种专门方法。

### 2）财产清查的原因

财产的管理要通过账簿记录来反映其增减变动以及结存情况。从理论上讲，账簿记录的各项财产的结存数与实有数应当一致。但账簿记录并不能完全反映客观实际，存在一些因素导致账簿记录的结存数与实际数不一致。为保证账簿记录的正确性，需要对各种财产进行定期或不定期的清查、盘点，并与相关账簿进行核对。

导致账簿记录与财产实有数不一致的因素包括：

①保管过程中的自然损耗或升溢；

②发生自然灾害和意外损失；

③收发计量过程中发生错误；

④账簿记录中发生漏记、重记或错记；

⑤管理不善或工作人员失误造成损坏、丢失或被盗；

⑥结算凭证传递不及时造成未达账项。

### 3）财产清查的意义

由于上述客观及主观因素的存在，账实不符的情况会经常发生。为了保证会计资料真实可靠，必须运用财产清查的方法，对各项财产进行定期或不定期盘点和核对，以发现账实不符的详细情况，并查明不符的原因，及时采取措施。财产清查可充分发挥会计工作在经济活动中的监督作用，对会计核算和经营管理具有重要意义。其意义具体表现在以下4个方面：

（1）确保会计资料真实可靠

通过财产清查，可以查明各项财产的实有数与账面数是否相符，确定账实差异，明确盘盈盘亏的原因和责任。

（2）确保财产安全完整

通过财产清查，可以检查各种财产的储备和使用情况，查明财产保管等制度的执行情况。可以查明各项财产有无被挪用、贪污和盗窃的情况，还可以查明各项财产保管是否妥善，有无损坏、霉烂和变质等情况，以便采取得力措施，加强管理，确保财产安全完整。

（3）促进财产物资有效使用

通过财产清查及时发现并处理已无使用价值的财产，可以提高财产使用效率，改善经营管理。

学习微平台

视频 7.1.1

（4）确保财经纪律贯彻执行

在财产清查中如果发现"白条抵库"、债权债务长期挂账等问题，应及时查明原因，采取措施，确保各项财务活动合法进行。

**课程思政 7-1**

### 知法守法、公私分明

**背景与情境**：出纳人员直接与货币资金打交道，这个岗位是非常重要的，对出纳人员的职业道德要求也非常高，如果用人不当，又遇管理失控，可能会造成不可挽回的经济损失。

某公司出纳员张某投资股市被套牢，急于翻本又苦于没有资金，他开始对自己每天经手的现金动了邪念，凭着财务主管对他的信任，拿了财务主管保管的财务印章在自己保管的空白现金支票上盖章任意取款。月底，银行对账单也是由他到银行提取且自行核对，因此他的行为在很长一段时间未被发现。至案发时，公司蒙受了巨大的经济损失。

**问题**：张某的行为符合会计人员职业道德规范要求吗？出纳员张某的违法行为在很长一段时间未被发现，为什么？

**分析提示**：张某的行为不符合《会计人员职业道德规范》要求[①]，也违反了《中华人民共和国会计法》等法律制度的规定，必将受到法律的严厉制裁。《会计人员职业道德规范》要求会计人员"坚持诚信，守法奉公"，要牢固树立诚信理念，以诚立身、以信立业，严于律己、心存敬畏。学法知法守法，公私分明、克己奉公，树立良好职业形象，维护会计行业声誉[②]。

张某的违法行为长时间未被发现，一方面说明公司没有有效的内部控制制度，另一方面说明公司在财产的清查管理方面也存在漏洞。其一，现金管理没有做到"日清月结"，定期盘点。其二，银行存款没有进行有效的对账，银行存款对账要由独立于出纳的人员进行，而不能由出纳人员一人包办，如果有效进行了库存现金的"日清月结"，定期盘点，银行存款日记账与银行对账单进行有效的定期对账，那么这些问题就会被及时发现，就能够确保财产的安全与完整。

### 7.1.2 财产清查的种类

财产清查是会计核算的一种专门方法。按不同的分类标准可将财产清查分为不同的种类。

**1）按照清查的对象和范围分类，财产清查可以分为全面清查和局部清查**

（1）全面清查。全面清查就是对所有的财产进行全面的盘点和核对。全面清查的对象一般包括下列内容：存货、固定资产等实物资产；库存现金、银行存款等货币资金；应收账款和应付账款等往来结算款项。

从时间上看，凡验收入库的财产物资，不管是否收到入账凭证，均应纳入账

---

① 资源导航：时政要闻感知——把《会计人员职业道德规范》落到实处的认识。
② 资源导航：时政要闻感知——新时代会计人员职业道德的自律、他律与互律。

簿登记。尚未收到采购发票的已入库的原材料，应暂估记账。凡已入账的财产物资，不管是否验收入库，均应作为本企业财产物资管理，尚未入库的原材料作为在途物资处理。

全面清查的内容多、范围广、工作量大，一般在下列情况下需要进行全面清查：进行年终决算、编制年度会计报表前；单位撤销、合并、分立或改变隶属关系时；清产核资、资产评估时；企业发生改制或其他重大体制变更时。

（2）局部清查。局部清查就是对部分财产进行盘点和核对。局部清查的对象和时间应根据管理需要来确定。相对于全面清查，局部清查内容少、范围窄，一般是对流动性较大的财产和贵重财产进行清查。清查内容主要包括：库存现金应当由出纳人员每日清点，并与库存现金日记账核对，做到日清月结；银行存款应当每月与银行核对一次；贵重物资每月盘点，并与实物账核对；债权债务应当每年至少与对方核对一次；各类存货应当根据需要进行重点抽查。

**2）按照清查的时间分类，财产清查可以分为定期清查和不定期清查**

（1）定期清查。定期清查是按预先计划的时间、方式和步骤，对财产、债权债务进行的清查。定期清查一般在月末、季末和年末进行。定期清查，可以是全面清查，也可以是局部清查。

（2）不定期清查。不定期清查是根据特殊需要临时进行的清查。不定期清查一般是局部清查，但也可能是全面清查。不定期清查主要有以下几种情况：更换财产保管人员时，要对有关人员保管的财产进行清查，以分清经济责任，便于办理交接手续；发生自然灾害和意外损失时，要对受损失的财产进行清查，以明确责任，查明损失情况；主管部门对本单位进行检查时，应按检查要求和范围对财产进行清查，以验证会计资料的可靠性；清产核资、撤销、合并、分立或改变隶属关系时，要对本单位的财产进行清查，以便摸清家底。

**3）按照清查的执行单位分类，财产清查可以分为内部清查和外部清查**

（1）内部清查。内部清查由企业内部组织的清查工作组来负责财产清查工作，企业进行的财产清查大多数是内部清查。内部清查可以是全面清查，也可以是局部清查；可以是定期清查，也可以是不定期清查，根据实际情况和具体要求来确定。

（2）外部清查。外部清查是企业以外的组织根据国家有关规定对本企业进行的财产清查，如企业清产核资、重组等过程中的资产清查，都属于外部清查。外部清查可以是定期清查，也可以是不定期清查；可以是全面清查，也可以是局部清查。

学习微平台

随堂测 7-1

**同步思考 7-1**

求实公司 2022 年 12 月 31 日对存货进行了盘点，发现 2022 年 12 月 30 日收到一批总价为 2 800 元的采购材料，并在仓库实物账中进行了数量登记。因尚未收到采购发票及相关单据，故未记入 2022 年 12 月 31 日的原材料明细账及总账。求实公司对该批存货的处理是否正确？为什么？

理解要点：求实公司对该批存货的处理不正确。因为在 2022 年 12 月 31 日结账前，收到存货并纳入到当日盘点范围内，应作为本公司的存货进行管理。因此在 2022 年 12 月 31 日的会计账簿中，应按"暂估入账"的方法进行原材料记录，做到结账日账实相符，否则，就会出现"实"有"账"无的情况。

### 7.1.3　财产清查的程序

财产清查是一项细致而又复杂的工作，政策性强、涉及面广、工作量大，一般包括准备工作、清查工作和报告工作三个过程。

**1）准备工作**

（1）组织准备。为了使财产清查工作顺利地进行，会计、财产保管和相关部门应密切配合，做好清查前的各方面准备工作，并抽调有关专业人员组成清查小组。清查人员应学习有关政策规定，掌握有关法律、法规和相关业务知识，以提高财产清查工作的质量。应确定清查对象范围，明确清查任务，制订实施方案，具体安排清查内容、时间、步骤、方法和必要的清查前准备，以便有组织、有计划、有步骤地进行财产清查。

（2）业务准备。会计部门在清查之前应将所有经济业务入账，并核对总账和所属明细账，保证账证相符，账账相符。财产保管部门应将截至清查日的所有经济业务登记实物账，结出实存数；财产规范存放，整齐排列，标明品种、规格和结存数量。相关部门要准备好计量衡器具，并准备好清查所用的登记表册。

**2）清查工作**

清查工作中要注意核定各种实物、货币资金和往来款项的账实是否相符，关注财产的质量，并填制盘存单。

**3）报告工作**

清查工作完毕，整理盘存单。填制清查报告表，将账实核对的结果及其处理意见书面报告有关部门审批。根据审批情况进行账务处理。

## 7.2　财产清查的方法

由于货币资金、实物资产和往来款项等各有不同的特点，在进行财产清查时，应采用不同的方法。

### 7.2.1　货币资金的清查方法

**1）库存现金的清查**

库存现金的清查采用实地盘点法确定库存现金的实有数，然后与库存现金日记账的账面余额核对，确定账实是否相符。库存现金清查由会计人员和出纳员共同清点，并填写库存现金盘点表。对库存现金进行盘点前，出纳员必须将有关业务在库存现金日记账中全部登记完毕。盘点时，一方面要注意账实是否相符，另一方面要检查现金管理制度的遵守情况，如有无超过现金库存限额、"白条抵库"、挪用等情况。盘点结束后，编制"库存现金盘点表"。"库存现金盘点表"

学习微平台

视频 7.2.1

具有实存账存对比的作用，是重要的原始凭证，格式见表7-1。

表7-1　　　　　　　　　　**库存现金盘点表**

年　　月　　日　　　　　　　　　　　　　　　　单位：元

| 实存金额 | | | 账存金额 | 对比结果 | | 备　注 |
|---|---|---|---|---|---|---|
| 面值 | 数量（张） | 金额 | | 盘盈 | 盘亏 | |
| 100元 | | | | | | |
| 50元 | | | | | | |
| 20元 | | | | | | |
| 10元 | | | | | | |
| 5元 | | | | | | |
| 2元 | | | | | | |
| 1元 | | | | | | |
| 5角 | | | | | | |
| 2角 | | | | | | |
| 1角 | | | | | | |
| 合　计 | | | | | | |

盘点人签章：　　　　　　　　　　　　　　出纳人员签章：

**2）银行存款的清查**

（1）银行存款的清查方法

银行存款的清查采用账目核对法，即将企业出纳人员登记的银行存款日记账与银行对账单进行核对。在同银行核对账目之前，应将企业的银行存款业务全部记入银行存款日记账。银行存款的清查一般在月末进行。

从理论上说，对于企业的每一笔银行存款收支业务，出纳员都要登记银行存款日记账，银行的记账人员也都要相应记账，二者应该是相符的。但实际上，企业的银行存款日记账上的月末余额与银行对账单上的月末余额常常会出现不一致的情况。造成不一致的原因可能是记账错误所致，也可能是未达账项所致。

所谓未达账项，是指由于企业和银行双方收付款项的记账时间不一致而发生的一方已入账，而另一方未入账的款项。未达账项通常有四种：

①企业已收，银行未收。企业存入银行的款项，企业已入账，增加企业的银行存款。但银行尚未完成记账手续，有关款项还未记入企业的银行存款账户。

②企业已付，银行未付。企业已付款并凭付款凭证入账，减少企业的银行存款，但银行尚未实际划出款项，有关款项还未记本企业的银行存款减少，如企业开出转账支票并已入账，但银行尚未完成转账手续，未减少企业的银行存款。

③银行已收，企业未收。银行已收款并登记入账，作为企业的存款增加，但企业未收到收款通知，因而还未登记入账，如银行付给企业的利息，银行代企业

收到的款项等。

④银行已付，企业未付。银行已支付并登记入账，作为企业的存款减少，但企业未接到付款通知，因而还未登记入账，如银行代企业支付的水电费等款项。

上述四种未达账项，前两种属于银行的未达账款，后两种属于企业的未达账项。为了减少未达账项，月底应从开户银行将本单位的各种银行结算凭证及时取回并入账。企业银行存款账面余额、银行对账单余额和未达账项的关系是：

$$
\begin{array}{c}
\text{企业银行} \\
\text{存款} \\
\text{日记账余额}
\end{array}
+
\begin{array}{c}
\text{银行已收} \\
\text{而企业} \\
\text{未收的款项}
\end{array}
-
\begin{array}{c}
\text{银行已付} \\
\text{而企业} \\
\text{未付的款项}
\end{array}
=
\begin{array}{c}
\text{银行} \\
\text{对账单} \\
\text{余额}
\end{array}
+
\begin{array}{c}
\text{企业已收} \\
\text{而银行} \\
\text{未收的款项}
\end{array}
-
\begin{array}{c}
\text{企业已付} \\
\text{而银行未付} \\
\text{的款项}
\end{array}
\quad (7.1)
$$

**同步案例7-1**

### 未达账项的处理

**背景与情境**：天达公司在与银行对账时，发现银行对账单中，有一笔款项银行已收，但企业尚未收到银行相关结算凭证，并于2022年12月31日根据银行对账单将该笔款项记入银行存款日记账，金额为5 000元。

**问题**：在2022年12月31日记录该笔金额于银行存款日记账是否正确？

**分析提示**：该笔业务记入2022年12月31日银行存款日记账是不正确的，应该获得结算凭证后再入账。

（2）银行存款的清查步骤

银行存款清查一般采用账目核对法，即将企业银行存款日记账与其开户银行提供的银行对账单逐笔进行核对。具体步骤是：

①对账前，企业出纳员应检查银行存款日记账记录是否正确完整，如发现错误，应及时更正。

②收到银行对账单后，应将银行存款日记账上的每笔业务与银行对账单上的每笔业务进行核对。

③对账过程中，如果发现银行对账单上的存款余额与企业银行存款日记账上的余额不相符，应查明原因。

④编制银行存款余额调节表，如果企业有多个存款账户，应分别按存款账户开设"银行存款日记账"。月底应分别将各账户的"银行存款日记账"与其对应的"银行对账单"核对，并分别编制各账户的"银行存款余额调节表"。

**业务链接7-1**

### 银行存款余额调节表的编制

天达公司2022年6月的银行存款日记账见表7-2，月底银行转来的银行对账单见表7-3。

表7-2　　　　　　　　　　　　　　银行存款日记账

账号：2720178801880886812 3　　　　　　　　　　　　　　　　单位：元

| 2022年 | | 摘　要 | 结算凭证 | | 借　方 | 贷　方 | 余额 |
|---|---|---|---|---|---|---|---|
| 月 | 日 | | 种　类 | 号　数 | | | |
| 6 | 1 | 期初余额 | | | | | 65 000 |
| 6 | 3 | 收到货款 | 支票 | 00081 | 28 000 | | 93 000 |
| 6 | 5 | 收到货款 | 支票 | 00128 | 64 000 | | 157 000 |
| 6 | 10 | 支付货款 | 支票 | 00101 | | 68 000 | 89 000 |
| 6 | 16 | 收到货款 | 支票 | 00157 | 50 000 | | 139 000 |
| 6 | 29 | 支付货款 | 支票 | 00102 | | 40 000 | 99 000 |
| 6 | 29 | 提取现金 | 支票 | 00103 | | 3 000 | 96 000 |
| 6 | 30 | 收到货款 | 支票 | 00420 | 30 000 | | 126 000 |
| | | 本月合计 | | | 172 000 | 111 000 | |

表7-3　　　　　　　　　　　　　　银行对账单

账号：2720178801880886812 3　　　　　　　　　　　　　　　　单位：元

| 2022年 | | 摘　要 | 结算凭证 | | 收　入 | 支　出 | 余额 |
|---|---|---|---|---|---|---|---|
| 月 | 日 | | 种　类 | 号　数 | | | |
| 6 | 1 | 结余 | | | | | 65 000 |
| 6 | 3 | 转账存入 | 支票 | 00081 | 28 000 | | 93 000 |
| 6 | 6 | 转账存入 | 支票 | 00128 | 64 000 | | 157 000 |
| 6 | 10 | 转账支取 | 支票 | 00101 | | 68 000 | 89 000 |
| 6 | 17 | 转账存入 | 支票 | 00157 | 50 000 | | 139 000 |
| 6 | 26 | 转账支取 | 支票 | 00102 | | 40 000 | 99 000 |
| 6 | 29 | 转账存入 | 支票 | 00421 | 35 000 | | 134 000 |
| 6 | 30 | 转账支取 | 支票 | 00104 | | 45 000 | 89 000 |
| | | 本期合计 | | | 177 000 | 153 000 | |

通过逐笔勾对，发现有如下未达账项：

（1）企业已收、银行未收的款项为30 000元；

（2）企业已付、银行未付的款项为3 000元；

（3）银行已收、企业未收的款项为35 000元；

（4）银行已付、企业未付的款项为45 000元。

编制"银行存款余额调节表"见表 7-4。

表 7-4

**银行存款余额调节表**

账号：27201788018808868123　　2022年6月30日　　　　　　　　　　　　　　单位：元

| 项　目 | 金　额 | 项　目 | 金　额 |
|---|---|---|---|
| 企业银行存款日记账余额 | 126 000 | 银行对账单余额 | 89 000 |
| 加：银行已收，企业未收 | 35 000 | 加：企业已收，银行未收 | 30 000 |
| 减：银行已付，企业未付 | 45 000 | 减：企业已付，银行未付 | 3 000 |
| 调节后的存款余额 | 116 000 | 调节后的存款余额 | 116 000 |

$$\begin{matrix} \text{企业银行存款日记账} \\ \text{调节后的余额} \end{matrix} = \begin{matrix} \text{企业银行存款} \\ \text{日记账余额} \end{matrix} + \begin{matrix} \text{银行已收企业未收的} \\ \text{未达账项} \end{matrix} - \begin{matrix} \text{银行已付企业未付的} \\ \text{未达账项} \end{matrix}$$

$$\begin{matrix} \text{银行对账单} \\ \text{调节后的余额} \end{matrix} = \begin{matrix} \text{银行} \\ \text{对账单余额} \end{matrix} + \begin{matrix} \text{企业已收银行} \\ \text{未收的未达账项} \end{matrix} - \begin{matrix} \text{企业已付银行} \\ \text{未付的未达账项} \end{matrix}$$

（3）银行存款清查结果处理

"银行存款余额调节表"调节后的存款余额相等，一般可以说明双方记账没有差错。如果经调节仍不相等，要么是未达账项未全部查出，要么是一方或双方记账出现差错，需要进一步采用对账方法查明原因，加以更正。调节相等后的银行存款余额是当日可以动用的银行存款实有数，但不需要根据"银行存款余额调节表"进行账务处理。"银行存款余额调节表"不是原始凭证，对于银行已经入账，而企业尚未入账的未达账项，要待银行结算凭证到达后，才能据以入账。

**同步思考 7-2**

银行存款日记账是用来反映银行存款增加、减少和结存情况的账簿，银行存款日记账期末余额就是企业在银行账户中实有存款数。这种说法正确吗？为什么？

**理解要点**：这种说法不正确。因为可能存在未达账项，所以单位银行存款日记账上的余额就可能与银行对账单上的余额不一致。应通过与银行对账，编制银行存款余额调节表，调整未达账项。只有调节相等后的银行存款余额才是可以动用的银行存款实有数。

### 7.2.2　实物资产的清查方法

**1）存货的盘存制度**

存货盘存制度，有实地盘存制和永续盘存制两种。

（1）所谓实地盘存制，又称**以存计耗制**，是指通过实地盘点，确定各项存货的实际结存数，并据此倒推出各项存货本期发出或耗用数的一种存货盘存制度。实地盘存制的工作程序为：

①在期末结账前，对材料、在产品和产成品等各项存货进行实地盘点，确定期末实存数量。

学习微平台

视频 7.2.2

②根据盘点的期末结存数和单价（或单位成本）计算出各项存货的期末结存金额。

③根据各项存货的期初、期末结存数量和金额，本期入库数量和金额，计算出本期发出存货的数量和金额。

本期发出存货数量=期初结存数量+本期入库数量−期末结存数量　　　　　　　(7.2)

本期发出存货金额=期初结存金额+本期入库金额−期末结存金额　　　　　　　(7.3)

采用实地盘存制，对各项存货的发出和结存不必随时记账，可以简化会计核算工作程序。但采用该制度不能随时反映各项存货的发出和结存情况，同时通过期末盘存倒挤本期发出数，不能反映存货发生的损耗和短缺等具体情况，不利于保护企业财产物资的安全与完整。

由于实地盘存制存在以上缺点，因此一般只适用于核算那些价值低、品种杂、收发频繁的零星材料、废料和一些损耗大、数量不稳定的鲜活商品。采用实地盘存制，财产清查的次数必须适当增加，以此来弥补日常核算工作中的一些缺陷。

（2）所谓**永续盘存制**，又称**账面盘存制**，是通过设置存货明细分类账，根据会计凭证逐日逐笔连续反映各项存货的收入、发出和结存情况的一种盘存制度。

采用永续盘存制，会计上对各种存货明细账都应按存货的品种、规格设置。在存货明细账上，平时应随时登记各项存货的收入、发出数量及金额，并结出账面的结存数量及金额。采用永续盘存制，仍需要定期或不定期地进行实地盘点，以查明各项存货的账簿记录与实存数是否相符。如果某项存货的账面数与实存数有差异，应根据实际情况调整账簿数据，以保证账实相符。

永续盘存制的优点是可以随时反映各项存货的增减变动和结存情况，加强对存货的管理。同时，各存货明细账上的结存数可以随时与预定的最高库存限额或最低库存限额进行对照，确定库存积压或者不足，以便及时组织存货的购销和处理，加速存货周转。在实际工作中，除前面介绍的实地盘存制的适用情况外，企业一般都应采用永续盘存制核算存货。该方法的缺点是存货明细分类核算的工作量大，要耗费较多的人力和时间。

**2）实物清查的常用方法**

（1）实地盘点法。这种方法是通过逐一清点或用计量器具来确定实物的实存数量。其适用范围较广，大多数财产物资的清查都可以采用这种方法。

（2）技术推算盘点法。采用这种方法，对于财产物资不是逐一清点计数，而是通过技术手段来推算财产物资的结存数量。这种方法只适用于大量的、难以逐一清点的财产物资的清查。

在清查过程中，还应了解财产物资的使用和储备情况，以及在收发、保管方面所存在的问题。盘点时，实物保管人员必须在场，并参加盘点，将盘点结果登记在"盘存单"上，并由盘点人员和实物保管人员签名。"盘存单"是记录盘点结果的书面证明，也是反映财产物资实存数的原始凭证，其一般格式见表7-5。

表 7-5                                盘存单

单位名称：                 盘点时间：                      编号：
财产名称：                 存放地点：                      金额单位：元

| 编 号 | 名 称 | 计量单位 | 数 量 | 单 价 | 金 额 | 备 注 |
|---|---|---|---|---|---|---|
|  |  |  |  |  |  |  |
|  |  |  |  |  |  |  |
|  |  |  |  |  |  |  |
|  |  |  |  |  |  |  |

盘点人：                      保管人：

为了查明实存数与账存数是否相符，确定盘盈、盘亏情况，应根据"盘存单"和有关账簿记录，编制"实存账存对比表"。"实存账存对比表"是调整账簿记录的重要原始凭证，也是分析产生差异的原因、明确经济责任的依据。在实际工作中，为了简化编表工作，"实存账存对比表"通常只填列账实不符的财产，主要反映盘盈、盘亏情况。"实存账存对比表"的一般格式见表 7-6。

表 7-6                         实存账存对比表

单位名称：                    年    月    日                      金额单位：元

| 编号 | 类别及名称 | 计量单位 | 单价 | 实存 | | 账存 | | 对比结果 | | | | 备注 |
|---|---|---|---|---|---|---|---|---|---|---|---|---|
|  |  |  |  | 数量 | 金额 | 数量 | 金额 | 盘盈 | | 盘亏 | |  |
|  |  |  |  |  |  |  |  | 数量 | 金额 | 数量 | 金额 |  |
|  |  |  |  |  |  |  |  |  |  |  |  |  |
|  |  |  |  |  |  |  |  |  |  |  |  |  |
|  |  |  |  |  |  |  |  |  |  |  |  |  |

制表人：               财务负责人：               公司负责人：

学习微平台

随堂测 7-2

### 7.2.3　往来款项的清查方法

往来款项的清查，是指对本单位发生的各种债权、债务等结算业务进行清查，如对应收账款、应付账款、预付账款、预收账款、其他应收款、其他应付款等进行清查。

往来款项的清查方法一般采用账目核对法，如采用信函查询、电话查询方式与对方进行账目核对。清查完毕，应编制"往来款项清查报告表"，列示清查的具体结果。"往来款项清查报告表"的格式见表 7-7。

表 7-7　　　　　　　　　　　　　往来款项清查报告表

会计科目：应收账款　　　　　　　　　　　　　　　　　　　　　　　　　　　单位：元

| 明细账户名称 | 账面应收金额 | 清查情况 | | 发生日期 | 对方不同意付款原因 | | 备注 |
| | | 对方同意付款金额 | 对方不同意付款金额 | | 按合同规定拒付金额 | 争执中的款项 | |
| --- | --- | --- | --- | --- | --- | --- | --- |
| | | | | | | | |

清查人员签章：　　　　　　　　　　　　　　　　经管人员签章：

## 7.3　财产清查结果的账务处理

### 7.3.1　财产清查结果的账务处理程序

视频 7.3.1

财产清查结果的账务处理程序是：首先，核准盘盈、盘亏、毁损和其他损失的数量金额，查明性质与原因，明确责任，提出处理意见，报相关人员批准；其次，调整账簿记录，做到账实相符；最后，报经批准，进行会计处理。

### 7.3.2　账户的设置

视频 7.3.2

由于财产清查结果的账务处理需分成两步，报批前已经调整了账簿记录，报批后才能针对盈亏原因做出相应的处理，因此，必须有一个过渡性的账户进行报批前后的相关记录。"待处理财产损溢"就是为满足会计核算这一要求而设置的。

"待处理财产损溢"账户的特点：①核算的内容是，企业在财产清查过程中发生的各种财产物资的盘盈、盘亏或毁损及其处理情况；②账户性质为资产类；③账户结构是，借方登记发生的盘亏和盘盈报批后的核销数，贷方登记发生的盘盈和盘亏报批后的核销数，期末无余额；④明细账核算按财产类别进行，分别设置"待处理流动资产损溢"和"待处理固定资产损溢"明细科目。

**同步思考 7-3**

财产清查结果处理分三步进行，在会计期末尚未获得审批人员的批准，则不进行转销"待处理财产损溢"处理，留待获得批准处理的会计期间进行。这种处理方法正确吗？为什么？

**理解要点**：这种处理方法不正确。因为"待处理财产损溢"是一个临时的过渡科目，是在处理财产损失或不明原因的增加时使用的。在处理财产的时候，需要经过一定的手续和程序进行审批，在等待审批过程中，使用这个科目进行临时处理，等审批结果出来后，按审批结果处理，如果会计期末仍未获得审批，应在会计期末前转销"待处理财产损溢"，该账户不保留余额，如此后批准结果与账务处理结果不一致，再根据审批结果进行相应调整。

**同步案例7-2**

### 财产清查结果的账务处理

**背景与情境**：天宇公司是一家中型企业，按照企业会计准则规定进行会计核算。2022年底财产清查组对该企业财产进行了清查，财务人员为了减少工作量，按常用的办法对盘盈、盘亏财产进行减化账务处理，没有设置"待处理财产损溢"科目，直接将盘盈、盘亏财产转入"其他应收款""管理费用""营业外支出"等科目。

**问题**：天宇公司应对财产清查结果能否进行简化处理？

**分析提示**：天宇公司不能对财产清查结果进行简化处理。这是因为现行制度规定，一般企业应遵循企业会计准则进行会计处理。

### 7.3.3　财产清查账务处理应用

**1）库存现金清查的账务处理**

**（1）盘盈**

库存现金盘盈，报经批准前，应记入"库存现金"科目的借方和"待处理财产损溢"科目的贷方。查清原因报经批准后分情况进行处理，如为应支付给有关人员或单位的，则转入"其他应付款"科目，如为无法查明原因的，则转入"营业外收入"科目。

**业务链接7-2**

### 库存现金盘盈的账务处理

天达公司2022年5月31日在进行库存现金清查时，发现库存现金溢余203.20元，后经查实其中200元为出纳员个人款项，另3.20元无法查明原因。编制会计分录如下：

①报批前

借：库存现金　　　　　　　　　　　　　　　　　　　　　203.20

　　贷：待处理财产损溢——待处理流动资产损溢　　　　　　　　203.20

②批准后

借：待处理财产损溢——待处理流动资产损溢　　　　　　203.20

　　贷：其他应付款　　　　　　　　　　　　　　　　　　　　　200

　　　　营业外收入　　　　　　　　　　　　　　　　　　　　　3.20

**（2）盘亏**

库存现金盘亏，报经批准前，记入"库存现金"科目的贷方和"待处理财产损溢"科目的借方。查明原因、报经批准后分情况进行处理。由责任人赔偿的转入"其他应收款"科目，无法查明原因的转入"管理费用"科目。

**业务链接7-3**

### 库存现金盘亏的账务处理

天达公司在2022年6月30日进行库存现金清查时，发现库存现金短缺155元，其中105元应由出纳员李天负责赔偿，另50元无法查明原因。编制会计分录如下：

①报批前

借：待处理财产损溢——待处理流动资产损溢　　　　　　　155

　　贷：库存现金　　　　　　　　　　　　　　　　　　　155

②批准后

借：其他应收款——李天　　　　　　　　　　　　　　　105

　　管理费用　　　　　　　　　　　　　　　　　　　　50

　　贷：待处理财产损溢——待处理流动资产损溢　　　　　155

**2）存货清查的账务处理**

**（1）盘盈**

存货盘盈，在报经批准前，应借记有关存货科目，贷记"待处理财产损溢"科目。在报经批准后冲销管理费用。

**业务链接7-4**

### 原材料盘盈的账务处理

天达公司2022年6月30日在财产清查发现库存甲材料因计量器具不准盘盈150千克，单价6元。编制会计分录如下：

①盘盈时

借：原材料——甲材料　　　　　　　　　　　　　　　900

　　贷：待处理财产损溢——待处理流动资产损溢　　　　900

②批准后

借：待处理财产损溢——待处理流动资产损溢　　　　　900

　　贷：管理费用　　　　　　　　　　　　　　　　　900

**（2）盘亏**

企业发生存货盘亏时，在报经批准前应借记"待处理财产损溢"科目，贷记有关存货科目；在报经批准后，对于入库的残料价值，记入"原材料"等科目；对于应由保险公司或过失人支付的赔款记入"其他应收款"科目；剩余净损失，属于一般经营损失的部分记入"管理费用"科目，属于非常损失的部分记入"营业外支出"科目。

**业务链接7-5**

### 原材料盘亏的账务处理

天达公司2022年6月30日在财产清查中，发现库存乙材料因计量器具不准短缺100千克、定额内自然损耗20千克、保管员王明过失造成丢失10千克、火灾造成毁损120千克，乙材料每千克4元，因火灾造成的损失保险公司赔偿400元。编制会计分录如下：

①报批前

借：待处理财产损溢——待处理流动资产损溢　　　　　　　　　　1 000

　　贷：原材料——乙材料　　　　　　　　　　　　　　　　　　　　1 000

②批准后

借：其他应收款——王明　　　　　　　　　　　　　　　　　　　　40

　　　　　　　——保险公司　　　　　　　　　　　　　　　　　　400

　　管理费用　　　　　　　　　　　　　　　　　　　　　　　　　480

　　营业外支出　　　　　　　　　　　　　　　　　　　　　　　　80

　　贷：待处理财产损溢——待处理流动资产损溢　　　　　　　　　　1 000

### 3）固定资产清查的账务处理

（1）盘盈

固定资产盘盈应按重置成本计量，作为重要的前期差错进行会计处理，先通过"以前年度损益调整"科目核算。这是因为固定资产由于企业无法控制的因素而造成盘盈的可能性极小，甚至是不可能的，企业出现了固定资产的盘盈必定是企业以前会计期间少计、漏计产生的，应当作为会计差错进行更正处理。企业在盘盈固定资产时，应确定盘盈固定资产的原值、累计折旧和净值。

**业务链接7-6**

#### 固定资产盘盈的账务处理

天达公司于2022年6月30日对企业全部的固定资产进行盘查，盘盈一台五成新的机器设备，该设备同类产品市场价格为60 000元。编制会计分录如下（不考虑税金及利润分配）：

①报批前

借：固定资产　　　　　　　　　　　　　　　　　　　　　　　　30 000

　　贷：以前年度损益调整　　　　　　　　　　　　　　　　　　　30 000

②批准后

借：以前年度损益调整　　　　　　　　　　　　　　　　　　　　30 000

　　贷：利润分配——未分配利润　　　　　　　　　　　　　　　　30 000

**教学互动7-1**

**主题**：固定资产是一种单位价值较高，使用期限较长的有形资产，对于管理规范的企业而言，盘盈和盘亏固定资产较为少见。企业应当健全制度，加强管理，定期或至少每年年末对固定资产进行清查盘点，保证固定资产核算的真实性和完整性，如果清查中发现固定资产的损溢应及时查明原因，在期末结账前处理完毕。

**问题**：天顺公司2022年6月30日进行固定资产清查时发现一台账外设备，该设备同类产品市场价格为2 000元。通过对天顺公司2022年6月30日固定资产盘点情况进行分析、判断，完成识别固定资产盘盈、盘亏，并说明固定资产盘盈会计处理的教学任务。

**要求**：同"教学互动1-1"的"要求"。

（2）盘亏

固定资产盘亏，批准前，按盘亏固定资产的账面价值借记"待处理财产损溢——待处理固定资产损溢"科目，按已计提的累计折旧借记"累计折旧"科目，按固定资产原值贷记"固定资产"科目。报经批准后，按可收回保险公司赔偿或过失人赔偿的金额，借记"其他应收款"科目，净损失借记"营业外支出"科目，贷记"待处理财产损溢"科目。

**业务链接7-7**

### 固定资产盘亏的账务处理

天达公司2022年6月30日进行财产清查时，盘亏机器设备一台，账面原价6 000元，已提折旧3 000元，经查设备丢失的原因是设备管理员看守不当。经批准由设备管理员赔偿1 000元。编制会计分录如下：

①报批前

借：待处理财产损溢——待处理固定资产损溢　　　　　　　3 000
　　累计折旧　　　　　　　　　　　　　　　　　　　　　3 000
　　贷：固定资产　　　　　　　　　　　　　　　　　　　　　　6 000

②批准后

借：营业外支出　　　　　　　　　　　　　　　　　　　　2 000
　　其他应收款　　　　　　　　　　　　　　　　　　　　1 000
　　贷：待处理财产损溢——待处理固定资产损溢　　　　　　　　3 000

**课程思政7-2**

### 公私不分，企业财产受损失

**背景与情境**：某企业的副总经理王某，将企业正在使用的一台设备借给其朋友使用，未办理任何手续。清查人员在年底盘点时发现盘亏了一台设备，原值为25万元，已提折旧5万元，净值为20万元。经查属王某所为，于是派人向借方追索。但借方声称，该设备已被人偷走。财务人员问及王某的处理意见时，王某建议按正常报废处理。

**问题**：盘亏设备按正常报废处理是否符合要求？企业应怎样正确处理盘亏的固定资产？

**分析提示**：该企业副总经理王某建议将盘亏的固定资产按正常报废处理是不正确的，设备借出和报废这两个环节均没有履行正当的手续。当事人应偿还设备，如果当事人不能偿还时，王某应承担赔偿责任，财务人员应明确核算主体，知法守法、公私分明，严格按会计法律法规相关规定进行会计核算。

（资料来源　佚名. 会计系统之整合与流程：账务处理程序［EB/OL］.（2012-12-25）. http://ppa.sdjues.com/Part4/6/11.html. 原文经过整理）

#### 4）无法收回债权的账务处理

在财产清查中，确认已经无法收回的应收款项应在上报有关部门批准后予以核销。对坏账损失的处理有两种方法：一是"直接转销法"，即确认应收款项无法收回时直接计入资产减值损失；二是"备抵法"，即平时按一定方法计提坏账准备，计入信用减值损失，待坏账发生时，冲减坏账准备。企业会计准则规定，一般企业应收款项确认减值损失采用备抵法计提坏账准备。

学习微平台

随堂测 7-3

### 业务链接7-8

#### 坏账的处理

天达公司 2022 年 6 月 30 日对往来账款进行清查，发现 AB 公司所欠本公司的货款 2 500 元确认无法收回，经批准作为坏账损失处理。按企业会计准则规定采用备抵法核算，编制会计分录如下：

借：坏账准备 　　　　　　　　　　　　　　　　　　　　　2 500

　　贷：应收账款 　　　　　　　　　　　　　　　　　　　　　2 500

#### 5）无法偿还债务的账务处理

确实无法偿还的应付款项，按规定程序经批准后转作营业外收入。

### 业务链接7-9

#### 无法支付应付款的账务处理

天达公司 2022 年 6 月 30 日对往来账款进行清查，发现欠某公司的采购款 3 000 元，因对方单位撤销而无法清偿，按规定作为营业外收入处理。

编制会计分录如下：

借：应付账款 　　　　　　　　　　　　　　　　　　　　　3 000

　　贷：营业外收入 　　　　　　　　　　　　　　　　　　　　3 000

### ➤ 本章资源导航 ➤

时政要闻感知——把《会计人员职业道德规范》落到实处的认识：http://kjs.mof.gov.cn/kjzydd/202307/t20230713_3896018.htm

时政要闻感知——新时代会计人员职业道德的自律、他律与互律：http://kjs.mof.gov.cn/kjzydd/202305/t20230517_3885176.htm

# 第8章
# 财务会计报告

## 学习目标

通过本章学习，应该达到以下目标：

**理论目标：** 学习和把握财务会计报告的概念、分类、组成和编制要求等陈述性知识，并能用其指导本章"同步思考""教学互动""随堂测"中的认知活动，正确解答《训练手册》"任务八"中"客观题"和"主观题"的"理论题"各题型问题；体验本章"初级学习"中专业认知的横向正迁移，以及相关胜任力中"认知"要素的阶段性生成。

**实务目标：** 学习和把握资产负债表和利润表的编制等程序性知识，并将"4Cs"融入学习过程中；能以其建构"财务会计报告"中的规则意识，正确解析本章《训练手册》"任务八"中"实务题"的相关问题；体验本章专业规则与方法"初级学习"中的横向正迁移，以及相关胜任力中"专业规则"要素的阶段性生成。

**案例目标：** 运用本章所学财务会计报告的理论与实务知识研究相关案例，培养和提高学生在特定业务情境中分析问题与解决问题的能力；能结合本章所选取的"财政部对某城市发展集团有限公司行政处罚"等课程思政案例，促进"立德树人"根本任务的落实；正确表征本章《训练手册》"任务八"中"案例题"的相关情境；体验本章"高级学习"中专业知识、通用知识与思政元素的协同性重组迁移，以及相关胜任力中"认知弹性"要素的阶段性生成。

**实训目标：** 引导学生参加《训练手册》"工作任务八"中"'财务会计报告编制'技术应用"的实践训练。在其了解和把握本实训所及"能力与道德领域"相关技能点的"规范与标准"的基础上，通过各实训任务的完成，系列技能操作的实施，《"'财务会计报告编制'技术应用"实训报告》的准备与撰写等有质量、有效率的活动，培养相关"技术应用"的专业能力，强化其"信息处理"、"解决问题"和"革新创新"等职业核心能力（中级），并通过"认同级"践行"职业态度"和"职业守则"等行为规范，促进其健全职业人格的塑造；体验本章"实践学习"中"专能""通能""职业道德"元素的协同性"重组-产生"迁移，以及相关胜任力中"求知韧性"和"复合性'技术-技能'"要素的阶段性生成。

**第8章内容结构**

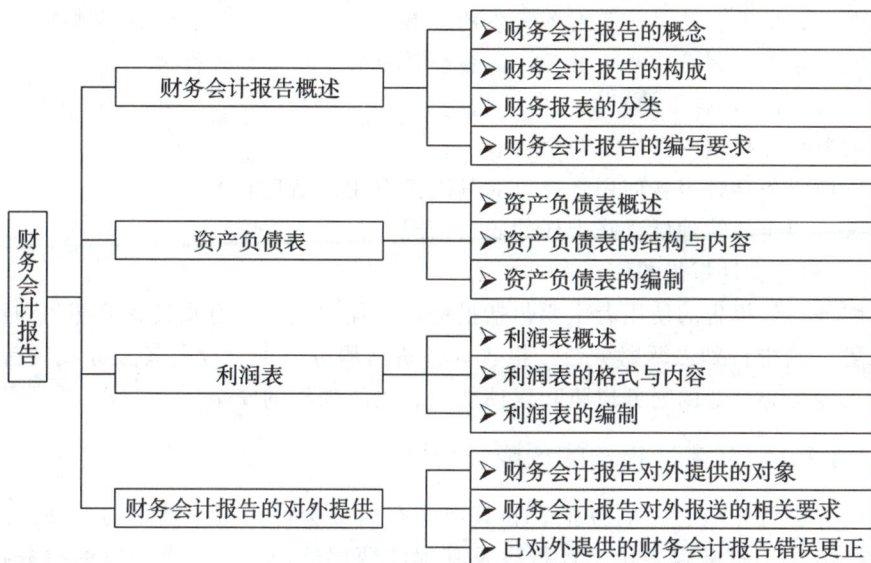

图8-1 第8章思维导图

**引例 财务会计报告与会计信息**

**背景与情境**：截至2023年4月30日，除ST摩登等6家公司外，A股市场共有5 158家上市公司披露了2022年年度报告。其中，实现盈利的有4 111家、发生亏损的有1 047家。中国证监会组织专门力量抽样审阅了上市公司2022年年度财务报告，在此基础上形成了《上市公司2022年年度财务报告会计监管报告》①。总体而言，上市公司能够较好地执行企业会计准则和财务信息披露规则，但仍有部分上市公司在收入等方面存在会计处理错误或财务报告信息披露问题。

从引例可见，财务会计报告是企业财务会计工作的最终结果，可以反映企业财务状况、经营成果和现金流量等重要财务信息。根据这些财务信息，企业能预测未来发展趋势，为其经营决策提供依据。

## 8.1 财务会计报告概述

### 8.1.1 财务会计报告的概念

**1）财务会计报告的概念**

所谓**财务会计报告**，又称**财务报告**，是指企业对外提供的反映企业某一特定日期的财务状况和某一会计期间的经营成果、现金流量等会计信息的文件。

学习微平台

视频 8.1.1

同步思考8-1

财务会计报告具有哪些含义？如何理解？

---

① 资源导航：时政要闻感知——证监会发布上市公司2022年年度财务报告会计监管报告。

**理解要点**：从财务会计报告的概念中可以看出，财务会计报告具有三层含义：其一，财务会计报告是对外提供的。其二，财务会计报告综合反映企业的财务状况、经营成果等信息。其三，财务会计报告是一个系统性文件。

**2）财务会计报告的目标**

财务会计报告的目标有两个：

①向财务会计报告使用者提供对其决策有用的信息。

②反映企业管理层受托责任的履行情况。

**3）财务会计报告的使用者**

财务会计报告的使用者主要包括投资者、债权人、政府及其有关部门和社会公众等。其中特别强调财务会计报告为投资者服务，把为投资者服务放到首位。债权人要关心企业的财务风险和偿债能力，关心债权的安全。

## 8.1.2 财务会计报告的构成

财务会计报告包括财务报表和其他应在财务会计报告中披露的相关信息和资料，其中，财务报表由会计报表及其附注两部分构成，一套完整的财务报表至少应当包括资产负债表、利润表、现金流量表、所有者权益变动表以及附注。可见，财务报表是财务会计报告的核心内容。财务会计报告的结构如图8-2所示。

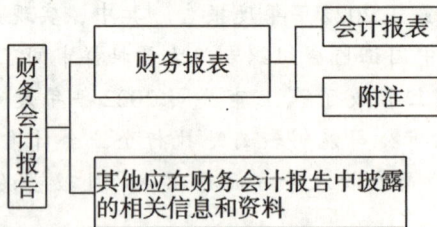

**图8-2　财务会计报告的结构图**

**同步案例8-1**

### 财务会计报告

**背景与情境**：佳信公司成立后的最初几年一直是一个小型企业，会计核算一直执行小企业会计制度。由于经营规模不断扩大，达到一般企业标准，企业于2014年起开始执行新的企业会计准则。在2022年度财务会计报告的审计过程中，注册会计师王刚发现佳信公司仅仅编制了资产负债表和利润表，没有编制现金流量表、所有者权益变动表和附注。王刚建议佳信公司按照会计规范补充、完善财务报表，但佳信公司的财务人员认为，公司以往都只编制资产负债表和利润表，而且，公司领导层也没有要求编制现金流量表、所有者权益变动表和附注，所以，没有必要增加现金流量表、所有者权益变动表和附注。

**问题**：佳信公司财务人员的想法是否正确？为什么？

**分析提示**：佳信公司财务人员的想法不正确。因为编制完整的财务会计报告是企业的会计责任。一般企业财务会计报告包括财务报表和其他应当在财务报告中披露的相关信息和资料。其中财务报表由会计报表和附注两部分构成，附注是财务报表的有机组成部分，而年度会计报表至少应当包括资产负债表、利润表、现金流量表、所有者权益变动表和附注。

### 8.1.3 财务报表的分类

财务报表按不同的标准有多种分类方法。

**1）按财务报表编报期间的不同，财务报表分为年度财务报表和中期财务报表**

年度财务报表是指，企业年度终了后对外提供的反映企业年末财务状况、全年的经营成果及现金流量等情况的报表。主要包括资产负债表、利润表、现金流量表、所有者权益变动表和报表附注。中期财务报表是以短于一个完整会计年度的报告期间为基础编制的财务报表，包括月报、季报和半年报等。中期财务报表至少应当包括资产负债表、利润表、现金流量表和附注，中期资产负债表、利润表和现金流量表应当是完整报表，其格式和内容应当与年度财务报表相一致。与年度财务报表相比，中期财务报表中的附注披露可适当简略。

**2）按财务报表编报主体的不同，财务报表分为个别财务报表和合并财务报表**

个别财务报表是企业在自身会计核算基础上对账簿记录进行加工而编制的财务报表，它主要用以反映企业自身的财务状况、经营成果和现金流量情况。合并财务报表是以母公司和子公司组成的企业集团为会计主体，根据母公司和所属子公司的财务报表，由母公司编制的综合反映企业集团财务状况、经营成果及现金流量的财务报表。

**同步思考 8-2**

#### 会计报表与财务报表

人们通常认为会计报表就是财务报表，两者之间没有区别。这种看法正确吗？为什么？

**理解要点**：这种看法不正确。在通常情况下，人们将会计报表和财务报表不加区别，同等对待，但二者之间存在明显的区别。

财务报表是对会计主体某一时点的财务状况和一定时期的经营成果等进行综合反映的书面文件，是由会计报表和附注构成的。财务报表中的会计报表主要包括资产负债表、利润表和现金流量表等。它们是对外提供的会计报表。所以，会计报表和财务报表密切联系，但也有明显的区别。

学习微平台

随堂测 8-1

### 8.1.4 财务会计报告的编写要求

企业编制的财务会计报告应当真实可靠、计算准确、相关可比、全面完整、编报及时、便于理解，符合国家统一的会计制度的有关规定。财务会计报告编写的基本要求如下：

**1）持续经营的编制基础**

企业应当以持续经营为基础，根据实际发生的交易和事项进行确认和计量，在此基础上编制财务报表。以持续经营为基础编制的财务报表不再合理时，企业应当采用其他基础编制财务报表，并在附注中披露这一事实。

**2）不同期间的一致列报**

财务报表项目的列报应当在各个会计期间保持一致，不得随意变更。当会计准则要求改变，或企业经营业务的性质发生重大变化后，变更财务报表项目的列报能够提供更可靠、更相关的会计信息时，财务报表项目的列报是可以变更的。

**3）重要项目的单独反映**

关于项目在财务报表中是单独列报还是合并列报，应当依据重要性原则来判断，如果某项目单个看不具有重要性，则可将其与其他项目合并列报；如具有重要性，则应当单独列报。重要性应当根据企业所处环境，从项目的性质和金额大小两方面加以判断。对具有重要性且性质或功能不同的项目，应当在财务报表中单独列示；对所属类别具有重要性且性质或功能相似的项目，应当按其类别在财务报表中单独列示。

**4）项目列报的正确口径**

除相关准则另有规定或允许抵销外，财务报表中的资产项目和负债项目、收入项目和费用项目不应相互抵销，如资产项目按扣除减值准备后的净额列示，不属于抵销；非日常活动产生的损益，以收入扣减费用后的净额列示，不属于抵销。

**5）比较信息的提供标准**

企业在列报当期财务报表时，至少应当提供所有列报项目上一可比会计期间的比较数据，以及与理解当期财务报表相关的说明，目的是向报表使用者提供对比数据，提高信息的可比性，反映企业财务状况、经营成果和现金流量的发展趋势。

**6）其他要求**

（1）表首要素。其包括：

①编报企业的名称。

②对资产负债表而言，须披露资产负债表日；对利润表、现金流量表、所有者权益变动表而言，须披露报表涵盖的会计期间。

③货币名称和单位，如人民币元、人民币万元等。

④财务报表是合并财务报表的，应当予以标明。

（2）报表期间。企业至少应当编制年度财务报表。在编制年度财务报表时，可能存在年度财务报表涵盖的期间短于一年的情况，此时，企业应当披露年度财务报表的实际涵盖期间及其短于一年的原因，并说明由此引起财务报表项目与比较数据不具可比性这一事实。

## 8.2　资产负债表

### 8.2.1　资产负债表概述

**1）资产负债表的概念**

所谓**资产负债表**，是指反映企业某一特定日期财务状况的会计报表。资产负债表是静态会计报表。

学习微平台

视频 8.2.1

**2）资产负债表的作用**

（1）反映企业某一日期资产的总额及构成，表明企业拥有或控制的资源及其分布情况。

（2）反映企业某一日期的负债总额及其构成，表明企业目前与未来需要支付的债务数额。

（3）反映企业所有者所拥有的权益，据以判断资本保值增值的情况，及对负债的保障程度。

另外，对资产负债表项目金额及其相关比率的分析，可以帮助报表使用者全面了解企业的资产状况、变现能力、盈利能力、偿债能力和资金周转能力等，从而为其经济决策提供有用信息。

### 8.2.2　资产负债表的结构与内容

**1）资产负债表的结构**

资产负债表包括表头、表体两部分。表头包括报表名称、编制单位、编制日期和金额单位四项内容；表体包括资产、负债和所有者权益各项目名称和金额等内容。

**2）资产负债表的内容和格式**

资产负债表应当按资产、负债和所有者权益三大类别分类列报。

资产和负债应按流动性分别流动资产和非流动资产、流动负债和非流动负债列示。

资产负债表中的资产类应列示流动资产和非流动资产的合计项目；负债类应列示流动负债、非流动负债以及负债的合计项目；所有者权益类应当列示所有者权益的合计项目。

资产的列报：

满足下列条件之一的，应当归类为流动资产：

①预计在一个正常营业周期中变现、出售或耗用。其主要包括存货、应收账款等资产。变现一般针对应收账款等而言，指将资产变为现金；出售一般针对产品等存货而言；耗用一般指将存货（如原材料）转变成另一种形态（如产成品）。

②主要为交易目的而持有。

③预计在资产负债表日起一年内（含一年，下同）变现。

④自资产负债表日起一年内，交换其他资产或清偿负债的能力不受限制的现金或现金等价物。

流动资产以外的资产应当归类为非流动资产。

流动资产主要包括：货币资金、交易性金融资产、衍生金融资产、应收票据、应收账款、预付款项、其他应收款、存货、合同资产、持有待售资产等。

非流动资产主要包括：债权投资、其他债权投资、长期应收款、长期股权投资、投资性房地产、其他权益工具投资、固定资产、在建工程、生产性生物资产、油气资产、无形资产、使用权资产、开发支出、长期待摊费用、递延所得税资产等。

负债的列报：

满足下列条件之一的，应当归类为流动负债：

①预计在一个正常营业周期中清偿。

②主要为交易目的而持有。

③自资产负债表日起一年内到期应予以清偿。

④企业无权自主地将清偿推迟至资产负债表日后一年以上。

流动负债以外的负债应当归类为非流动负债。

流动负债主要包括：短期借款、交易性金融负债、衍生金融负债、应付票据、应付账款、预收款项、合同负债、应付职工薪酬、应交税费、其他应付款、持有待售负债等。

非流动负债主要包括：长期借款、应付债券、长期应付款、预计负债、递延收益、递延所得税负债等。

所有者权益的列报：

所有者权益按照净资产的不同来源和特定用途进行分类列示。其主要包括实收资本（或股本）、资本公积、盈余公积、未分配利润等。

资产负债表的格式通常有报告式和账户式两种。

①报告式资产负债表为上下结构，上半部列示资产，下半部列示负债和所有者权益。

②账户式资产负债表为左右结构，左边列示资产，右边列示负债和所有者权益。

我国资产负债表的格式一般采用账户式。左边列报资产，按资产的流动性大小顺序排列，右边列报负债和所有者权益，按清偿时间先后顺序排列。

在账户式资产负债表中，左边与右边平衡，资产总额等于负债和所有者权益总额。

一般企业资产负债表格式（适用于已执行新金融准则、新收入准则和新租赁准则的企业）见表8-1。

表8-1　　　　　　　　　　　　资产负债表　　　　　　　　　会企01表

编制单位：　　　　　　　　　　年　　月　　日　　　　　　　单位：元

| 资　产 | 期末余额 | 上年年末余额 | 负债和所有者权益（或股东权益） | 期末余额 | 上年年末余额 |
|---|---|---|---|---|---|
| 流动资产： | | | 流动负债： | | |
| 货币资金 | | | 短期借款 | | |
| 交易性金融资产 | | | 交易性金融负债 | | |
| 应收票据 | | | 应付票据 | | |
| 衍生金融资产 | | | 衍生金融负债 | | |
| 应收账款 | | | 应付账款 | | |
| 预付款项 | | | 预收款项 | | |
| 其他应收款 | | | 合同负债 | | |
| 存货 | | | 应付职工薪酬 | | |
| 合同资产 | | | 应交税费 | | |
| 持有待售资产 | | | 其他应付款 | | |
| 一年内到期的非流动资产 | | | 持有待售负债 | | |
| 其他流动资产 | | | 一年内到期的非流动负债 | | |
| 　流动资产合计 | | | 其他流动负债 | | |
| 非流动资产： | | | 流动负债合计 | | |
| 债权投资 | | | 非流动负债： | | |
| 其他债权投资 | | | 长期借款 | | |
| 长期应收款 | | | 应付债券 | | |
| 长期股权投资 | | | 长期应付款 | | |
| 投资性房地产 | | | 预计负债 | | |
| 其他权益工具投资 | | | 递延收益 | | |
| 固定资产 | | | 递延所得税负债 | | |
| 在建工程 | | | 其他非流动负债 | | |
| 生产性生物资产 | | | 非流动负债合计 | | |
| 无形资产 | | | 负债合计 | | |
| 油气资产 | | | 所有者权益（或股东权益）： | | |
| 使用权资产 | | | 实收资本（或股本） | | |
| 开发支出 | | | 资本公积 | | |
| 商誉 | | | 其他综合收益 | | |
| 长期待摊费用 | | | 盈余公积 | | |
| 递延所得税资产 | | | 未分配利润 | | |
| 其他非流动资产 | | | 所有者权益（或股东权益）合计 | | |
| 　非流动资产合计 | | | | | |
| 　资产总计 | | | 负债和所有者权益（或股东权益）总计 | | |

### 8.2.3  资产负债表的编制

**1）编制依据**

学习微平台

视频 8.2.3

资产负债表的编制依据是：资产=负债+所有者权益。

**2）资产负债表"期末余额"的列报方法**

（1）根据总账科目余额直接填列，如"短期借款""应付票据""应付款项""应付职工薪酬"等项目。

（2）根据几个总账科目余额计算填列，如"货币资金"项目，根据"库存现金""银行存款""其他货币资金"科目的期末余额的合计数填列。

（3）根据明细科目余额计算填列，如"预收款项"项目应根据"应收账款"和"预收账款"科目所属明细科目的期末贷方余额之和填列。

（4）根据总账科目和明细科目余额分析计算填列，如"长期借款"项目，根据"长期借款"总账科目余额扣除"长期借款"科目所属明细科目中反映的将于1年内到期的长期借款部分分析计算填列。

（5）根据总账科目余额减去其备抵科目余额后的净额填列，如"固定资产"项目，应根据"固定资产"科目的期末余额减去"累计折旧"和"固定资产减值准备"科目余额后的净额填列。

（6）综合运用上述方法分析填列，如"其他应收款"项目，应根据"应收利息""应收股利"和"其他应收款"科目的期末余额合计数减去"坏账准备"科目中对应坏账准备期末余额后的金额填列。"应收账款"项目应根据"应收账款"和"预收账款"科目所属明细科目的期末借方余额之和减去对应的"坏账准备"科目期末余额后的金额填列。

**业务链接8-1**

#### 佳华公司的资产负债表

佳华公司由李永和王进两位股东共同投资，于2022年12月1日注册成立，投资人共投资500 000元，分别以银行存款、原材料和机器设备出资。相关账户余额为银行存款200 000元，原材料80 000元，固定资产220 000元。2022年12月31日，佳华公司如何通过资产负债表反映其财务状况？佳华公司2022年12月31日资产负债表（简表）见表8-2。

表8-2                              资产负债表（简表）

编制单位：佳华公司                    2022年12月31日                    单位：元

| 资　　产 | 期末余额 | 上年年末余额 | 负债和所有者权益 | 期末余额 | 上年年末余额 |
|---|---|---|---|---|---|
| 流动资产： | | | 流动负债： | | |
| 货币资金 | 200 000 | | 短期借款 | | |
| 应收票据 | | | 应付票据 | | |
| 应收账款 | | | 应付账款 | | |

续表

| 资　产 | 期末余额 | 上年年末余额 | 负债和所有者权益 | 期末余额 | 上年年末余额 |
|---|---|---|---|---|---|
| 存货 | 80 000 | | 流动负债合计 | | |
| 流动资产合计 | 280 000 | | 非流动负债： | | |
| 非流动资产： | | | 长期借款 | | |
| 固定资产 | 220 000 | | 非流动负债合计 | | |
| 无形资产 | | | 负债合计 | | |
| 非流动资产合计 | 220 000 | | 所有者权益： | | |
| | | | 实收资本 | 500 000 | |
| | | | 未分配利润 | | |
| | | | 所有者权益合计 | 500 000 | |
| 资产总计 | 500 000 | | 负债和所有者权益总计 | 500 000 | |

**3）资产负债表"上年年末余额"的列报方法**

资产负债表"上年年末余额"栏内的各项数字，应根据上年年末资产负债表"期末余额"栏内所列数字填列，如果本年度资产负债表规定的各个项目的名称和内容与上年度不一致，则应对上年年末资产负债表各项目的名称和数字按照本年度的规定进行调整，填入本表"上年年末余额"栏内。

**4）资产负债表"期末余额"具体项目的填列方法**

（1）资产项目

①"货币资金"项目，应根据"库存现金""银行存款""其他货币资金"科目期末余额的合计数填列。

②"交易性金融资产"项目，应根据"交易性金融资产"相关明细科目的期末余额合计数填列。

③"应收票据"项目，应根据"应收票据"科目的期末余额，减去"坏账准备"科目中相关坏账准备期末余额后的金额分析填列。

④"应收账款"项目，应根据"应收账款"科目的期末余额，减去"坏账准备"科目中相关坏账准备期末余额后的金额填列。

⑤"预付款项"项目，应根据"预付账款"和"应付账款"科目所属各明细科目的期末借方余额的合计数，减去"坏账准备"科目中有关预付账款计提的坏账准备期末余额后的金额填列。

⑥"其他应收款"项目，应根据"应收利息"、"应收股利"和"其他应收款"科目的期末余额合计数，减去"坏账准备"科目中相关坏账准备期末余额后的金额填列。

⑦"存货"项目，应根据"材料采购""原材料""周转材料""库存商品""发出商品""委托加工物资""生产成本"等科目的期末余额合计数，减去"存货跌价准备"科目期末余额后的金额填列。材料采用计划成本核算的，还应加或减材料成本差异。

⑧"固定资产"项目，应根据"固定资产"科目的期末余额，减去"累计折旧"和"固定资产减值准备"科目的期末余额后的金额，以及"固定资产清理"

科目的期末余额填列。

⑨"无形资产"项目，应根据"无形资产"科目的期末余额，减去"累计摊销"和"无形资产减值准备"科目期末余额后的金额填列。

⑩"长期待摊费用"项目，应根据"长期待摊费用"科目的期末余额减去1年内（含1年）摊销的数额后的金额填列。

（2）负债项目

①"短期借款"项目，应根据"短期借款"科目的期末余额填列。

②"交易性金融负债"项目，应根据"交易性金融负债"科目的相关明细科目的期末余额填列。

③"应付票据"项目，应根据"应付票据"科目的期末余额填列。

④"应付账款"项目，应根据"应付账款""预付账款"科目所属的相关明细科目的期末贷方余额合计数填列。

⑤"预收款项"项目，应根据"预收账款"和"应收账款"科目所属各有关明细科目的期末贷方余额合计数填列。

⑥"应付职工薪酬"项目，应根据"应付职工薪酬"科目的期末贷方余额填列。

⑦"应交税费"项目，应根据"应交税费"科目的期末贷方余额填列，如"应交税费"科目期末为借方余额，则以"-"号填列。

⑧"其他应付款"项目，应根据"应付利息"、"应付股利"和"其他应付款"科目的期末余额合计数填列。

⑨"长期借款"项目，应根据"长期借款"科目的期末余额减去资产负债表日后1年内到期的部分金额填列。

⑩"一年内到期的非流动负债"项目，反映长期借款、应付债券等负债中将于1年内到期的部分，应根据有关科目的期末余额填列。

（3）所有者权益项目

①"实收资本"项目，应根据"实收资本"科目的期末余额填列。

②"资本公积"项目，应根据"资本公积"科目的期末余额填列。

③"盈余公积"项目，应根据"盈余公积"科目的期末余额填列。

④"未分配利润"项目，应根据"本年利润"科目和"利润分配"科目的余额计算填列。未弥补的亏损，在本项目内以"-"号填列。

**业务链接8-2**

### 资产负债表具体项目的填列

2022年12月31日，佳华公司"预付账款"总账科目余额为130 000元，其中，有关明细科目借方余额为200 000元，有关明细科目贷方余额为70 000元；"应付账款"总账科目余额为220 000元，其中，有关明细科目贷方余额为300 000元，有关明细科目借方余额为80 000元。该企业在编制2022年12月31日资产负债表时，"预付账款"项目期末数一栏应填列的金额为280 000元（200 000+80 000）。

"应付账款"项目期末数一栏应填列的金额为 370 000 元（300 000+70 000）。

同步案例8-2

### 资产负债表的编制

**背景与情境**：佳华公司成立后，经过 2022 年 12 月一个月的经营，月末各账户余额情况见表 8-3。

表8-3                佳华公司2022年12月31日各账户余额情况表                单位：元

| 科 目 | 期初余额 | | 期末余额 | |
|---|---|---|---|---|
| | 借 方 | 贷 方 | 借 方 | 贷 方 |
| 库存现金 | | | 13 540 | |
| 银行存款 | 200 000 | | 163 420 | |
| 应收账款 | | | 116 240 | |
| 原材料 | 80 000 | | 123 700 | |
| 库存商品 | | | 118 600 | |
| 固定资产 | 220 000 | | 220 000 | |
| 累计折旧 | | | | 2 800 |
| 无形资产 | | | | |
| 短期借款 | | | | 100 000 |
| 应付账款 | | | | 35 000 |
| 预收账款 | | | | 40 000 |
| 应付职工薪酬 | | | | 50 600 |
| 应交税费 | | | | 8 500 |
| 实收资本 | | 500 000 | | 500 000 |
| 利润分配 | | | | 18 600 |
| 合 计 | 500 000 | 500 000 | 755 500 | 755 500 |

**问题**：佳华公司 2022 年 12 月 31 日资产负债表应如何编制？

**分析提示**：资产负债表是反映某一时点企业资产、负债和所有者权益情况的报表，其期末余额根据账户余额填列。根据 2022 年 12 月 31 日佳华公司各账户余额表，编制佳华公司2022年12月31日的资产负债表（简表），见表8-4。

表8-4　　　　　　　　　　　资产负债表（简表）

编制单位：佳华公司　　　　　　　2019年12月31日　　　　　　　　　　单位：元

| 资　产 | 期末余额 | 上年年末余额 | 负债和所有者权益（或股东权益） | 期末余额 | 上年年末余额 |
|---|---|---|---|---|---|
| 流动资产： | | | 流动负债： | | |
| 货币资金 | 176 960 | | 短期借款 | 100 000 | |
| 应收票据 | | | 应付票据 | | |
| 应收账款 | 116 240 | | 应付账款 | 35 000 | |
| 预付款项 | | | 预收款项 | 40 000 | |
| 其他应收款 | | | 应付职工薪酬 | 50 600 | |
| 存货 | 242 300 | | 应交税费 | 8 500 | |
| 流动资产合计 | 535 500 | | 流动负债合计 | 234 100 | |
| 非流动资产： | | | 非流动负债： | | |
| 固定资产 | 217 200 | | 长期借款 | | |
| 无形资产 | | | 非流动负债合计 | | |
| 非流动资产合计 | 217 200 | | 负债合计 | 234 100 | |
| | | | 所有者权益（或股东权益）： | | |
| | | | 实收资本 | 500 000 | |
| | | | 未分配利润 | 18 600 | |
| | | | 所有者权益（或股东权益）合计 | 518 600 | |
| 资产总计 | 752 700 | | 负债和所有者权益（或股东权益）总计 | 752 700 | |

微平台

随堂测8-2

**教学互动8-1**

　　**主题**：会计要素是反映企业财务状况和经营成果的基本单位，《企业会计准则——基本准则》将会计要素划分为资产、负债、所有者权益、收入、费用和利润六类。

　　**问题**：某公司2020年1月31日资产负债表（简表）上年年末数见表8-5。根据资产负债表的编制原理，通过对该公司2020年1月发生的业务情况进行分析判断，完成编制资产负债表的教学任务。

表8-5

**资产负债表（简表）**

编制单位：某公司　　　　　　　　　　　　2020年1月31日　　　　　　　　　　　　　单位：元

| 资产 | 期末余额 | 上年年末余额 | 负债和所有者权益（或股东权益） | 期末余额 | 上年年末余额 |
|---|---|---|---|---|---|
| 流动资产： | | | 流动负债： | | |
| 货币资金 | | 68 600 | 短期借款 | | 160 000 |
| 应收票据 | | | 应付票据 | | |
| 应收账款 | | 206 000 | 应付账款 | | 104 000 |
| 预付款项 | | 14 000 | 预收款项 | | 48 000 |
| 其他应收款 | | 20 000 | 应付职工薪酬 | | 8 600 |
| 存货 | | 356 800 | 应交税费 | | 9 800 |
| 流动资产合计 | | 665 400 | 流动负债合计 | | 330 400 |
| 非流动资产： | | | 非流动负债： | | |
| 固定资产 | | 860 000 | 长期借款 | | |
| 无形资产 | | | 非流动负债合计 | | |
| 非流动资产合计 | | 860 000 | 负债合计 | | 330 400 |
| | | | 所有者权益（或股东权益）： | | |
| | | | 实收资本（或股本） | | 1 000 000 |
| | | | 未分配利润 | | 195 000 |
| | | | 所有者权益（或股东权益）合计 | | 1 195 000 |
| 资产总计 | | 1 525 400 | 负债和所有者权益（或股东权益）总计 | | 1 525 400 |

2020年1月该公司发生如下交易或事项：

（1）购入材料一批，发票账单已经收到，增值税专用发票上注明的货款为100 000元，增值税税额为13 000元。材料已验收入库。

（2）转账收回前期货款100 000元。

（3）应付短期借款利息6 000元。

（4）用银行存款支付管理费用40 000元。

（5）销售商品一批，该批商品售价为800 000元，增值税税额为104 000元，实际成本为520 000元，商品已发出。

（6）分配工资费用，其中公司行政管理人员工资30 000元，生产工人工资110 000元。

（7）生产车间生产A产品领用原材料312 000元。

（8）本月产品全部完工入库。

学习微平台

教学互动8-1

（9）结转本年利润。

（10）按利润总额的25%计算应交所得税。

存货中库存商品100 000元，其他为原材料。除上述资料外，不考虑其他因素。

**要求**：同"教学互动1-1"的"要求"。

## 8.3　利润表

### 8.3.1　利润表概述

学习微平台

视频8.3.1

**1）利润表的概念**

所谓**利润表**，是指反映企业一定会计期间经营成果的会计报表。它是动态会计报表。

**2）利润表的主要作用**

（1）反映企业一定会计期间的收入情况。

（2）反映企业一定会计期间的成本费用情况。

（3）反映企业生产经营活动的成果，即营业利润、利润总额和净利润实现情况。

另外，将利润表信息与资产负债表信息相结合，可以进行财务分析，反映企业资金周转能力、企业盈利能力等情况，有助于报表使用者判断企业未来发展趋势，做出经济决策。

### 8.3.2　利润表的格式与内容

**1）利润表的格式**

利润表的格式主要有单步式和多步式两种。

单步式利润表是将当期所有收入汇总在一起，然后将所有费用汇总在一起，两者相减得出当期净损益。

多步式利润表是通过对当期收入、费用、支出项目按性质加以归类，分步计算出当期损益。我国企业会计准则规定，企业应当采用多步式利润表。

**2）利润表的内容**

利润表列示项目主要包括：营业收入、营业成本、税金及附加、销售费用、管理费用、研发费用、财务费用、其他收益、投资收益、公允价值变动收益、信用减值损失、资产减值损失、资产处置损益、营业外收入、营业外支出、所得税费用、净利润、其他综合收益的税后净额、综合收益总额等。

一般企业利润表格式（适用于已执行新金融准则、新收入准则和新租赁准则的企业）见表8-6。

表8-6 利润表 会企02表

编制单位： 年 月 单位：元

| 项 目 | 本期金额 | 上期金额 |
|---|---|---|
| 一、营业收入 | | |
| 减：营业成本 | | |
| 税金及附加 | | |
| 销售费用 | | |
| 管理费用 | | |
| 研发费用 | | |
| 财务费用 | | |
| 其中：利息费用 | | |
| 利息收入 | | |
| 加：其他收益 | | |
| 投资收益（损失以"-"号填列） | | |
| 其中：对联营企业和合营企业的投资收益 | | |
| 以摊余成本计量的金融资产终止确认收益（损失以"-"号填列） | | |
| 净敞口套期收益（损失以"-"号填列） | | |
| 公允价值变动收益（损失以"-"号填列） | | |
| 信用减值损失（损失以"-"号填列） | | |
| 资产减值损失（损失以"-"号填列） | | |
| 资产处置收益（损失以"-"号填列） | | |
| 二、营业利润（亏损以"-"号填列） | | |
| 加：营业外收入 | | |
| 减：营业外支出 | | |
| 三、利润总额（亏损总额以"-"号填列） | | |
| 减：所得税费用 | | |
| 四、净利润（净亏损以"-"号填列） | | |
| （一）持续经营净利润（净亏损以"-"号填列） | | |

续表

| 项　目 | 本期金额 | 上期金额 |
|---|---|---|
| （二）终止经营净利润（净亏损以"-"号填列） | | |
| 五、其他综合收益的税后净额 | | |
| （一）不能重分类进损益的其他综合收益 | | |
| 　1.重新计量设定受益计划变动额 | | |
| 　2.权益法下不能转损益的其他综合收益 | | |
| 　3.其他权益工具投资公允价值变动 | | |
| 　4.企业自身信用风险公允价值变动 | | |
| 　…… | | |
| （二）将重分类进损益的其他综合收益 | | |
| 　1.权益法下可转损益的其他综合收益 | | |
| 　2.其他债权投资公允价值变动 | | |
| 　3.金融资产重分类计入其他综合收益的金额 | | |
| 　4.其他债权投资信用减值准备 | | |
| 　5.现金流量套期储备 | | |
| 　6.外币财务报表折算差额 | | |
| 　…… | | |
| 六、综合收益总额 | | |
| 七、每股收益： | | |
| 　（一）基本每股收益 | | |
| 　（二）稀释每股收益 | | |

### 8.3.3　利润表的编制

#### 1）利润表的编制方法

（1）计算营业利润

学习微平台

视频 8.3.3

$$营业利润 = 营业收入 - 营业成本 - 税金及附加 - 销售费用 - 管理费用 - 研发费用 - 财务费用 + 其他收益 \pm 投资损益 \pm 净敞口套期损益 \pm 公允价值变动损益 - 信用减值损失 - 资产减值损失 \pm 资产处置损益 \qquad (8.1)$$

（2）计算利润总额

利润总额=营业利润+营业外收入−营业外支出 　　　　　　　　　　　　　　　　　　（8.2）

（3）计算净利润

净利润=利润总额−所得税费用 　　　　　　　　　　　　　　　　　　　　　　　　　（8.3）

（4）计算综合收益总额

综合收益总额=净利润+其他综合收益的税后净额 　　　　　　　　　　　　　　　　　（8.4）

（5）计算每股收益

基本每股收益=净利润÷普通股股数 　　　　　　　　　　　　　　　　　　　　　　　（8.5）

### 2）利润表部分项目的内容及填列方法

（1）"营业收入"项目，反映企业经营主要业务和其他业务所确认的收入总额。该项目应根据"主营业务收入"和"其他业务收入"科目的发生额分析填列。

（2）"营业成本"项目，反映企业经营主要业务和其他业务所发生的成本总额。该项目应根据"主营业务成本"和"其他业务成本"科目的发生额分析填列。

（3）"税金及附加"项目，反映企业经营业务应负担的消费税、城市维护建设税、教育费附加、地方教育附加、资源税、土地增值税、房产税、车船税、城镇土地使用税、印花税等。该项目应根据"税金及附加"科目的发生额分析填列。

（4）"销售费用"项目，反映企业在销售商品、材料和提供劳务过程中发生的各种费用，包括保险费、包装费、广告费等费用和为销售本企业商品而专设的销售机构的职工薪酬、业务费等经营费用。该项目应根据"销售费用"科目的发生额分析填列。

（5）"管理费用"项目，反映企业为组织和管理生产经营发生的管理费用。该项目应根据"管理费用"科目及所属明细科目的发生额分析填列。

（6）"研发费用"项目，反映企业进行研究与开发过程中发生的费用化支出。该项目应根据"管理费用"科目下的"研发费用"明细科目以及"管理费用"科目下的"无形资产摊销"明细科目的发生额分析填列。

（7）"财务费用"项目，反映企业为筹集生产经营所需资金等而发生的筹资费用。该项目应根据"财务费用"科目的发生额分析填列。其中，"利息费用"项目反映企业筹集生产经营所需资金等而发生的应予费用化的利息费用，应根据"财务费用"科目的相关明细科目的发生额分析填列。"利息收入"项目反映企业确认的利息收入，应根据"财务费用"科目的相关明细科目的发生额分析填列。

（8）"其他收益"项目，反映计入其他收益的政府补助等。该项目应根据"其他收益"科目的发生额分析填列。

（9）"投资收益"项目，反映企业对外投资所取得的收益。该项目应根据"投资收益"科目的发生额分析填列，如为投资损失，则以"−"号填列。

（10）"公允价值变动收益"项目，反映企业应当计入当期损益的资产或负债公允价值变动收益。该项目应根据"公允价值变动损益"科目的发生额分析填列，如为净损失，则以"－"号填列。

（11）"信用减值损失"项目，反映企业按照要求计提的各项金融工具信用减值准备所确认的信用损失。该项目应根据"信用减值损失"科目的发生额分析填列。

（12）"资产减值损失"项目，反映企业计提各项资产减值准备所形成的损失。该项目应根据"资产减值损失"科目的发生额分析填列。

（13）"资产处置收益"项目，反映企业出售划分为持有待售的非流动资产等确认的处置利得或损失，以及处置未划分为持有待售的固定资产、在建工程、生产性生物资产及无形资产而产生的处置利得或损失。该项目应根据"资产处置损益"科目的发生额分析填列；如为处置损失，则以"－"号填列。

（14）"营业利润"项目，反映企业实现的营业利润。该项目应根据构成营业利润的各项目计算填列，如为亏损，则以"－"号填列。

（15）"营业外收入"项目，反映企业发生的除营业利润以外的收益，主要包括与企业日常活动无关的政府补助、盘盈利得、捐赠利得等。该项目应根据"营业外收入"科目的发生额分析填列。

（16）"营业外支出"项目，反映企业发生的除营业利润以外的支出，主要包括公益性捐赠支出、非常损失、盘亏损失、非流动资产毁损报废损失等。该项目应根据"营业外支出"科目的发生额分析填列。"非流动资产毁损报废损失"通常包括因自然灾害发生毁损、已丧失使用功能等原因而报废清理产生的损失。企业在不同交易中形成的非流动资产毁损报废利得和损失不得相互抵销，应分别在"营业外收入"项目和"营业外支出"项目进行填列。

（17）"利润总额"项目，反映企业实现的利润。该项目应根据构成利润总额的各项目计算填列，如为亏损，则以"－"号填列。

（18）"所得税费用"项目，反映企业应从当期利润总额中扣除的所得税费用。该项目应根据"所得税费用"科目的发生额分析填列。

（19）"净利润"项目，反映企业实现的净利润。该项目应根据净利润构成项目计算填列，如为亏损，则以"－"号填列。

（20）"其他综合收益的税后净额"项目，反映企业根据企业会计准则规定未在损益中确认的各项利得和损失扣除所得税影响后的净额。该项目应根据"其他综合收益"科目及其所属明细科目的发生额分析填列。

（21）"综合收益总额"项目，反映企业净利润和其他综合收益的税后净额的合计金额。该项目应根据构成综合收益总额的各项目计算填列。

### 3）月度报表有关栏目的填列方法

利润表"本期金额"栏反映各项目本月的实际发生额。"上期金额"栏应根据上年该期利润表"本期金额"栏内所列数字填列。

### 4）年度利润表有关栏目的填列方法

在编制年度利润表时，"本期金额"栏反映本年度的实际发生额，"上期金额"栏反映上年度利润表的实际发生额。

**业务链接8-3**

#### 利润表具体项目填列

佳华公司2022年7月部分损益类账户发生额资料：主营业务收入贷方发生额为180 000元，"主营业务成本"账户借方发生额为140 000元，"其他业务收入"账户贷方发生额为20 000元，"其他业务成本"账户借方发生额为7 600元。

佳华公司2022年7月利润表中本期金额栏中的营业收入为200 000元（180 000+20 000），营业成本为147 600元（140 000+7 600）。

学习微平台

随堂测8-3

**同步案例8-3**

#### 利润表的编制

**背景与情境：** 佳华公司成立后，经过2023年1月的经营，月末各损益类账户发生额情况见表8-7。

表8-7　　　　　　佳华公司2023年1月各损益类账户发生额情况表　　　　　　单位：元

| 账　户 | 本期贷方发生额 | 本期借方发生额 |
| --- | --- | --- |
| 主营业务收入 | 180 000 | |
| 主营业务成本 | | 140 000 |
| 其他业务收入 | 20 000 | |
| 其他业务成本 | | 7 600 |
| 税金及附加 | | 1 200 |
| 销售费用 | | 14 860 |
| 管理费用 | | 16 530 |
| 财务费用 | | 1 210 |
| 所得税费用 | | 4 650 |

**问题：** 佳华公司2023年1月利润表如何编制？

**分析提示：** 利润表是反映企业某一时期收入、费用及利润情况的报表，本期金额根据损益类账户本期发生额填列。根据2023年1月佳华公司各损益类账户发生额情况表，编制佳华公司2023年1月利润表（简表），见表8-8。

表8-8                 **利润表（简表）**

编制单位：佳华公司              2023年1月             单位：元

| 项　目 | 本期金额 | 上期金额（略） |
|---|---|---|
| 一、营业收入 | 200 000 | |
| 减：营业成本 | 147 600 | |
| 　　税金及附加 | 1 200 | |
| 　　销售费用 | 14 860 | |
| 　　管理费用 | 16 530 | |
| 　　研发费用 | | |
| 　　财务费用 | 1 210 | |
| 　　其中：利息费用 | | |
| 　　　　　利息收入 | | |
| 加：其他收益 | | |
| 　　投资收益（损失以"-"号填列） | | |
| 　　公允价值变动收益（损失以"-"号填列） | | |
| 　　资产减值损失（损失以"-"号填列） | | |
| 　　资产处置收益（损失以"-"号填列） | | |
| 二、营业利润（亏损以"-"号填列） | 18 600 | |
| 加：营业外收入 | | |
| 减：营业外支出 | | |
| 三、利润总额（亏损总额以"-"号填列） | 18 600 | |
| 减：所得税费用 | 4 650 | |
| 四、净利润（净亏损以"-"号填列） | 13 950 | |
| 五、其他综合收益的税后净额 | | |
| 六、综合收益总额 | | |
| 七、每股收益 | | |

## 8.4 财务会计报告的对外提供

### 8.4.1 财务会计报告对外提供的对象

**1）投资者**

企业应当依照企业章程的规定向投资者提供财务会计报告。公司制企业对外报送财务会计报告有特别规定，有限责任公司应当依照公司章程规定的期限将财务会计报告送交各股东。股份有限公司的财务会计报告应当在召开股东大会年会的 20 日前置备于本公司，供股东查阅；公开发行股票的股份有限公司必须公告其财务会计报告。

**2）有关单位和部门**

根据《中华人民共和国税收征收管理法》等有关法律、法规的规定，企业应向有关部门提供财务会计报告。

有关部门或者机构依照法律、行政法规或者国务院的规定，要求企业提供部分或者全部财务会计报告及其有关数据的，应当向企业出示依据，并不得要求企业改变财务会计报告有关数据的会计口径。

除依照法律、行政法规或者国务院的规定外，任何组织或者个人不得要求企业提供部分或者全部财务会计报告及其有关数据。

**3）对国有企业的特别规定**

国有企业、国有控股或者占主导地位的企业应当至少每年一次向本企业的职工代表大会公布财务会计报告，并重点说明下列事项：

（1）反映与职工利益密切相关的信息，包括管理费用的构成情况，企业管理人员的工资、福利和职工工资、福利费用的发放、使用和结余情况，公益金的提取及使用情况，利润分配情况以及其他与职工利益相关的信息。

（2）内部审计发现的问题及纠正情况。

（3）注册会计师审计的情况。

（4）国家审计机关发现的问题及纠正情况。

（5）重大的投资、融资和资产处置决策及其原因的说明。

（6）需要说明的其他重要事项。

**同步案例 8-4**

### 财务会计报告对外报送

**背景与情境：** 因认为自己作为合法股东应享有查阅该企业财务会计报告的权利，程先生将日月新经销部告上了法庭。

近日，北京市石景山区人民法院审理了该起股东知情权纠纷案件，判令日月新经销部将 2006—2008 年财务会计报告及包括记账凭证、原始凭证在内的会计账簿置备于经销部，供程先生查阅。

之前，程先生多次要求查阅该企业财务会计报告，但均遭到拒绝。日月新经销部企业章程明确规定股东享有查阅和了解企业经营状况、财务状况的权利，但日月新经销部违反章程规定，以各种理由拒绝程先生的查阅要求，致使程先生作为股东享有的知情权受到严重侵犯。为维护自身的合法权益，程先生诉至法院，请求判令日月新经销部依法向程先生提供该企业相关财务会计报告和会计账簿，以供其查阅。

被告日月新经销部代理人辩称：程先生的诉讼请求缺乏法律依据，不能成立。日月新经销部系股份合作制企业，不适用《中华人民共和国公司法》的规定，而企业章程规定股东有权"查阅公司股东大会记录，了解企业经营状况和财务状况"，是承认其拥有了解权，而不是查阅权。参照《中华人民共和国公司法》的规定，股东查阅公司财务状况应提出申请，现程先生无法明确查询项目，其诉讼请求并不确定。

（资料来源　闫洪烨.股东查阅账簿被拒　企业被判公开财务会计报告［EB/OL］.（2009-06-26）.http://www.chinacourt.org/html/article/200906/26/362831.shtml. 原文经过整理）

**问题**：程先生的诉讼请求有法律依据吗？

**分析提示**：财务会计报告的使用者主要包括投资者、债权人、政府及其有关部门和社会公众等。其中特别强调财务会计报告为投资者服务，把为投资者服务放到了首位。企业应当依照企业章程的规定向投资者提供财务会计报告。日月新经销部的企业章程是企业的自治规则，是维护企业利益、股东利益的自治机制，也是企业、股东的行为准则。章程中规定了股东享有了解企业经营状况和财务状况的权利，而查阅企业财务报告、会计账簿等，恰恰是股东行使知情权的具体表现。现会计账簿由企业保管，故日月新经销部应当提供给程先生查阅。

### 8.4.2　财务会计报告对外报送的相关要求

企业对外提供的财务会计报告反映的会计信息应当真实、完整。企业应当依照法律、行政法规和国家统一的会计制度有关财务会计报告提供期限的规定，及时对外提供财务会计报告。

企业对外提供的财务会计报告应当依次编定页数、加具封面、装订成册并加盖公章。封面上应当注明企业名称、企业统一代码、组织形式、地址、报表所属年度或者月份、报出日期，并由企业负责人、主管会计工作的负责人和会计机构负责人（会计主管人员）签名并盖章；设置总会计师的企业，还应当由总会计师签名并盖章。

企业依照企业会计准则的规定向有关各方提供的财务会计报告，其编制基础、编制依据、编制原则和方法应当一致，不得提供编制基础、编制依据、编制原则和方法不同的财务会计报告。

财务会计报告须经注册会计师审计的，企业应当将注册会计师及其会计师事务所出具的审计报告随同财务会计报告一并对外提供。接受企业财务会计报告的组织或者个人，在企业财务会计报告正式对外披露前，应当对其内容保密。

## 同步思考 8-3

### 公司对财务会计报告的特别规定

一般企业与公司制企业对外报送财务会计报告要求相同，这种说法对吗？为什么？

**理解要点**：这种说法不对。公司制企业对外报送的财务会计报告与一般企业对外报送的财务会计报告相比，有特别的要求。

因为：《中华人民共和国公司法》第 164 条规定，公司应当在每一会计年度终了时编制财务会计报告，并依法经会计师事务所审计。

《中华人民共和国公司法》第 165 条规定，有限责任公司应当依照公司章程规定的期限将财务会计报告送交各股东。股份有限公司的财务会计报告应当在召开股东大会年会的 20 日前置备于本公司，供股东查阅；公开发行股票的股份有限公司必须公告其财务会计报告。

## 课程思政 8-1

### 财政部对某城市发展集团有限公司行政处罚

**背景与情境**：2023 年 7 月 21 日，财政部发布的《中华人民共和国财政部会计信息质量检查公告》（第 44 号）显示[①]，2022 年财政部组织 24 家监管局对 35 家备案从事证券服务业务的会计师事务所开展监督检查，延伸检查 61 户企业的会计信息质量、1 家会计师事务所的执业质量。根据检查、审理、听证结果，依法对 5 家会计师事务所、19 名注册会计师、7 户企业及 1 名企业主要负责人作出行政处罚。

其中，某城市发展集团有限公司 2021 年向不同的会计资料使用者提供编制依据不一致的财务会计报告，两份财务会计报告载有的资产、负债、所有者权益等方面的金额存在明显较大差异。上述行为违反了《中华人民共和国会计法》第13 条、第 20 条等规定，财政部依据《中华人民共和国会计法》第 42 条的规定，给予该公司罚款 5 万元的行政处罚。

（资料来源　中华人民共和国财政部会计信息质量检查公告（第 44 号）［EB/OL］.（2023-11-19）. http://jdjc.mof.gov.cn/jianchagonggao/202307/t20230728_3899132.htm?from=qcc. 原文经过整理财政部行政处罚事项决定书（财监法〔2023〕92 号）［EB/OL］.（2023-11-19）. http://www.mof.gov.cn/gp/xxgkml/jdjcj/202304/t20230412_3878591.htm. 原文经过整理

**问题**：财政部对该城市发展集团有限公司的行政处罚给我们什么启示？

**分析提示**：财政部对某城市发展集团有限公司违法会计行为的行政处罚，启示我们，某城市发展集团有限公司违反法律规定，向不同的会计资料使用者提供编制依据不一致的财务会计报告，公司要承担相应的法律责任。

《中华人民共和国会计法》第 13 条规定：会计凭证、会计账簿、财务会计报

---

① 资源导航：时政要闻感知——中华人民共和国财政部会计信息质量检查公告（第 44 号）。

告和其他会计资料，必须符合国家统一的会计制度的规定。

《中华人民共和国会计法》第20条规定：财务会计报告应当根据经过审核的会计账簿记录和有关资料编制，并符合本法和国家统一的会计制度关于财务会计报告的编制要求、提供对象和提供期限的规定。向不同的会计资料使用者提供的财务会计报告，其编制依据应当一致。

《中华人民共和国会计法》第43条规定：伪造、变造会计凭证、会计账簿，编制虚假财务会计报告，构成犯罪的，依法追究刑事责任。有前款行为，尚不构成犯罪的，由县级以上人民政府财政部门予以通报，可以对单位并处五千元以上十万元以下的罚款；对其直接负责的主管人员和其他直接责任人员，可以处三千元以上五万元以下的罚款；属于国家工作人员的，还应当由其所在单位或者有关单位依法给予撤职直至开除的行政处分；其中的会计人员，五年内不得从事会计工作。"

### 8.4.3  已对外提供的财务会计报告错误更正

如果发现对外报送的财务报告有错误，应当及时办理更正手续。除更正本单位留存的财务报告外，还应同时通知接受财务报告的单位更正。错误较多的，应当重新编报。

**同步案例 8-5**

#### 上市公司对财务会计报告的更正

**背景与情境**：2007年实施新会计准则后，上海航天汽车机电股份有限公司在对2006年度财务报告作追溯调整时，由于对《企业会计准则第38号——首次执行企业会计准则》及《企业会计准则解释公告第1号》的理解有误等原因，导致已经公布的2007年度财务报表中有关"上年同期数"的编制及其相关报表项目注释存在需要更正、补充的事项。

其主要更正事项为：未将三级子公司沈阳华丽汽车空调有限公司2006年1—6月份的财务报告纳入合并范围，只将其损益按照公司所占份额计算列为"投资收益"；在编制合并利润表时，"上年同期数"少抵销内部销售所形成的营业收入和营业成本19 132 267.39元；在编制股东权益变动表的"上年同期数"时，未按新会计准则进行追溯调整。上述更正事项不属于重大会计差错更正事项，且更正对公司已披露的2007年度财务报告当期数及2008年度半年报数据均无影响。更正后的2007年度财务报告已经上海东华会计师事务所有限公司审计，并出具了标准无保留意见的审计报告。更正后的2007年度财务报告全文见上海证券交易所网站。

（资料来源  上海航天汽车机电股份有限公司. 关于2007年度财务报告更正公告［N］. 上海证券报，2008-09-27. 原文经过整理）

**问题**：发现已对外报送的财务会计报告有错误后，应如何处理？

**分析提示**：如果发现对外报送的财务报告有错误，应当及时办理更正手续。

除更正本单位留存的财务报告外，还应同时通知接受财务报告的单位更正。错误较多的，应当重新编报，如为上市公司，应将财务会计报告的更正事项在指定的媒体上公告。

**━ 本章资源导航 ━➤**

时政要闻感知——证监会发布上市公司 2022 年年度财务报告会计监管报告：http：//www.csrc.gov.cn/csrc/c100028/c7430932/content.shtml

时政要闻感知——中华人民共和国财政部会计信息质量检查公告（第44号）：http：//jdjc.mof.gov.cn/jianchagonggao/202307/t20230728_3899132.htm.

# 第9章
# 会计工作组织

## 学习目标

通过本章学习，应该达到以下目标：

**理论目标：**学习与把握会计工作组织的概念、内容和会计档案等陈述性知识，并能用其指导本章"同步思考""教学互动""随堂测"中的认知活动，正确解答《训练手册》"任务九"中"客观题"和"主观题"的"理论题"各题型问题；体验本章"初级学习"中专业认知的横向正迁移，以及相关胜任力中"认知"要素的阶段性生成。

**实务目标：**学习与把握会计机构设置、会计人员管理和会计信息化记账程序等程序性知识，并将"4Cs"融入学习过程中；能以其建构"会计工作组织"中的规则意识，正确解析本章《训练手册》"任务九"中"实务题"的相关问题；体验本章专业规则与方法"初级学习"中的横向正迁移，以及相关胜任力中"专业规则"要素的阶段性生成。

**案例目标：**运用本章所学会计工作组织的理论与实务知识研究相关案例，培养和提高学生在特定业务情境中分析问题与解决问题的能力；能结合本章所选取的"岗位设置多漏洞，会计挪用公款酿大案"和"强化服务 守正创新 提质增效"等课程思政案例，强化学生从事会计工作的服务意识、创新意识，促进"立德树人"根本任务的落实；正确表征本章《训练手册》"任务九"中"案例题"的相关情境；体验本章"高级学习"中专业知识、通用知识与思政元素的协同性重组迁移，以及相关胜任力中"认知弹性"要素的阶段性生成。

**实训目标：**引导学生参加《训练手册》"工作任务九"中"'会计工作组织'技术应用"的实践训练。在其了解和把握本实训所及"能力与道德领域"相关技能点的"规范与标准"的基础上，通过各实训任务的完成，系列技能操作的实施，《"'会计工作组织'技术应用"实训报告》的准备与撰写等有质量、有效率的活动，培养相关"技术应用"的专业能力，强化其"信息处理"、"解决问题"和"革新创新"等职业核心能力（中级），并通过"认同级"践行"职业态度"和"职业守则"等行为规范，促进其健全职业人格的塑造；体验本章"实践学习"中"专能""通能""职业道德"元素的协同性"重组-产生"迁移，以及相关胜任力中"求知韧性"和"复合性'技术-技能'"要素的阶段性生成。

## 第9章内容结构

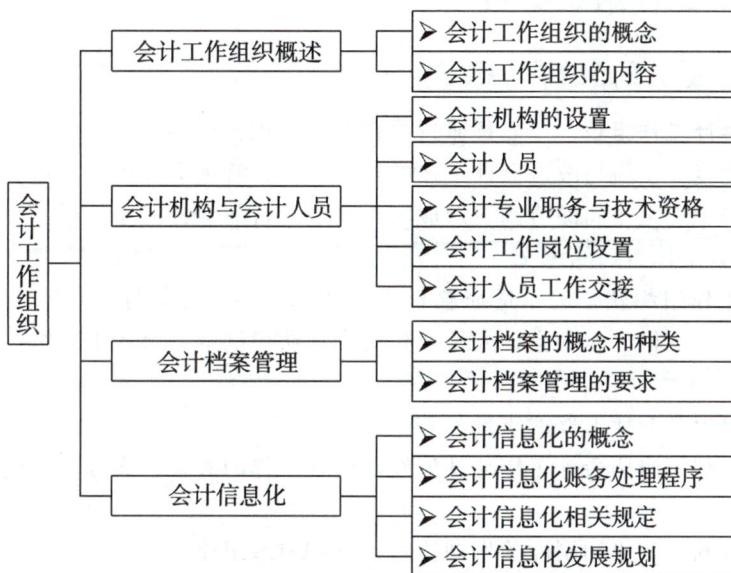

图9-1 第9章思维导图

### 引例 会计工作组织与会计工作

**背景与情境**：光华公司 2014 年发生以下事项：1 月，该公司新领导班子上任后，做出了精简内设机构等决定，将会计科撤并到企业管理办公室（以下简称"企管办"），同时任命企管办主任王某兼任会计主管。会计科撤并到企管办后，会计工作分工如下：原会计科会计继续担任会计，企管办主任王某的女儿担任出纳。企管办主任王某自参加工作后一直从事文秘工作，为了使王某尽快胜任会计主管人员岗位，企业同意王某半脱产参加会计培训班，之后王某参加了 2014 年的会计从业资格考试。2 月，原会计科科长与王某办理会计工作交接手续，人事科长进行监交。6 月，档案科会同企管办对企业会计档案进行了清理，编制会计档案销毁清册，将保管期已满的会计档案按规定程序全部销毁，其中包括一些保管期满但尚未结清债权债务的原始凭证。8 月，经该企业负责人批准，某业务往来单位因业务需要查阅了该企业 2006 年有关会计档案，对有关原始凭证进行了复制，并办理了登记手续。

光华公司在撤并会计机构、任命会计主管人员、会计工作岗位分工、会计档案管理等方面违反了相关法律规定。

（资料来源 佚名. 财经法规讲解之会计法律制度案例分析5 [EB/OL]. (2014-06-27). http://edu.21cn.com/kjz/g_117_189229-1.htm. 原文经过整理）

从引例可见，会计工作是一项综合性、政策性很强的工作，也是一项严密细致的工作，要形成一个合法且高效运行的会计工作体系，离不开良好的会计工作组织。

## 9.1  会计工作组织概述

### 9.1.1  会计工作组织的概念

所谓**会计工作组织**，主要是通过设置会计机构、配备会计人员、制定与执行会计规章制度、实施与改进会计工作的技术手段、管理会计档案、进行会计工作与其他经济管理工作间的协调，形成一个高效运行的会计工作体系。

**1）会计工作组织的意义**

会计工作组织就是为了适应会计工作的综合性、政策性和严密细致性的特点，设置会计机构、配备会计人员及执行会计法律制度。会计工作组织具有以下重要意义：

（1）可提高会计工作的质量和效率。

（2）有利于协调会计工作与其他经济管理工作的关系，充分发挥会计的职能作用。

（3）有利于法律和制度的贯彻执行，维护财经纪律。

**2）组织会计工作的要求**

（1）遵守国家的法律法规和制度，是组织会计工作的首要要求。

（2）符合单位生产经营的特点，做出切合实际的安排并制定具体实施办法。

（3）加强制度建设，健全和执行内部控制制度。

（4）在保证会计工作质量前提下，兼顾工作效率。

### 9.1.2  会计工作组织的内容

会计机构是指各单位设置的专门办理会计事务的职能部门；会计人员是指单位内部直接从事会计工作的人员；会计工作的管理制度是指各级会计工作管理部门之间及具体会计核算单位之间在会计工作管理方面的权责关系，它是经济管理体制的重要组成部分。

**同步思考9-1**

会计工作组织的概念是什么？会计工作组织的设计有哪些要求？

**理解要点**：会计工作组织是通过设置会计机构，配备会计人员，制定与执行会计规章制度，实施与改进会计工作的技术手段，管理会计档案，进行会计工作与其他经济管理工作间的协调，形成一个高效运行的会计工作体系。会计工作组织设计应遵守国家法律法规和制度，符合单位生产经营特点，加强制度建设，在保证会计工作质量的前提下兼顾工作效率。

## 9.2　会计机构与会计人员

### 9.2.1　会计机构的设置

《中华人民共和国会计法》第36条规定："各单位应当根据会计业务的需要，设置会计机构，或者在有关机构中设置会计人员并指定会计主管人员；不具备设置条件的，应当委托经批准设立从事会计代理记账业务的中介机构代理记账。"

（1）设置会计机构

设置会计机构是指各单位可以根据本单位的会计业务繁简情况和会计管理工作的需要决定是否设置会计机构。一个单位是设置会计机构，还是在有关机构中设置专职的会计人员，完全由各单位根据会计业务的繁简和实际情况来决定。

（2）指定会计主管人员

规模小、经济业务简单、业务量相对较少的单位，可以不单独设置会计机构，将会计职能并入其他职能部门，并设置会计人员，同时指定会计主管人员。

（3）实行代理记账

代理记账是指从事代理记账业务的社会中介机构接受委托人的委托办理会计业务。委托人是指委托代理记账机构办理会计业务的单位。代理记账机构是指从事代理记账业务的中介机构。

**同步思考 9-2**

企业无论规模大小均可不设置会计机构，将会计事项委托代理记账机构记账，这样处理正确吗？为什么？

**理解要点**：这样处理是不正确的。根据《中华人民共和国会计法》、《代理记账管理办法》[①]，各单位应根据单位的会计业务需要设置会计机构或在有关机构中指定会计人员，只有那些不具备设置条件的，才委托经批准设立从事会计代理记账业务的中介机构代理记账，代理记账应按《代理记账基础工作规范（试行）》规定执行[②]。

### 9.2.2　会计人员

（1）会计人员

《会计人员管理办法》规定，会计人员是指根据《中华人民共和国会计法》的规定，在国家机关、社会团体、企业、事业单位和其他组织（以下统称单位）中从事会计核算、实行会计监督等会计工作的人员，包括从事下列具体会计工作的人员：出纳；稽核；资产、负债和所有者权益（净资产）的核算；收入、费用（支出）的核算；财务成果（政府预算执行结果）的核算；财务会计报告（决算

---

[①]　资源导航：时政要闻感知——中华人民共和国财政部第98号令关于修改《代理记账管理办法》等2部门规章的决定。

[②]　资源导航：时政要闻感知——关于印发《代理记账基础工作规范（试行）》的通知（财会〔2023〕27号）。

报告）编制；会计监督；会计机构内会计档案管理；其他会计工作。

担任单位会计机构负责人（会计主管人员）、总会计师的人员，属于会计人员。

（2）会计人员从事会计工作的要求

会计人员从事会计工作，应当符合下列要求：遵守《中华人民共和国会计法》和国家统一的会计制度等法律法规；具备良好的职业道德；按照国家有关规定参加继续教育；具备从事会计工作所需要的专业能力。

《中华人民共和国会计法》第38条规定："会计人员应当具备从事会计工作所需要的专业能力。担任单位会计机构负责人（会计主管人员）的，应当具备会计师以上专业技术职务资格或者从事会计工作三年以上经历。"

会计人员具有会计类专业知识，基本掌握会计基础知识和业务技能，能够独立处理基本会计业务，具备从事会计工作所需要的专业能力。

单位应当根据《中华人民共和国会计法》等有关法律法规和《会计人员管理办法》的规定，判断会计人员是否具备从事会计工作所需要的专业能力。

（3）不得从事会计工作的情形

《中华人民共和国会计法》第40条规定："因有提供虚假财务会计报告，做假账，隐匿或者故意销毁会计凭证、会计账簿、财务会计报告，贪污，挪用公款，职务侵占等与会计职务有关的违法行为被依法追究刑事责任的人员，不得再从事会计工作。"

《会计人员管理办法》规定，因发生与会计职务有关的违法行为被依法追究刑事责任的人员，单位不得任用（聘用）其从事会计工作。

因违反《中华人民共和国会计法》有关规定受到行政处罚五年内不得从事会计工作的人员，处罚期届满前，单位不得任用（聘用）其从事会计工作。违法人员行业禁入期限，自其违法行为被认定之日起计算。

### 9.2.3　会计专业职务与技术资格

#### 1）会计专业职务

会计专业职务是区别会计人员业务技能的技术等级。会计专业职务分为高级会计师、会计师、助理会计师和会计员。高级会计师（又分为正高级会计师和副高级会计师）为高级职务，会计师为中级职务，助理会计师和会计员为初级职务。

#### 2）会计专业技术资格

会计专业技术资格是指担任会计专业职务的任职资格，分为初级资格、中级资格和高级资格。

### 9.2.4　会计工作岗位设置

会计工作岗位，是指一个单位会计机构内部根据业务分工而设置的职能岗位。会计工作岗位可以一人一岗、一人多岗或者一岗多人。但出纳人员不得兼管稽核，会计档案保管，收入、费用和债权债务等账目的登记工作。

会计工作岗位一般可分为：总会计师、会计机构负责人或者会计主管人员、出纳、财产物资核算、工资核算、成本费用核算、财务成果核算、资金核算、往来结算、总账报表、稽核和会计机构内会计档案管理等。开展会计信息化和管理会计的单位，可以根据需要设置相应工作岗位，也可以与其他工作岗位相结合。

医院门诊收费员、住院处收费员、药房收费员、药品库房记账员和商场收费（银）员所从事的工作均不属于会计岗位。单位内部审计、社会审计和政府审计工作也不属于会计岗位。对于会计档案管理岗位，在会计档案正式移交之前，即会计机构内的会计档案管理工作属于会计岗位，正式移交档案管理部门之后，不再属于会计岗位。

学习微平台

随堂测 9-1

## 同步思考 9-3

出纳人员只能进行库存现金和银行存款日记账的登记工作，不能进行其他账目的登记工作，这种说法是否正确？为什么？

**理解要点**：这种说法不正确。会计岗位体现钱账分管原则，主要是为了促使会计人员相互制约、相互监督，防止工作失误和舞弊等行为的发生。但出纳人员也不是完全不能登记其他账目，只要所记的账不是收入、支出、费用、债权和债务等直接与资金收支增减往来有关的账目，还是可以承担部分记账工作的，如兼管固定资产明细账记账工作。

## 课程思政 9-1

### 岗位设置多漏洞，会计挪用公款酿大案

**背景与情境**：1998年，28岁的陶华进入上海住宅产业发展有限公司计财部工作，两年后任计财部经理助理。工作中，陶华发现公司在资金运作上有诸多不规范之处，如设立账外资金，部分资金支出审批手续不全，融资由他一人操作，法人章、财务章均由他一人保管等。

2001年5月，陶华挪用公司500万元作为验资款，以他人名义成立了上海达善企业发展有限公司（以下简称"达善公司"）。在两年时间内，陶华采用开具票据后再背书等手段，先后9次将8700余万元的公款划入达善公司，用于炒股，不料被"套牢"。2002年9月12日，接到举报的浦东新区检察院采取行动，将陶华"请"了进去。陶华很快交代了自己的作案事实，也主动退还了部分赃款，然而仍有高达1000余万元的资金无法追回。

上海市一中院审理后认为，陶华系国有公司委派到非国有公司从事公务的人员。他利用职务便利，先后挪用9000余万元巨额公款进行营利活动，已构成挪用公款罪。鉴于陶华认罪态度积极，同时又主动退赔了部分赃款，法院依法对其做出从轻处罚，判处有期徒刑15年，剥夺政治权利4年。

（资料来源　郭剑烽. 财务助理挪用公款九千万挥金如土［N］. 新民晚报，2003-09-23. 原文经过整理）

**问题**：分别从主观和客观两方面讨论陶华违法犯罪的原因，以及如何防范此类案件的发生。

**分析提示**：主观方面，陶华本人具有犯罪目的，他希望通过利用公司资金运作漏洞谋取私利，并实施了挪用资金的犯罪行为。客观方面，陶华所在公司没有执行"不相容职务分离"这一原则，并且在资金管理上有诸多不规范之处，如公司设立账外资金，部分资金支出审批手续不全，融资由一人操作，公章、财务专用章由一人保管等，为陶华舞弊提供了机会。防范类似舞弊的发生首先要在业务流程的分工过程中，坚持不相容职务分离的原则。

### 9.2.5　会计人员工作交接

所谓会计人员工作交接，是指会计人员在工作调动、离职或因病暂时不能工作时，与接管人员办理交接手续的一种工作程序。《中华人民共和国会计法》第41条规定："会计人员调动工作或者离职，必须与接管人员办清交接手续。"

（1）会计人员办理移交手续前，必须及时做好以下工作：已经受理的经济业务尚未填制会计凭证的，应当填制完毕。尚未登记的账目，应当登记完毕，并在最后一笔余额后加盖经办人员印章。整理应该移交的各项资料，对未了事项写出书面材料。编制移交清册，列明应当移交的会计凭证、会计账簿、会计报表、印章、现金、有价证券、支票簿、发票、文件以及其他会计资料和物品等内容。实行会计信息化的单位，从事该项工作的移交人员还应当在移交清册中列明会计软件及密码、会计软件数据磁盘及有关资料、实物等内容。

（2）专人负责监交。一般会计人员办理交接手续，由单位的会计机构负责人（会计主管人员）负责监交；会计机构负责人（会计主管人员）办理交接手续，由单位负责人负责监交，必要时上级主管部门可以派人会同监交。

（3）移交人员在办理移交时，要按移交清册逐项移交；接替人员要逐项核对点收。

（4）交接完毕后，交接双方和监交人员要在移交清册上签名或者盖章，并在移交清册上注明单位名称、交接日期、交接双方和监交人员的职务及姓名、移交清册页数以及需要说明的问题和意见等。

（5）接替人员应当继续使用移交的会计账簿，不得自行另立新账，以保持会计记录的连续性。

（6）交接人员的责任。交接工作完成后，移交人员所移交的会计凭证、会计账簿、财务会计报告和其他会计资料是在其经办会计工作期间内发生的，应当对这些会计资料的合法性、真实性承担法律责任；即使接替人员在交接时因疏忽没有发现所接会计资料在合法性、真实性方面的问题，如事后发现仍由原移交人员负责，原移交人员不能以会计资料已经移交为理由推脱责任。

**同步思考9-4**

会计人员临时离职或暂时不能工作的，是否要办理交接手续？为什么？

理解要点：《中华人民共和国会计法》规定："会计人员调动工作或者离职，必须与接管人员办清交接手续。"《会计基础工作规范》对此作了进一步规定，会计人员在临时离职或其他原因暂不能工作时，也应办理会计工作交接。临时离职或因病不能工作且需要接替或代理的，会计机构负责人（会计主管人员）或单位负责人必须指定专人接替或者代理，并办理会计工作交接手续。临时离职或因病不能工作的会计人员恢复工作时，应当与接替或代理人员办理交接手续。移交人员因病或其他特殊原因不能亲自办理移交手续的，经单位负责人批准，可由移交人委托他人代办交接，但委托人应当对所移交的会计凭证、会计账簿、财务会计报告和其他有关资料的真实性、合法性承担法律责任。

**教学互动9-1**

主题：《中华人民共和国会计法》规定："会计人员调动工作或者离职，必须与接管人员办清交接手续。"

问题：根据《中华人民共和国会计法》及《会计基础工作规范》的相关规定，对下面某公司2022年12月8日会计工作交接业务情况进行分析判断，完成会计工作交接政策运用的教学任务。

某公司出纳员张某2022年12月8日因工作调动，要将出纳工作移交给李某，由会计主管贺某监交。移交时库存现金日记账余额为1 286.46元，与实存相符，并与总账相符；银行存款日记账余额为68 486元，经编制"银行存款余额调节表"并核对相符。移交的会计凭证、账簿、文件有本年度库存现金日记账1本；本年度银行存款日记账2本；空白现金支票10张（00811411号至00811420号）；空白转账支票5张（0096016号至0096020号）；转讫印章1枚；现金收讫印章1枚；现金付讫印章1枚。

要求：同"教学互动1-1"的"要求"。

## 9.3　会计档案管理

### 9.3.1　会计档案的概念和种类

**1）会计档案的概念**

所谓会计档案，是指单位在进行会计核算等过程中接收或形成的，记录和反映单位经济业务事项的，具有保存价值的文字、图表等各种形式的会计资料，包括通过计算机等电子设备形成、传输和存储的电子会计档案。

**同步思考9-5**

财务部门的会计岗位职责和业务流程等规章制度是否属于会计档案？为什么？

理解要点：会计档案是单位在进行会计核算等过程中接收或形成的会计资料。会计相关的规章制度等文件不是会计核算过程中接收或形成的会计资料，不属于会计档案。

**2）会计档案的种类**

会计档案的种类包括：

（1）会计凭证：原始凭证，记账凭证；

（2）会计账簿：总账，明细账，日记账，固定资产卡片及其他辅助性账簿；

（3）财务会计报告：月度、季度、半年度、年度财务会计报告；

（4）其他会计资料：银行存款余额调节表、银行对账单、纳税申报表、会计档案移交清册、会计档案保管清册、会计档案销毁清册、会计档案鉴定意见书及其他具有保存价值的会计资料。

### 9.3.2　会计档案管理的要求

**1）归档要求**

单位的会计机构或会计人员所属机构（以下统称单位会计管理机构）按照归档范围和归档要求，负责定期将应当归档的会计资料整理立卷，编制会计档案保管清册。当年形成的会计档案，在会计年度终了后，可由单位会计管理机构临时保管一年，再移交单位档案管理机构保管。因工作需要确需推迟移交的，应当经单位档案管理机构同意。

单位会计管理机构临时保管会计档案最长不超过三年。临时保管期间，会计档案的保管应当符合国家档案管理的有关规定，且出纳人员不得兼管会计档案。

单位会计管理机构在办理会计档案移交时，应当编制会计档案移交清册，并按照国家档案管理的有关规定办理移交手续。

纸质会计档案移交时应当保持原卷的封装。电子会计档案移交时应当将电子会计档案及其元数据一并移交，且文件格式应当符合国家档案管理的有关规定。特殊格式的电子会计档案应当与其读取平台一并移交。

单位档案管理机构接收电子会计档案时，应当对电子会计档案的准确性、完整性、可用性、安全性进行检测，符合要求的才能接收。

**2）借阅要求**

单位应当严格按照相关制度使用会计档案，在进行会计档案查阅、复制、借出时履行登记手续，严禁篡改和损坏。

单位保存的会计档案一般不得对外借出。确因工作需要且根据国家有关规定必须借出的，应当严格按照规定办理相关手续。

会计档案借用单位应当妥善保管和利用借入的会计档案，确保借入会计档案的安全完整，并在规定时间内归还。

**3）保管期限**

会计档案的保管期限分为永久、定期两类。定期保管期限一般分为10年和30年。会计档案的保管期限，从会计年度终了后的第一天算起。单位应当定期对已到保管期限的会计档案进行鉴定，并形成会计档案鉴定意见书。经鉴定，仍需继续保存的会计档案，应当重新划定保管期限；对保管期满，确无保存价值的会计档案，可以销毁。会计档案鉴定工作应当由单位档案管理机构牵头，组织单位会计、审计、纪检监察等机构或人员共同进行。

**4）销毁要求**

经鉴定可以销毁的会计档案，应当按照以下程序销毁：

（1）单位档案管理机构编制会计档案销毁清册，列明拟销毁会计档案的名称、卷号、册数、起止年度、档案编号、应保管期限、已保管期限和销毁时间等内容。

（2）单位负责人、档案管理机构负责人、会计管理机构负责人、档案管理机构经办人、会计管理机构经办人在会计档案销毁清册上签署意见。

（3）单位档案管理机构负责组织会计档案销毁工作，并与会计管理机构共同派员监销。监销人在会计档案销毁前，应当按照会计档案销毁清册所列内容进行清点核对；在会计档案销毁后，应当在会计档案销毁清册上签名或盖章。

电子会计档案的销毁还应当符合国家有关电子档案的规定，并由单位档案管理机构、会计管理机构和信息系统管理机构共同派员监销。

保管期满但未结清的债权债务会计凭证和涉及其他未了事项的会计凭证不得销毁，纸质会计档案应当单独抽出立卷，电子会计档案单独转存，保管到未了事项完结时为止。

单独抽出立卷或转存的会计档案，应当在会计档案鉴定意见书、会计档案销毁清册和会计档案保管清册中列明。

建设单位在项目建设期间形成的会计档案，需要移交给建设项目接收单位的，应当在办理竣工财务决算后及时移交，并按照规定办理交接手续。

**同步案例 9-1**

### 会计档案销毁

**背景与情境：** 某公司有一批会计档案已到了规定的保管期限，企业档案科的工作人员向科长提出销毁申请报告后，科长对照了有关的规定，认为这批档案确实已到了规定的保管年限，就签字同意，并同科内人员在第二天销毁了这批档案。

**问题：** 该公司销毁会计档案符合规定吗？应该如何处理？

**分析提示：** 该公司销毁会计档案不符合《会计档案管理办法》中有关会计档案销毁程序的规定[①]。该公司会计档案销毁应当由单位负责人、档案管理机构负责人、会计管理机构负责人、档案管理机构经办人、会计管理机构经办人在会计档案销毁清册上签署意见。不能仅凭档案管理机构负责人签署的意见销毁会计档案。会计档案销毁时，应当由档案管理机构与会计管理机构共同派员进行监销，档案管理机构不能单方面销毁会计档案。

学习微平台

随堂测 9-3

---

　　① 资源导航：时政要闻感知——中华人民共和国财政部 国家档案局令第 79 号《会计档案管理办法》。

## 9.4  会计信息化

### 9.4.1  会计信息化的概念

所谓会计信息化，是指企业利用计算机、网络通信等现代信息技术手段开展会计核算，以及利用上述技术手段将会计核算与其他经营管理活动有机结合的过程[①]。

### 9.4.2  会计信息化的账务处理程序

会计信息化账务处理程序，是指根据会计业务资料，利用会计核算软件完成凭证录入、审核、修改、查询、记账、对账、结账和生成报表的过程。各单位会计信息化流程因单位规模、对信息化的要求和使用财务软件的不同而不同，但信息化会计核算的最基本处理程序是一样的，主要过程包括初始设置、凭证处理、账簿处理和生成报表。

**1）初始设置**

（1）系统的初始设置。

（2）总账及其他模块的初始设置。

**2）凭证处理**

（1）录入记账凭证。

（2）凭证审核。只有经过审核的记账凭证才允许记账。凭证输入、审核不能为同一个操作员。审核人不能直接修改会计凭证。

（3）记账。根据审核后的记账凭证完成记账工作。

**3）账簿处理**

（1）对账：进行相应操作，进行系统对账。

（2）结账：进行相应操作，进行系统结账。

（3）账表查询：进行相应操作查询总账、明细账和日记账等账簿。

**4）生成报表**

（1）设置报表格式。

（2）设置公式，如取数公式、报表的审核公式等。

（3）生成报表。进行相关操作，进行系统取数、计算并生成报表。

业务链接9-1

**会计信息化条件下会计凭证的处理**

在完成了科目设置、年初余额录入等总账初始化工作后，进入日常业务处理，财务人员根据原始凭证编制记账凭证，然后录入到会计信息系统中；也可以根据经整理的原始凭证直接在会计信息系统中录入记账凭证。完成记账凭证编制后，进行记账凭证的审核签字，然后进行记账。

---

① 资源导航：时政要闻感知——财政部关于印发《企业会计信息化工作规范》的通知。

### 9.4.3 会计信息化相关规定

**1) 关于会计软件的主要规定**

（1）会计软件应当保障企业按照国家统一会计准则制度开展会计核算，不得有违背国家统一会计准则制度的功能设计。

（2）会计软件的界面应当使用中文并且提供对中文处理的支持，可以同时提供外国或者少数民族文字界面对照和处理支持。

（3）会计软件应当提供符合国家统一会计准则制度的会计科目分类和编码功能。

（4）会计软件应当提供符合国家统一会计准则制度的会计凭证、账簿和报表的显示和打印功能。

（5）会计软件应当提供不可逆的记账功能，确保对同类已记账凭证的连续编号，不得提供对已记账凭证的删除和插入功能，不得提供对已记账凭证日期、金额、科目和操作人的修改功能。

（6）会计软件应当具有会计资料归档功能，提供导出会计档案的接口，在会计档案存储格式、元数据采集、真实性与完整性保障方面，符合国家有关电子文件归档与电子档案管理的要求。

（7）会计软件应当记录生成用户操作日志，确保日志的安全、完整，提供按操作人员、操作时间和操作内容查询日志的功能，并能以简单易懂的形式输出。

**2) 关于企业会计信息化的主要规定**

（1）企业应当指定专门机构或者岗位负责会计信息化工作。未设置会计机构和配备会计人员的企业，由其委托的代理记账机构开展会计信息化工作。

（2）企业应当促进会计信息系统与业务信息系统的一体化，通过业务的处理直接驱动会计记账，减少人工操作，提高业务数据与会计数据的一致性，实现企业内部信息资源共享。

（3）企业应当根据实际情况，开展本企业信息系统与银行、供应商、客户等外部单位信息系统的互联，实现外部交易信息的集中自动处理。

（4）企业进行会计信息系统前端系统的建设和改造，应当安排负责会计信息化工作的专门机构或者岗位参与，充分考虑会计信息系统的数据需求。

（5）企业应当遵循企业内部控制规范体系要求，加强对会计信息系统规划、设计、开发、运行、维护全过程的控制，将控制过程和控制规则融入会计信息系统，实现对违反控制规则情况的自动防范和监控，提高内部控制水平。

（6）对于信息系统自动生成、且具有明晰审核规则的会计凭证，可以将审核规则嵌入会计软件，由计算机自动审核。未经自动审核的会计凭证，应当先经人工审核再进行后续处理。

**3) 关于会计资料的主要规定**

（1）企业应当建立电子会计资料备份管理制度，确保会计资料的安全、完整和会计信息系统的持续、稳定运行。

（2）企业不得在非涉密信息系统中存储、处理和传输涉及国家秘密、关系国家经济信息安全的电子会计资料；未经有关主管部门批准，不得将其携带、寄运或者传输至境外。

（3）企业内部生成的会计凭证、账簿和辅助性会计资料，同时满足下列条件的，可以不输出纸面资料：所记载的事项属于本企业重复发生的日常业务；由企业信息系统自动生成；可及时在企业信息系统中以人类可读形式查询和输出；企业信息系统具有防止相关数据被篡改的有效机制；企业对相关数据建立了电子备份制度，能有效防范自然灾害、意外事故和人为破坏的影响；企业对电子和纸面会计资料建立了完善的索引体系。

（4）企业获得的需要外部单位或者个人证明的原始凭证和其他会计资料，同时满足下列条件的，可以不输出纸面资料：会计资料附有外部单位或者个人的、符合《中华人民共和国电子签名法》的可靠的电子签名；电子签名经符合《中华人民共和国电子签名法》的第三方认证；满足所记载的事项属于本企业重复发生的日常业务；可及时在企业信息系统中以人类可读形式查询和输出；企业对相关数据建立了电子备份制度，能有效防范自然灾害、意外事故和人为破坏的影响；企业对电子和纸面会计资料建立了完善的索引体系规定的条件。

（5）企业会计资料的归档管理，遵循国家有关会计档案管理的规定。

（6）实施企业会计准则通用分类标准的企业，应当按照有关要求向财政部报送 XBRL 财务报告。

## 同步思考9-6

实行会计信息化的单位，内部形成的属于归档范围的电子会计资料是否需要定期输出保存？

**理解要点**：《会计基础工作规范》规定，各单位的会计凭证、会计账簿、会计报表和其他会计资料，应当建立档案，妥善保管。会计档案建档要求、保管期限、销毁办法等依据《会计档案管理办法》的规定进行。实行会计信息化的单位，有关电子数据、会计软件资料等应当作为会计档案进行管理。

《会计档案管理办法》规定，同时满足下列条件的，单位内部形成的属于归档范围的电子会计资料可仅以电子形式保存，形成电子会计档案：

（一）形成的电子会计资料来源真实有效，由计算机等电子设备形成和传输。

（二）使用的会计核算系统能够准确、完整、有效接收和读取电子会计资料，能够输出符合国家标准归档格式的会计凭证、会计账簿、财务会计报表等会计资料，设定了经办、审核、审批等必要的审签程序。

（三）使用的电子档案管理系统能够有效接收、管理、利用电子会计档案，符合电子档案的长期保管要求，并建立了电子会计档案与相关联的其他纸质会计档案的检索关系。

（四）采取有效措施，防止电子会计档案被篡改。

（五）建立电子会计档案备份制度，能够有效防范自然灾害、意外事故和人为破坏的影响。

（六）形成的电子会计资料不属于具有永久保存价值或者其他重要保存价值的会计档案[①]。

### 9.4.4　会计信息化发展规划

为科学规划、全面指导"十四五"时期会计信息化工作，根据《会计改革与发展"十四五"规划纲要》的总体部署，财政部制定了《会计信息化发展规划（2021—2025年）》（以下简称《规划》）[②]。

《规划》的总体目标是服务我国经济社会发展大局和财政管理工作全局，以信息化支撑会计职能拓展为主线，以标准化为基础，以数字化为突破口，引导和规范我国会计信息化数据标准、管理制度、信息系统、人才建设等持续健康发展，积极推动会计数字化转型，构建符合新时代要求的国家会计信息化发展体系。

《规划》确定了加快建立会计数据标准体系、推动会计数据治理能力建设等9项总任务。《规划》要求统筹规划、制定和实施覆盖会计信息系统输入、处理和输出等环节的会计数据标准，为会计数字化转型奠定基础。在输入环节，加快制定、试点和推广电子凭证会计数据标准，统筹解决电子票据接收、入账和归档全流程的自动化、无纸化问题。到"十四五"时期末，实现电子凭证会计数据标准对主要电子票据类型的有效覆盖。在处理环节，探索制定财务会计软件底层会计数据标准，规范会计核算系统的业务规则和技术标准，并在一定范围进行试点，满足各单位对会计信息标准化的需求，提升相关监管部门获取会计数据生产系统底层数据的能力。在输出环节，推广实施企业财务报表会计数据标准，推动企业向不同监管部门报送的各种报表中的会计数据口径尽可能实现统一，降低编制及报送成本、提高报表信息质量，提高会计数据共享水平，提升监管效能。任务要求制定会计信息化工作规范和软件功能规范，进一步完善配套制度机制。深入推动单位业财融合和会计职能拓展，加快推进单位会计工作数字化转型等。

**课程思政 9-2**

#### 强化服务　守正创新　提质增效

**背景与情境**：大唐内蒙古分公司财务部紧紧围绕企业战略目标，强化服务，守正创新，压降成本，管好"钱袋子"，节支增效476万元。

该公司主要从以下几个方面强化财务管理、确保提质增效：①统筹安排资金筹集，协助各基层企业与金融机构进行协商，通过新增融资有效地缓解了部分困难单位资金紧张局势。②加快推进基建融资，协助各基层企业向金融机构及上级单位争取资金，确保风电项目资金需求。③激励所属各新能源事业部积极与各银

---

① 资源导航：时政要闻感知——财政部、国家档案局关于规范电子会计凭证报销入账归档的通知（财会〔2020〕6号）。
② 资源导航：时政要闻感知——财政部关于印发《会计信息化发展规划（2021—2025年）》的通知。

行沟通，争取优惠利率贷款，降低融资成本率。④强化资金调度日常监控，按照年预算、月计划、周调度平衡资金付款，加强资金预算和资金支付审核，加大对资金归集和账户授权情况的检查力度，组织各单位开展资金结算自查和互查工作。⑤提前偿还银行贷款。通过压缩各单位账户资金余额，减少资金闲置，协助各单位积极使用自有资金偿还贷款，有效节约财务费用476万元。

（资料来源　吴德涛，朱红. 大唐内蒙古分公司：强化财务管理　确保提质增效［EB/OL］.（2020-07-10）. http://www.cpnn.com.cn/old/zggl/202007/t20200710_1220617.html. 原文经过整理）

**问题**：从该公司强化服务、守正创新、提质增效案例中，会计从业人员应如何进行职业定位，为单位做出更大贡献？

**分析提示**：习近平总书记在党的二十大报告中强调必须坚持守正创新。作为新时代会计人员首先要清楚地认识自己的职业定位，会计岗位既是管理岗位，又是服务岗位。服务既是自己的职责，也是自己的义务，会计人员在与各方面打交道过程中，一言一行、一举一动不仅表现出其道德素质的高低，而且直接反映着会计人员的社会形象。因此，工作中要以文明周到的服务态度、强烈的服务意识和优良的服务质量，为所在单位、社会服务。其次，会计人员应树立终身学习理念，秉持专业精神，持续提升专业能力和专业水平。在履行好基本职能的同时，守正创新，提质增效。会计人员要如实地记录和反映单位的经济活动，为会计信息使用者提供真实正确的会计信息，反映企业经营中存在的问题，为企业的经营管理提出合理化建议，当好管家参谋，协助领导做好决策，提高企业的经济效益。

### ━ 本章资源导航 ➤

关于修改《代理记账管理办法》等2部部门规章的决定（财政部令第98号）（中华人民共和国财政部令第98号财政部关于修改）：https://www.gov.cn/gongbao/content/2021/content_5581068.htm

关于印发《代理记账基础工作规范（试行）》的通知（财会〔2023〕27号）：https://www.gov.cn/govweb/zhengce/zhengceku/202311/content_6917039.htm

中华人民共和国财政部　国家档案局令第79号：https://www.gov.cn/gongbao/content/2016/content_5041555.htm

财政部关于印发《企业会计信息化工作规范》的通知：https://www.gov.cn/gong-bao/content/2014/content_2640865.htm

财政部、国家档案局关于规范电子会计凭证报销入账归档的通知（财会〔2020〕6号）：https://www.gov.cn/zhengce/zhengceku/2020-04/03/content_5498598.htm

财政部关于印发《会计信息化发展规划（2021—2025年）》的通知：https://www.gov.cn/zhengce/zhengceku/2022-01/06/content_5666675.htm

# 主要参考文献

一、参考书目

[1] 于玉林. 基础会计 [M]. 天津：天津大学出版社，2005.

[2] 马贤明. 会计·迷局 [M]. 大连：大连出版社，2005.

[3] 孟茜，等. 会计核算禁忌70例 [M]. 北京：电子工业出版社，2007.

[4] 唐国平，等. 会计学原理 [M]. 上海：上海财经大学出版社，2008.

[5] 湖北省会计学会. 会计基础 [M]. 3版. 武汉：湖北人民出版社，2009.

[6] 高文青，等. 基础会计 [M]. 北京：北京交通大学出版社，2009.

[7] 任延冬，等. 新编会计综合实训 [M]. 4版. 大连：大连理工大学出版社，2009.

[8] 中华人民共和国财政部. 企业会计准则——基本准则 [M]. 北京：中国财政经济出版社，2014.

[9] 全国会计从业资格考试研究中心. 会计基础 [M]. 北京：人民邮电出版社，2014.

[10] 中华人民共和国财政部. 政府会计准则——基本准则 [M]. 北京：中国财政经济出版社，2015.

[11] 会计从业资格考试辅导教材编写组. 会计基础 [M]. 成都：西南财经大学出版社，2016.

[12] 会计从业资格考试辅导教材编写组. 财经法规与会计职业道德 [M]. 成都：西南财经大学出版社，2016.

[13] 财政部会计资格评价中心. 初级会计实务 [M]. 北京：中国财政经济出版社，2017.

[14] 企业会计准则编审委员会. 企业会计准则案例讲解2017版 [M]. 上海：立信会计出版社，2017.

[15] 中华人民共和国财政部. 政府会计制度——行政事业单位会计科目和报表 [M]. 北京：中国财政经济出版社，2017.

[16] 2017年新版中华人民共和国会计法 [M]. 北京：中国法制出版社，2017.

二、网上资源

[1] 中华人民共和国财政部. 关于印发《增值税会计处理规定》的通知（财会〔2016〕22号）[EB/OL]. (2016-12-03). http：//www.gov.cn/xinwen/2016-12/14/content_5147927.htm.

［2］中华人民共和国财政部. 关于修订印发《企业会计准则第14号——收入》的通知（财会〔2017〕22号）［EB/OL］.（2017-07-05）. http：//kjs.mof.gov.cn/zhengcefabu/201707/t20170719_2653110.htm.

［3］中华人民共和国财政部，国家税务总局. 关于调整增值税税率的通知（财税〔2018〕32号）［EB/OL］.［2018-04-04］. http：//www.chinatax.gov.cn/n810341/n810755/c3377945/content.html.

［4］中华人民共和国财政部. 关于加强会计人员诚信建设的指导意见（财会〔2018〕9号）［EB/OL］.［2018-04-19］. http：//www.gov.cn/xinwen/2018-04/21/content_5284689.htm.

［5］中华人民共和国财政部. 关于印发《会计专业技术人员继续教育规定》的通知（财会〔2018〕10号）［EB/OL］.［2018-05-19］. http：//www.hqwx.com/web_news/html/2018-5/15271530723519.html.

［6］中华人民共和国财政部. 关于修订印发2018年度一般企业财务报表格式的通知（财会〔2018〕15号）［EB/OL］.［2018-06-15］. http：//kjs.mof.gov.cn/zhengwuxinxi/zhengcefabu/201806/t20180626_2939529.html.

［7］中华人民共和国财政部. 关于印发《会计人员管理办法》的通知（财会〔2018〕33号）［EB/OL］.［2018-12-10］. http：//kjs.mof.gov.cn/zhengcefabu/201812/t20181207_3086090.htm.

［8］中华人民共和国财政部令第98号财政部关于修改《代理记账管理办法》等2部门规章的决定［EB/OL］. https：//www.gov.cn/gongbao/content/2021/content_5581068.htm

［9］财政部，税务总局，海关总署. 关于深化增值税改革有关政策的公告（财政部 税务总局 海关总署公告2019年第39号）［EB/OL］.［2019-06-10］. http：//www.chinatax.gov.cn/chinatax/n359/c24826742/content.html.

［10］中华人民共和国财政部. 关于修订印发2019年度一般企业财务报表格式的通知（财会〔2019〕6号）［EB/OL］.［2019-06-10］. http：//www.mof.gov.cn/gkml/caizhengwengao/wg201901/wg201905/201909/t20190912_3385305.htm.

［11］财政部，国家档案局. 关于规范电子会计凭证报销入账归档的通知（财会〔2020〕6号）［EB/OL］.［2020-03-23］. https：//www.gov.cn/zhengce/zhengceku/2020-04/03/content_5498598.htm.

［12］国家税务总局. 我国在新办纳税人中实行增值税专用发票电子化［EB/OL］.［2020-12-20］. https：//www.chinatax.gov.cn/chinatax/n810219/n810724/c5159927/content.html.

［13］《中华人民共和国城市维护建设税法》［EB/OL］.［2021-09-01］. https：//www.chinaacc.com/zhuceshuiwushi/ksdt/ya20200812171834.shtml?utm_term=63612661&utm_source=360_youran&utm_medium=hezuo&self=1.

［14］《中华人民共和国契税法》［EB/OL］.［2021-09-01］. https：//www.chinatax.gov.cn/chinatax/n375/c5155444/content.html.

［15］财政部关于印发《会计改革与发展"十四五"规划纲要》的通知（财会〔2021〕27号）［EB/OL］.［2021-11-24］. http：//kjs.mof.gov.cn/gongzuodong-tai/202111/t20211126_3769461.htm.

［16］财政部关于印发《会计行业人才发展规划（2021—2025年）》的通知（财会〔2021〕34号）［EB/OL］.［2021-12-23］. http：//kjs.mof.gov.cn/zhengcefa-bu/202112/t20211227_3778132.htm.

［17］财政部关于印发《会计信息化发展规划（2021—2025年）》的通知（财会〔2021〕36号）［EB/OL］.［2021-12-31］. http：//www.mof.gov.cn/gkml/cai-zhengwengao/wg2022/wg202202/202206/t20220616_3818674.htm.

［18］《2023年全国会计专业技术初级资格考试大纲》［EB/OL］.（2023-12-31）. https：//learning.sohu.com/a/625083630_121081408.

［19］财政部关于印发《会计人员职业道德规范》的通知（财会〔2023〕1号）［EB/OL］. http：//kjs.mof.gov.cn/zhengcefabu/202301/t20230130_3864366.htm.

［20］关于印发《代理记账基础工作规范（试行）》的通知（财会〔2023〕27号）［EB/OL］. https：//www.gov.cn/govweb/zhengce/zhengceku/202311/content_6917039.htm.

［21］《中华人民共和国公司法》（2023年12月29日修订）：http：//www.npc.gov.cn/npc/c2/c30834/202312/t20231229_433999.html.

［22］中华人民共和国财政部. http：//www.mof.gov.cn/index.htm.

［23］国家税务总局. https：//www.chinatax.gov.cn/.

［24］财政部会计财务评价中心. http：//kzp.mof.gov.cn/.

［25］中华会计网校. http：//www.chinaacc.com.

［26］中国财会网. http：//www.kj2000.com.

［27］中国注册会计师协会. http：//www.cicpa.org.cn.

［28］中国会计网. http：//www.canet.com.cn.

［29］智能财税职业技能等级标准2021年2.0版（中联集团教育科技有限公司）. https：//www.doc88.com/p-09816172027718.html.